歴史学が問う公文書の管理と情報公開

特定秘密保護法下の課題

安藤正人・久保亨・吉田裕 編

大月書店

歴史学が問う　公文書の管理と情報公開　　目次

第I部 「情報公開後進国」日本を問い直す——戦後・そして現在

第Ⅱ部　公文書管理の日本近代史

〔凡例〕

・本文中では西暦を原則としたが、明治六年までは和暦（西暦）の形で表記した。
・法律名は各章の初出時のみ正式名とし、以降は略記を用いた。
・文中［安藤　一九九八］等の形で示した文献は各章末に一覧を付した。文献の順序は著者の姓名五〇音順とした。

総　論

安藤正人・久保亨・吉田裕

はじめに

二〇一三年秋、「特定秘密の保護に関する法律」（以下「特定秘密保護法」と略記）案が、政府によってきわめて短期間のうちにまとめられ、国会でも、これまたきわめて短期間のうちに審議され、国会内外から多くの批判が寄せられたにもかかわらず、実質的には何も修正されないまま同年一二月六日、強行採決によって成立した。本書を編む直接の契機になったのは、こうした一連の事態である。しばしば指摘されるとおり、特定秘密保護法は、国家の安全保障を口実に行政機関の長の判断によって情報を秘匿する仕組みであり、国民の知る権利を損ない、国家の暴走を許す危険な法律である。この法律によってもたらされる諸問題を、歴史学の立場から全面的に明らかにするとともに、国民主権の理念を掲げて制定された「行政機関の保有する情報の公開に関する法律」（以下「情報公開法」と略記、一九九九年）と「公文書等の管理に関する法律」（以下「公文書管理法」と略記、二〇〇九年）という二つの法律に基づき、特定秘密保護法がもたらす害毒を最小限にくいとめ、同法撤廃をめざす展望を指し示すことが、本書の目標にされなければならない。

しかし、歴史学は、特定秘密保護法の制定を批判しているだけですむのだろうか。一連の事態は、日本において情報公開と公文書管理の重要性がいまだに十分認識されていないことを明らかにした。同法の制定を急いだ政府側はもちろんのこと、同法の制定に反対した人々の間でも、情報公開法と公文書管理法に対する認識は不足していたように思われる。むろん二つの法律の制定に多くの歳月が費やされ、情報公開法はようやく一四年前に、また公文書管理法にいたっては、ようやく四年前に施行されたという立ち遅れた状況であり、国民の間になじみがないのは、やむをえなかったという側面もある。しかし同時に、情報公開と公文書管理をめぐる問題に関し、日本社会全体の認識が不足しているという状況を許していたことについて、率直にいって歴史学の研究と教育に携わる者として反省した。歴史家は十分に語ってこなかった。歴史家が歴史家としての責任を果たしてこなかったともいえる。その理由や背景について、少し述べておくことにしたい。

1　なぜ歴史家は十分に語ってこなかったか

情報公開と公文書管理の問題について歴史家がまったく発言してこなかったわけではない。文書館問題については、すでに約二〇年前に論文集［安藤・青山編著　一九九六］が刊行されており、同書の執筆には何人もの歴史家が参加している。しかし、全体として見ると、この問題に関する歴史家の発言は微弱なものであった。その背景には、日本における歴史研究の特質が横たわっていることを指摘せざるをえない。

まず第一に、かつて多くの日本近現代史研究者は、文書館がほとんど整備されていない状況の下で研究を進めており、たとえ文書館が開設されていても、そこに所蔵されている史料が、量的にも質的にもたいへん貧弱なものであったため、文書館に頼らず自ら史料を集める傾向が強かったことである。

近現代の日本で文書史料がまったく保存されてこなかったわけではない。政治家や官僚、軍人らが自宅に持ち帰った重要書類がそのまま保管されていたという事例も、しばしば報告されている。つまり、本来、文書館で保存され公開利用に供せられるべき史料が、個人によって所蔵されていたわけである。そうした個人所蔵の史料を探すことが、あたかも研究者の重要な仕事であるように見なされる傾向もあった。むろん史料探索の努力それ自体は評価されることであるし、貴重な史料が発掘されることには意味がある。しかし問題は、そうした史料が見つかったとき、その個人の許可を得て文書を閲覧し研究に用いることが最優先され、その史料を文書館に移し保存公開するための努力は必ずしも十分ではなかった点にあった。

たとえば、戦時期の日本の対中国政策を扱った代表的研究の一つに中村［一九八三］がある。日中戦争期に日本が中国の華北地域の経済をいかに統治しようとしていたか、当時の文書史料に基づき、戦時日本の華北における財政経済政策を克明に分析した研究である。その注記を見ると、史料の出典に「愛知揆一所蔵文書」「秋元順朝所蔵文書」など、官僚の個人名を冠した記載があることに気づく。これは、本来、国立公文書館などで保管されるべきであった原文書が、たまたま何人かの財務官僚が個人的に保管し、彼らの退職後、もしくは彼らが死去した後、大蔵省（現・財務省）財政資料室に寄贈され、研究に用いられたことを意味している。

現在、近現代日本の政治史に名をとどめた政治家や官僚の日記や書簡の多くは、国会図書館の「憲政資料室」という場所に保管されている。その資料整備状況は見事であり、多くの近現代史研究者が裨益していることは周知のとおりである。しかし、あえていえば、本来こうしたシステムを備えるべき場こそ、公文書館であった。

地方史に関わる文書史料にしても、地方自治体が設立した文書館ではなく、江戸時代に藩の実力者であったり明治大正期に地主であったりしたような有力者の家に、多くの史料が残されているといった例が少なくない。天皇家の文書も、国立公文書館ではなく宮内庁という天皇家のための役所に留め置かれている。それに対し、中国の歴代皇帝の文書や韓国の歴代国王の文書は、すべてそれぞれの国の公文書館で保管され公開されている。

第二に、日本の外国史研究者は、外国の文書館を頻繁に使う反面、日本の文書館はあまり使わない傾向があり、日本国内の文書館事情に疎い。そのため、文書館制度の国際的水準を熟知している彼らが、日本の文書館をめぐる諸問題を把握し、それに対し発言することは存外に少なかったように思われる。

国際的に見ると、国ごとにさまざまな問題はあるにせよ、各国とも高い水準の文書館制度——その水準は久保・瀬畑［二〇一四：第四章］で詳述したように、日本より格段に高い——を整備しており、外国史研究に携わる研究者が研究に必要な文書史料を探すには、まずは各国の文書館を訪れるのが手っ取り早いし効率的である。実際、日本の多くの外国史研究者は、自らが研究の対象としている外国に出かけ、その国の文書館をよく利用している。そして、自らの体験を通じ、欧米や中国をはじめとするアジア諸国の文書館制度が相当の水準で整備されており、それが歴史研究にとって大きな意味をもつことについて、それなりの認識はもっている。しかし、その国と日本との外交関係や経済関係などを研究テーマにしない限り、日本の外国史研究者が日本国内の文書館を利用する機会は少ない。そのため、日本の文書館制度の問題に気づき発言する必要性も感じなかった、というわけである。編者の一人である久保は、外国史を研究している何人かの友人から、前掲書を読んだ率直な感想として、「日本の文書館制度がこんなに立ち遅れているとは知らなかった」という類の言葉を聞いた。

第三に、歴史研究者と文書館関係者の間が疎遠になる傾向があったことである。歴史研究者は、文書館を利用する立場から発言することが多く、文書館を設立し運営する立場を理解しようとする姿勢は弱かった。一方、文書館制度の問題を最も切実に認識していた文書館関係者の間では、自ら業務の傍ら歴史研究に携わる人々もなかにはいたとはいえ、歴史研究者と対話する場が開かれていなかった。こうして、歴史研究者の側にも、アーキビストを中心とする文書館関係者の側にも、それぞれ交流を進めるうえでの障害があり、結果として、両者が協力し問題を考え、解決策を探ろうとする動きが生まれにくかったように思われる。本来、文書館制度と歴史研究とは緊密に結びついているものであるから、歴史研究者と文書館関係者の両者が協力していくことが望ましい（第四節参照）。

最後に指摘しておきたいのは、以上の状況と密接に関わる問題なのだが、歴史研究者を養成するシステムのなかに、情報公開・公文書管理に関わる教育が十分位置づけられてこなかったことである。大多数の大学において歴史学専攻の学生は、図書の整理や図書館の利用法などを学ぶ機会はあっても、また民家の土蔵から発見された古文書の整理に参加するような機会はあっても、近現代の公文書の公開と管理に関わる諸問題を系統的に学ぶ機会は与えられてこなかった。

2　なぜ情報公開と公文書管理は重要か

ここであらためて、公文書などの情報公開と公文書の系統的な管理公開がもつ意義について、整理しておこう。それが歴史研究にとってもつ重要性は最後に述べる。

国民主権と情報公開、公文書管理公開

第一に、それは国民主権の政治にとって、きわめて重要な意味をもっている。政策に関する情報が公開されなければ、行政が実施した政策の妥当性や問題点を国民の立場から検証することはできない。経済財政政策にせよ、外交防衛政策にせよ、あるいは教育文化政策にせよ、およそ政策と呼ばれるものの基礎には、その内容をまとめた何らかの行政文書が存在している。そしてその政策を決定する根拠となった法律や資料がまとめられ、その政策を実施した結果を確認した資料なども行政文書として存在するのが普通で

ある。仮にそうした行政文書が存在しなければ、そのこと自体が大問題になる。こうした行政文書を一般の国民の立場から読み解き、一つの政策が決定されていく過程を考察することにより、政治を政治家任せ、官僚任せにすることなく、国民主権の政治を実現していくことができるのである。

なお公文書管理法は、行政機関が現在保有している行政文書、法人が保有している法人文書、かつて行政文書や法人文書だったもののうち歴史資料として重要な文書類の総称として「公文書」という言葉を用いている。本書の用語法も基本的にはそれに準じている。

国民の生活、権利、平和と情報公開、公文書管理公開

情報の公開と公文書の系統的な保存・公開は、国民の生活と権利を守るために不可欠の重要性をもっている。瀬畑・久保［二〇一四］でもあげた実例を引いておこう。

行政機関における文書隠しが問題になった事件の一つに薬害エイズ事件がある。これは、一九八〇年代に血友病患者の治療に非加熱製剤が使用され、多数のＨＩＶ感染者およびエイズ患者を生み出したという事件であり、厚生省の薬事行政の責任が厳しく問われた。そして一九八九年から開始された民事裁判の過程で、一九九六年二月から四月にかけ次々に厚生省（現・厚生労働省）の倉庫から関連する文書ファイルが見つかり、国の行政責任が明らかになった。一連の文書ファイルが整理され、必要に応じ公開され閲覧できる状態になっていたら、裁判は早期に決着していた可能性が強いし、そもそも裁判を起こすまでもなかったかもしれない［保坂　一九九七］。

水俣病を例にとると、すでに一九五二年に漁業協同組合の要請を受けた県水産課の担当者がチッソの廃水を調査した報告書があり、そこですでに水質汚染の危険性が指摘されていた。もしこの報告書が公文書管理の原則に基づき公開されていたならば、水俣病の甚大な被害はくいとめられていた可能性が高い。しかし、残念ながらこの文書は埋もれてしまい、公文書館などに保管されることもなく、十分活用されずに終わった［政野 二〇一三］。

欧米の場合、まさにそうした問題に関わる公文書が公開され閲覧できるようになっているため、各行政機関も、一人ひとりの官僚も、強い責任感をもって政策判断をせざるをえなくなる。

公文書の非公開は平和を守るためにも大切である。たとえば、日本を戦争への道に引きずり込んだ一九三一年の満洲事変を例にとってみよう。

物証や関係者の証言により、満洲事変のきっかけとなった九月一八日、柳条湖での鉄道爆破事件が出先の日本軍（満洲駐屯の関東軍）による謀略であったことは、すでに史実として明白になっている。日本の権益であった鉄道線路（南満州鉄道株式会社線）を日本軍自身が爆破し、それを中国軍のしわざと偽り、その虚偽を口実に「中国を懲らしめる」軍事行動を開始したのであった。軍はそのことを秘密にした。しかし、爆破が日本軍の謀略ではないかという観測は、当時、外交官などからの連絡により、日本政府のなかにも流れていた。戦後公開された外交文書を見ると、たとえば柳条湖事件の翌日、現地にいた日本の総領事から外務省に打たれた電文は、日本の関東軍の計画的行動だとほぼ断定する判断を伝えている。だが、そうした情報は当時、政府内で伏せられ、ましてや国民には一切知らされなかった。仮に情報公開される仕組みが存在し、そうした情報が秘密にされず、謀略による戦争であることが国民に知らされていたなら、満洲事変に対する国民の熱狂的な支持は当然薄れていたであろうし、政治に対する軍部の影響力も減退していたに違いない。情報がきちんと公開されていれば、日本は戦争への道に踏み込まずにすんだかもしれないのである。

似たような事態は、一九四一年の対米英戦争を始めたときにも発生した。アジア太平洋戦争の開戦前、海軍は米英と戦った場合に撃沈される可能性がある船舶の被害総数を試算したが、それを過小に報告していた。そして議会で国防方針などを質問されても、「軍事機密」を理由に被害総数の見通しを明らかにしなかった。その結果、議場にいた議員たちはもちろんのこと、一般の政治家や官僚の間にも、大多数の国民の間にも、対米英戦争を開始しても、あたかも日本がある程度の戦力を保持できるような幻想がまき散らされ、安直な開戦決定が導かれるにいたったのである。国の政策決定を左右する情報が秘密にされ、検証されずに招いた結末を考える必要がある。

一九七二年の沖縄返還時の核密約と呼ばれる事件も、情報公開の立ち遅れが日本の平和と安全を脅かした典型的な事件であった。核密約とは、沖縄返還交渉の過程で一九六九年一一月に日米間で成立した、有事の際に沖縄へ核兵器を持ち込むことを認める合意のことである。この合意内容は、一九六八年に日本政府が宣言した「核兵器を持たず・作らず・持ち込ませず」とする非核三原則と矛盾する内容であったため、国民に対しては秘密に付されていた。しかし交渉当時から、そのような合意が日米間に存在するのではないかという疑惑がもたれ、一九九四年には、交渉関係者がその存在を明らかにしたことから、いっそう大きな問題となった［若泉　一九九四］。その後、世論の批判を受けて設けられた外務省の有識者委員会も、二〇一〇年三月、合意議事録の存在を確認する報告書をまとめている（「いわゆる『密約』問題に関する有識者委員会報告書」http://www.mofa.go.jp/mofaj/gaiko/mitsuyaku/kekka.html）。もし、情報公開の制度が整っていれば、より早く正確な情報が得られ、沖縄返還後のさまざまな事態に対しても、より的確に対応していけたに違いない。

歴史学と公文書の公開問題

歴史学自身にとっても、情報公開、公文書の管理と公開は大切である。歴史研究の基礎には公文書をはじめとする一次史料がおかれるわけであるから、文書史料の公開・利用はある意味で、歴史学にとって死活問題だといってよい。

本書の筆者の一人でもある瀬畑源の経験は興味深い。現代天皇制の研究を進めていた瀬畑は、情報公開制度を使って宮内庁に史料の公開を請求し、何度も拒否された。その経験を契機に、情報公開制度に対する関心を深めるようになったという（『信濃毎日新聞』二〇一四年一一月一八日）。

また現代中国をめぐる国際関係研究の第一人者、石井明は、一九七八年の日中平和友好条約締結交渉をめぐる文書史料について、やはり公開を求めて拒否された自らの体験を、近著［石井　二〇一四］で明らかにしている。同書によれば、日中関係の焦点の一つとなっている尖閣諸島問題に関し、詳細な交渉議事録が日本側にも存在するはずなのに、その公開が外務省によって拒否された。一九七八年八月一〇日、北京で行われた園田直外相と鄧小平副首相の会談の場で話し合いがあったこと自体は、日中双方が確認している。しかし中国側の記録にある鄧の発言と園田の応答とが、日本側の史料には出てこないというのである。文書の存在自体が否認されているという。

このように文書史料が公開されなかったり不足したりしているため、歴史研究に支障を来している問題は少なくない。「慰安婦」問題にしても、南京虐殺問題にしてもそうである。

3　特定秘密保護法と歴史学

二〇一一年になって公文書管理法がようやく施行され、日本の公文書管理制度の整備が大きく進んだ。しかし、その定着すらまだ危ういなかで、二〇一三年に特定秘密保護法が制定された。ここでは、まず特定秘密保護法が抱える問題点を簡潔に指摘しておきたい。

特定秘密保護法は、「我が国の安全保障に関する情報」のうち、とくに秘匿すべき文書を保護する諸規定と違反者への罰則を定めた法律である。特定秘密に指定できるのは、①防衛、②外交、③スパイ防止、④テロ防止、の四つの項目になる。ただしこれらは、従来から情報公開法に基づいて公開を請求しても「安全保障」に影響する場合は非開示となっていたものであり、この法律ができたから見られなくなるというものではない。どの国でも、そうした情報の多くは秘密にされている。しかし、すべてが永久に秘密にされていては、国民が防衛政策や外交政策の妥当性をチェックできなくなる。したがって秘密と情報公開のバランスをとることが求められ、秘密は最小限に絞り、それ以外の情報は公開するとともに、秘密に指定された情報も、秘密指定が不要になったら公開することが求められる。

特定秘密保護法の第一の問題点は、「特定秘密」を「行政機関の長」が自らの判断により自由に指定できる点にある(第三条)。これでは何でも秘密にされかねない。そこで秘密を最小限に抑えるため、秘密指定の妥当性を検討する監視機関の存在が重要ということになる(附則第九条)。しかし同法には監視機関について明確に定めた条文が存在せず、その具体化は政府の運用に任された。この点も後で述べるように問題になっている。

第二の問題点は、「特定秘密」がいつまで経っても公開されず、闇から闇へと葬られる可能性が存在することである。同法によれば、特定秘密指定は原則五年以内とされ、三〇年まで延長可能であり、「内閣の承認を得た場合」(閣議決定)には最大で六〇年まで延ばすことができる(第四条)。また暗号などの一部の情報はそれ以上延ばすことも可能となっている。しかし閣議で大臣たちがいちいち文書を精査してチェックすることは、時間的にも能力的にも不可能であろう。事実上、相当数の特定秘密が六〇年間秘密にされてしまう可能性は否定できない。さらに六〇年以上に設定できる情報も相当に範囲が広く、永久に指定し続ける可能性もありうる。

第三の問題点は、関係文書の漏洩には最高で懲役一〇年という非常に重い刑事罰が科されることになり(第二三条、第二四条)、「特定秘密」を扱う者に対し、きわめて煩雑な「適性評価」を実施することまで規定された点である(第一二条ほか)。現代史の研究や教育に携わる者が調査を進め、たまたま「特定秘密」

に関わる文書を入手し教育研究に利用した場合も処罰の対象になる。「特定秘密」に関わる文書を報道したメディアの関係者にしても、その意図や入手方法が「著しく不当」と判断されれば、やはり処罰の対象である（第二二条）。

そして第四の、ある意味では最も基本的な問題点は、公文書管理法に規定された公文書管理の基本原則が無視される恐れがあることである。そもそも公文書管理法によれば、公文書は国立公文書館等に移管された後、そこで専門家により公開の可否が審査されることになっており、即公開ということにはならない。各行政機関が恣意的に公開・非公開を判断するのではなく、そこから切り離され独立した権限をもつ専門的な機関が客観的に公開・非公開を判断するためである。特定秘密保護法は、こうした公文書管理の基本原則を尊重せず、それを破るものになっている。また国立公文書館等では、温湿度の管理もしっかりと行い、文書の保存と整理に注意を払っているのに対し、各行政機関では古い文書は倉庫に山積みにされる状態であり、紛失や誤廃棄などが起きやすく、文書が劣化して読めなくなる恐れすらある。つまり、三〇年あるいは六〇年もの間、各行政機関が秘匿していたら、その間に文書自体が消滅してしまう恐れも否定できない。

「特定秘密」にされた公文書にも公文書管理法が適用される以上、同法に定められた行政文書ファイル管理簿への登載が必要になり、必要に応じ内閣府や国立公文書館などの職員による実地調査も可能となる。一方、特定秘密保護法では、有識者の会議が「特定秘密」とされた公文書に関する問題を指摘したときには各行政機関へ資料の提出を求めるなど別の扱いをすることが規定されている（第一八条）。政府は特定秘密については公文書管理法よりも特定秘密保護法の規定を優先するつもりなのだろうが、どのように法的に区分けができるのかは見えてこない。公文書管理法によれば、タイトルが不開示事項に抵触する場合、タイトル自体も外部に見せないようにすることはできる。だが、特定秘密を扱う適性検査をパスした者だけは全文書のタイトルを見られるが、パスしていない者は特定秘密に関わる文書のタイトルを見られないといった仕組みを、膨大な量の行政文書について構築できるだろうか。

二〇一三年一二月に制定された特定秘密保護法は、二〇一四年一二月から施行された。しかし拙速に決められた制度は、ほころびが出るのもまた早い。特定秘密保護法もその例に漏れない。施行のための具体的な運用方法が定められ、実際に運用が始まってみると、特定秘密保護法の問題点がいっそう鮮明に浮かび上がってきた。

政府が行う特定秘密の指定や解除が適切かどうかを国会でチェックするため、二〇一四年六月二〇日、国会に常設の「情報監視審査会」を設ける改正国会法が成立した。審査会は両院それぞれに八人の議員で設けることになっている。ところが、この審査会が見るのは特定秘密のリスト（管理簿）だけで、肝心の情報そのものは見ることができない。情報を見ずに、どのように情報を監視するのだろうか。しかも、たとえ政府の特定秘密指定を不当だと判断しても、この審査会ができるのは公開を「勧告」することだけで、それには何の強制力もない。政府が「我が国の安全保障に著しい支障を及ぼすおそれ」があると判断すれば、審査会の勧告を拒否できることになっており、公開の判断権はあくまで政府が握っている。これでは、結局、行政の暴走をストップできず国民に多くの不利益がもたらされる危険性が高い。

二〇一四年一二月一〇日の施行時には、法の運用が適切に行われているかどうかを点検するための監視機関が政府部内に設けられ、不適切な運用に関する内部の通報制度も創設されることになった。しかし、前者の監視機関の内実は、審議官級の「独立公文書管理監」（初代の管理監には検事出身者が任用された）とその事務を支える「情報保全監察室」（職員数二〇人）を内閣府に設置したというものにすぎない。小規模な官僚だけの機構であり、仲間内の官僚による監視がいかに頼りにならないか、それは誰が考えてもわかることであろう。そして特定秘密を指定した関係省庁の大臣らに対し、関連資料の提出や説明、是正を強制するような権限は付与されていない。一言でいえば、無力な組織である。

また、特定秘密を扱う外務、防衛両省など一九の行政機関に、不適切な運用に関する「内部通報窓口」を設けるとされるが、そもそも特定秘密を扱うのはごく一部の官僚に限られ、彼らには厳しい人物調査が実施される仕組みになっている。したがって、たとえ不適切な運用に気づいたとしても、彼らが内部通報に足を踏み出すかどうか、はなはだ疑問といわざるをえない。

特定秘密保護法は、結局、歴史学にとってどんな意味をもつだろうか。まず第一に懸念されるのは、政治・外交・軍事などの重要情報が「特定秘密」として長期にわたって秘密にされ、近現代史上の戦争と平和に関わる諸問題を歴史学が考察することが困難になってしまうことである。第二に、そうした問題に取り組んだ歴史学者が、たとえ故意ではなかったとしても「特定秘密」に関わる情報に接し、それを論文などに用いた場合、逮捕される事態すらありうることである。そして第三に、このような困難を抱える現代史研究が敬遠され、そうした学問領域全体が衰退していくことが最も懸念されることである。

このように、施行準備の過程のなかでますます問題点が鮮明になってきた特定秘密保護法は、一日も早く撤廃すべきであり、情報公開法と公文書管理法が示している本来の枠組みに基づき、適切な情報公開と公文書の管理を実現していくことが望まれる。そのためにも、国立公文書館の抜本的な強化をはじめ必要な体制の整備に力を注ぐべきであり、国民の一人ひとりがそれを要求していくことが大切になる。

4 歴史学とアーカイブズ学の連携を

先に述べたように、特定秘密保護法の成立を許した大きな要因の一つに、日本における民主的な公文書管理体制とアーカイブズ（公文書館）制度の未成熟という問題があったことは否めない。しかし、情報公開法や公文書管理法の制定に代表されるように、公文書管理をめぐる考え方や法制度が近年大きく進展したこともまた事実である。その背景には、記録情報管理やアーカイブズをめぐる研究の発展と、それを土台にした研究者や市民の地道な運動が存在した。したがって、特定秘密保護法を克服する道筋を説得的に示すためには、第一に、日本の情報公開や公文書管理が近代以降どのように変化、発展してきたのかを歴史的に検証し、そのうえで、第二に、現在の到達点と問題点はどこにあるのか、今後の課題は何なのかを、学問的に明らかにする必要がある。歴史学とアーカイブズ学の連携が求められるゆえんはここにある。

右の第二点について先に述べると、世界の民主国家における公文書管理の法制度は、「公文書は国民共有の財産」という基本理念のもと、まず土台に「公文書管理法」を据え、その上に公開利用法制として、現在情報（現用文書）を中心とした「情報公開法」と、過去情報（非現用／歴史文書）を主な対象とする「アーカイブズ法」の二つをおくという逆トライアングル構造が一般的である。

日本では、史料保存機関関係者や研究者の長年の努力によって一九八五年にようやく成立した「公文書館法」が、公文書の「歴史資料」としての重要性を法文に明記し、政府による公式法文解釈というかたちではあるが、公文書が「国民の共通の財産」であるという基本理念も初めて明確に示された。きわめて画期的なことであり、公文書管理法制のトライアングルの最初の一角が築き始められたことになる。その後、一九九九年に情報公開法が成立し、公文書の公開利用制度は一応整ったかに見える。しかし、土台となるべき「公文書管理法」がないために、公文書の作成・保存・廃棄・国立公文書館への移管などが必ずしも適切に行われず、日本の情報公開制度とアーカイブズ制度は十分に機能しない状態が続いてきた。年金記録の消滅など、国民全体に関わる深刻な問題が発生した主因も同じところにある。

二〇〇九年に成立した公文書管理法は、このような意味できわめて重要である。年金記録問題などが決定的な引き金になったこの法律は、まず第一条「目的」で、「国及び独立行政法人等の諸活動や歴史的事実の記録である公文書等」を「健全な民主主義の根幹を支える国民共有の知的資源」と位置づけ、「主権者である国民が主体的に利用し得るものである」という基本的考え方に立って、「行政文書等の適正な管理」と「歴史公文書等の適切な保存及び利用等」を図り、もって行政の適正かつ効率的な運営と、「現在及び将来の国民」対する説明責任を果たすことを目的とする、としている。公文書館法や情報公開法に盛り込まれた「国民共有の知的資源」という基本理念があらためて確認されただけでなく、公文書は行政機関自体にとっても、適性かつ効率的な行政運営を実現するために不可欠な組織資源であるという考え方が明示されており、高く評価できる。また、三四条にわたる本法の内容を見ると、他国の法制や、アーカイブズ学・記録管理学などの成果にも一定程度目を配りながら策定されたと思われる公文書管理システムが具体的に提示されている。もちろん問題点も少なくはないが、この法律の成立によって、少なくとも公文書管理法制の逆トライアングル構造は、一応かたちを整えたと考えてよいのではないか。

特定秘密保護法は、公文書管理法に基づく公文書管理システムの改変・整備が各省庁で進行している最中に成立した。行政機関が一定の秘密情報を保有することは否定しないが、その指定・管理・指定解除などは、本来、公文書管理の基本法制である公文書管理法によって、あるいは少なくともその下におかれる下位法によって行われるべきであろう。今回、そのような議論が十分尽くされることなく、公文書管理法の脇をすり抜けるようなかたちで特定秘密保護法が制定されたことは、公文書管理法が、その崇高な目的にもかかわらず、公文書管理の基本法制として認知されていない現実を露呈したことになる。トライアングルの土台に重大な穴が見つかったともいえる。行政機関の現場で実際に公文書管理システムを運用するために本法の下で設けられた種々の規則類の検討と合わせ、公文書管理法の問題点と今後の方向性を明らかにする必要がある。

それとともに重要なことは、先にあげた第一の課題、つまり、日本の情報公開や公文書管理が近代以降どのように変化、発展してきたのかを歴史的に検証するという課題である。

あらためていうまでもないが、文書や記録は、時代を問わず、また公私を問わず、あらゆる組織体にとって最も基本的なツールであり、その管理のあり方は組織体の活動全体を左右する。それにもかかわらず、文書・記録管理についての学問的関心は従来あまり高くなかった。しかし、地域史研究や史料保存運動、文書館・公文書館運動の高まりを背景として史料学や史料調査論、史料整理論などの研究が少しずつ進展し、一九八〇年代から一九九〇年代にかけての「文書館学」「記録史料学」等の提案を経て、二〇〇〇年代には「アーカイブズ学」が提唱されるにいたった。そのアウトラインは、国文学研究資料館史料館編［二〇〇三］に見ることができる。

アーカイブズ学の目的は、国や地方自治体から民間企業・団体・個人にいたるまで、あらゆる人間活動のなかから生み出されるさまざまな記録物を、豊かで民主的な世界を実現するための学術的・社会的資源として、いかに科学的かつ永続的に保存・活用していくか、その理論と方法を研究することにある。したがってアーカイブズ学は、前近代の古文書史料保存の問題から、現代の行政や企業組織における電子記録管理の問題まで、実に幅広い研究対象をもつことになる。

アーカイブズ学ないしはアーカイブズ学的な研究蓄積のうち、歴史学との関わりでとくに注意を喚起しておきたいのは、史料館・文書館等に勤務する研究者や専門職員を中心に、「記録文書管理史」または「アーカイブズ史」とでも呼ぶべき研究が進められてきたことである。組織体の活動から生まれた記録文書を整理するためには、発生母体である組織体の構造と機能とを明らかにし、それに沿った記録文書群の再構成と目録編成を行う必要がある。現在のアーカイブズ学では最も基本的な原則ともいえるこの考え方は、地域史料の調査や整理を担ってきた歴史研究者らによって比較的早くから主唱されていたが、学術的な見地から高く評価すべき先駆的な業績としてあげられるのは、一九七〇年代から一九八〇年代にかけて京都府立総合資料館の研究者たちが発表した、中世東寺の寺院組織と記録文書管理に関する一連の研究である。これは同館が所蔵する東寺百合文書の整理と目録編成のための基礎的・実践的研究であったため、近世・近代分野の史料学や史料整理論にも大きな影響を与え、国文学研究資料館史料館を中心とした「文書館学」や「アーカイブズ学」の提唱につながっていくことになるのである。

一方、東寺百合文書研究に代表される、組織体研究を土台にした記録文書管理史研究は、歴史学においても、近年一つの潮流となっており、その流れは時代を超えているように見える。たとえば古代の正倉院文書研究から近代の行政文書研究まで、文書の作成や保存・廃棄などの問題を、組織体論の観点から明らかにした研究成果が少なからず出ている。従来の史料学とは明らかに一線を画すものであり、ある意味で歴史学とアーカイブズ学の接近あるいは連携が進んだ結果ともいえる。実際、近世史や中世史の分野では、寺院文書や藩庁記録の史料学研究に「アーカイブズ」という用語を使う歴史研究者も現れている。

しかし、「記録管理史」ないし「アーカイブズ史」の研究課題はまだまだ山積している。とくに、民主的な公文書管理体制とアーカイブズ（公文書館）制度の未成熟という現状の問題点に立ち返った場合、日本の近代化の過程で、公文書制度や公文書管理体制は、いったいどのようなかたちで変遷してきたのか、またなぜ欧米の近代的なアーカイブズ制度が導入されなかったのか、などの疑問が浮かび上がる。その前提として、古代以来の公文書管理システムの変遷や、その背景にある日本人の記録認識、公文書観といったことも研究課題になろう。もちろん、現在に直結する問題としては、戦時体制から戦後占領期を経て今にいたる急激な社会状況の変化のなかで、国民が公文書を含む情報や記録に対しどのように向き合ってきたか、あるいは向き合ってこざるをえなかったのかが究明されなければならない。

歴史学とアーカイブズ学のコラボレーションをめざした共同研究としては、これまで冒頭で触れた青山・安藤編著［一九九六］のほか、国文学研究資料館史料館編［二〇〇三］、歴史評論編集委員会［二〇一二］などがあるが、特定秘密保護法の施行という事態に直面している今、両者の学問的連携の重要性はますます高まっている。

5　本書の構成

最後に本書の構成を説明しておきたい。

冒頭の第1章は、現在の国の公文書のライフサイクル（作成～移管・廃棄まで）と、文書へのアクセス方法などについて、とくに歴史学関係者にとって大切な意味をもつ部分を重点的に論じながら、特定秘密保護法の諸問題についても触れている。とくに現在の法律の仕組みに論点を絞った論稿である（瀬畑源「公文書管理法と歴史学」）。

それに対し、第2章と第3章では、文書史料の公開・非公開が、現実の政治社会問題といかに緊密に関わっているかを、具体的に外務省における戦後の文書公開状況に即して検討している。外務省は、民主党政権下の二〇一〇年以降、政治外交および軍事に関わる一九五一年の平和条約、旧安保条約、一九六〇年安保改定、一九七二年沖縄返還関係の外務省文書の公開を、ようやく開始した。その背景には米国の外交記録公開が九〇年代半ば以降、大幅に進んだことがある。第2章では、沖縄返還に関わる外交文書を取り上げ、米国統治下で生じた被害に対する請求権の問題などがどのように扱われたかを検討し、公開されている日本側外交文書の量が米国側文書に比べ圧倒的に少ない現実を具体的に明らかにしている（我部政明「沖縄返還をめぐる日本の外交文書――米外交文書との協働による史的再構成」）。

また第3章は、日韓会談関連の外交文書の問題を軸に論じている。一九六五年の日韓基本条約をめぐる交渉は、日本の植民地支配の終了に伴う諸問題を包括的に取り上げるものとなった。そのため、戦後補償問題の解決にとって、交渉関連文書の公開はきわめて重要な課題となり、市民運動の広がりのなかで徐々に文書の公開が進むという経過をたどった。本章では情報公開法施行を前後する時期から現在にいたるまでの同省の情報公開について、日韓国交正常化交渉に関連する外交文書を事例として考察する（吉澤文寿「日韓会談をめぐる外交文書の管理と公開」）。

さらに、公文書の隠匿や処分が大きな問題になっている「慰安婦」問題については、この分野の研究における第一人者にコラムを執筆していただいた（林博史「公文書公開から見た日本軍『慰安婦』問題」）。

以下、第4章から第7章までが、近現代日本における公文書管理制度の成立と展開過程について、系統的に時期を追って論じた部分である。

まず第4章では、明治日本における近代行政機構の成立から、太政官制、内閣制への制度の移行期に視点をあて、国の行政機関の公文書管理の変遷について述べる。この時期、「アーカイブズ」について、政府はどのような認識を有していたかについても考察した（渡邉佳子「日本近代における公文書管理制度の構築過程――太政官制から内閣制へ」）。

続く第5章は、近代日本における公文書管理制度の特質と問題性を、外交史料館所蔵の「外務省記録」を素材に検討した。具体的には、機密文書の取り扱いや外交文書の「公開」、出版物の取り締まりなどが分析されている（千葉功「戦前期日本における公文書管理制度の展開とその問題性――『外務省記録』を中心に」）。

第6章は、戦時期から現代までの時期を対象に、官僚制と公文書管理との関係性に留意し、官僚制の肥大化によって文書量が増大し、セクショナリズムの深刻化によって文書管理制度が閉鎖的になっていく実態について、文書取扱規程などを基に解明した論稿である（加藤聖文「日本の官僚制と文書管理制度」）。

中央政府レベルの公文書問題を分析した以上の議論を踏まえながら、第7章では、地方自治体における公文書の管理と公開、アーカイブズの問題について、静岡県および静岡市、磐田市、栃木県小山市、熊本県天草市などの具体的事例に即して考察した。歴史的経緯、現状分析、課題の提示という三つの観点から整理し、歴史学と公文書との関係、市民にとって有用な情報資源としての公文書とアーカイブズの公開と活用への道筋を示している（青木祐一「地方自治体における公文書管理とアーカイブズ」）。

第8章と第9章は、イギリスと台湾における文書の管理公開の歴史を扱っている。第8章は、イギリスにおける公文書の管理と公開の歴史および現状について、客観的な情報とその収集を重視する伝統、一八世紀末以来の公共圏の成立（美術品など収集物の公開）などと関連させて考察した（後藤春美「情報重視の伝統に基づく公文書の管理と公開——イギリスの場合」）。
また第9章は、種々の条件が重なり、東アジアのなかで最も先進的な公文書の管理と公開制度が整っている台湾に注目し、国家檔案《とうあん》法の解釈とその施行にあたっての多くの議論を検討した。現実は制度ほど単純なものではなく、その制度と現実の間を見据えることによって、日本にとっての示唆を得る試みである（川島真「台湾の公文書管理と政治——制度的先進性と現実」）。

〔文献一覧〕

安藤正人・青山英幸編著『記録史料の管理と文書館』北海道大学図書刊行会、一九九六年
石井明『中国国境　熱戦の跡を歩く』岩波書店、二〇一四年
久保亨・瀬畑源『国家と秘密——隠される公文書』集英社、二〇一四年
国文学研究資料館史料館編『アーカイブズの科学』上・下巻、柏書房、二〇〇三年
中村隆英『戦時日本の華北経済支配』山川出版社、一九八三年
保坂渉『厚生省ＡＩＤＳファイル』岩波書店、一九九七年
政野淳子『四大公害病——水俣病、新潟水俣病、イタイイタイ病、四日市公害』中央公論新社、二〇一三年
歴史評論編集委員会「特集・戦争と平和のアーカイブズ」（『歴史評論』第七三九号、二〇一一年）
若泉敬『他策ナカリシヲ信ゼムト欲ス』文藝春秋、一九九四年

第Ⅰ部

「情報公開後進国」日本を問い直す——戦後・そして現在

第1章　公文書管理法と歴史学

瀬畑　源

はじめに

「公文書等の管理に関する法律」（以下「公文書管理法」と略記）は二〇一一年四月に施行された。歴史資料の公開に与えたインパクトは大きかったにもかかわらず、必ずしも歴史学関係者のこの法律への理解が深まっているとは言いがたい。しかも、多くの反対の声があがるなかで、「特定秘密の保護に関する法律」（以下「特定秘密保護法」と略記）が二〇一四年一二月に施行された。これによって、資料の公開のあり方が変わる可能性もある。

公文書管理法は、情報公開法と合わせて「車の両輪」といわれている。「行政機関の保有する情報の公開に関する法律」（以下「情報公開法」と略記）は行政機関や独立行政法人などに「存在する文書」に対して、情報の公開を要求できる制度である。よって、「文書」が存在しない場合は「不存在」として公開されない。そのため、文書がきちんと作成され、保存されていることが、制度を機能させるために必要不可欠である。ここに、公文書管理法の存在意義がある。

日本では情報公開法が二〇〇一年に先に施行されたが、直前に公文書が大量廃棄されたり、情報公開請求を避けるためにあえて文書を作成しなかったりする事態が多発した。これに加えて、消えた年金問題など、公文書管理のずさんさが理由でさまざまな問題が明るみに出たこともあり、文書作成義務や管理の徹底を行うための法律の制定がめざされるようになった。そして、公文書管理制度に関心のあった福田康夫首相のイニシアティブにより、公文書管理法は制定されたのである〔瀬畑 二〇一一：八九―一二一〕。

そもそも、公文書資料を用いる際に、なぜその文書が残っているのか（残っていないのか）を理解することは、資料批判を行う際に重要だと考える。そこで本章では、公文書管理法を歴史学との関連で解説し、使いこなすための方法も述べていきたい。また、特定秘密保護法の影響についても触れておく。

法律の条文の引用は最低限にとどめ、どのような内容であるのかの解説に重点をおきたい（逐条解説は宇賀〔二〇一一〕、右崎・三宅〔二〇一一〕などを参照のこと）。

1　用語の定義

目　的

公文書管理法は第一条でその目的を掲げている。

この法律は、国及び独立行政法人等の諸活動や歴史的事実の記録である公文書等が、健全な民主主義の根幹を支える国民共有の知的資源として、主権者である国民が主体的に利用し得るものであることにかんがみ、国民主権の理念にのっとり、公文書等の管理に関する基本的事項を定めること等により、行政文書等の適正な管理、歴史公文書等の適切な保存及び利用等を図り、もって行政が適正かつ効率的に運営されるようにするとともに、国及び独立行政法人等の有するその諸活動を現在及び将来の国民に説明する責務が全うされるようにすることを目的とする。〔傍線は引用者、以下同〕

公文書等が「国民共有の知的資源」として国民が「主体的に利用し得る」とされており、事実上の「知る権利」が含まれている。また、行政文書等の管理だけではなく、歴史公文書等の保存や利用も法律に組み込まれている。そして、「現在及び将来の国民」への説明責任が課されており、公文書をきちんと保存して公開し、歴史的な検証に資することも組み込まれている。

対象機関・文書

公文書管理法の対象となる機関は、①行政機関、②独立行政法人等、③国立公文書館等、である。①は中央官庁のすべての機関が含まれる。立法機関（国会など）や司法機関（裁判所）は含まれていない。②は独立行政法人のほかに、国立大学法人や大学共同利用機関法人、日本銀行などが含まれる。

①で作成される文書を「行政文書」、②で作成される文書を「法人文書」という。ただし、「行政文書」

や「法人文書」となるのは、以下の定義を満たしたものに限られる。

A：職員が職務上作成・取得したもの

B：組織的に用いるもの

C：その機関が保有しているもの

Aは、職員が自分の職務に関係して作成したものに限るということである。取得も含まれるので、外部から受け取ったものも含まれる。Bは組織で共有されている文書であるということである。Cはその機関内に保管されているということである。なお、媒体は紙にとどまらず、電子資料や映像なども含まれる。

この三つの定義をすべて満たさないと「行政文書」にはならない。そのため、自分用に作成したメモは「行政文書」にはならない（Bを満たさない）ので、「個人のメモなので情報公開対象ではない」という隠れ蓑に使われることもある。ただ、電話を受けたときの走り書きのメモまで「行政文書」とはいいづらいので、厳密な定義は簡単ではない。

③は「行政文書」や「法人文書」のうち、歴史的に重要な文書を移管する施設を指す。「行政文書」は国立公文書館、外交史料館（外務省文書）、宮内公文書館（宮内庁文書）に移管される。ほかに日本銀行、京都大学や広島大学などが、「法人文書」の移管をするための公文書館を設立している。

③で保管している歴史的な文書は「特定歴史公文書等」と定義される。なお、民間から寄贈された文書も「特定歴史公文書等」となるため、移管された行政文書と同じ扱いをする必要がある（例：国立公文書館の内閣文庫）。民間資料は必ずしも行政文書と同じ管理方法に適さないこともあるため、東北大学のよう

に、民間から寄贈された資料を扱う部署を、「国立公文書館等」とは別につくっているケースもある。なお、「行政文書」と「法人文書」には、白書や新聞などの販売されているものや、特定歴史公文書等、特別の管理をされている歴史資料などは含まれない。国立歴史民俗博物館は②にあたるが、所蔵資料は特別の管理をしているので法人文書には該当しない。

また、防衛省防衛研究所戦史研究センター史料室に所蔵されている旧陸海軍文書は、特定歴史公文書等には含まれていない。防研は③の指定を受けていない。さらに、この文書は米国に押収された際に行政文書から外れたことになっているため、返還後も民間から寄贈された資料と同等の扱いをされている。国立公文書館に返還された旧陸海軍文書は特定歴史公文書等になっており、本来ならば公文書管理法の対象とすべきだろう。

2　文書のライフサイクル

公文書管理法では、行政文書と法人文書の「ライフサイクル」を定めている。ライフサイクルとは、文書が作成されてから、最後に永久保存するか廃棄するまでの過程のことである。

作成

公文書管理法には、文書の作成義務が定められている。これによれば、「経緯も含めた意思決定に至る過程」や「事業の実績」を「合理的に跡付け、又は検証」できるようにするために、文書を作成しなければならない。

作成する文書は五つに類型化されている。

①法令の制定・改廃とその経緯

②閣議・大臣などのトップによって構成される会議・省議における決定・了解とその経緯

③複数の行政機関による申合せ、他の行政機関や地方公共団体に対して示す基準の設定とその経緯

④個人・法人の権利義務の得喪とその経緯

⑤職員の人事に関する事項

①〜③は、行政が行った政策に関する文書をきちんと作成するということである。「経緯」が含まれているので、最後の決裁文書だけを残せばよいということではない。④は個人や法人の権利義務に関わる情報なので、市民生活に影響がある以上、文書を作成する必要がある。⑤の人事関係の書類は、当然つくるべきものである。口頭で人事が行われてはならないのは当たり前であろう。

二〇一二年に問題になった原子力災害対策本部の議事録未作成問題は、②の規定に違反していると見なされた。複数の大臣が関わっていた会合の議事録は、当然「意思決定に至る過程」であったはずである。しかし担当者は、「状況を閣僚の間で共有する場として受け止められていたため、記録をとらなければならないという基本的な意識が希薄なところがあった」などと言い訳をしており、公文書管理法の主旨が理解されていないことが浮き彫りになった［久保・瀬畑　二〇一四：一〇二］。

なお、閣議の議事録も②からは必要と読める。ただ、明治以来、閣議の議事録は作成されてこなかった。その理由としては、大臣同士の議論が公開された場合、閣内不一致と見なされてしまうことなどがあげられている。本来ならば、議事録を「公開する」ことと「記録する」ことの間には一線が画されている。記録しても「公開しない」という選択もあるはずだ。だが、これまでは慣例としてつくられてこなかった。

原子力災害対策本部議事録未作成問題が起きた際に、民主党の岡田克也副総理が閣議・閣僚懇談会の議事録作成問題に取り組んだが、報告書を作成したところで政権交代となった。公明党が特定秘密保護法を承認する際の条件としてこの議事録作成を自民党に飲ませたため、二〇一四年四月から議事録が作成されて公開されている。ただ、岡田案では議事録を作成して三〇年は公開しない（その代わりセンシティブな議論もきちんと記録する）方針であったが、安倍政権は原則三週間程度で公開をしているため、公開したくない議論は、記録が残らないように裏で行うようになるのではないかと危惧されている。そして実際に議事録を見た限りでは、その危惧のとおり、ほとんど中身のない議論に終始しているといえよう。閣議や閣僚懇談会の議事録を残すことの本来の意義である「政策決定過程を記録する」という考え方が軽視されている［久保・瀬畑　二〇一四：一〇二－一〇四］。

整　理

行政文書として作成された文書は、名前や保存場所、保存期間を設定したうえで、必ず「行政文書ファイル管理簿」という目録に登載することが義務づけられている。この目録はインターネット上で公開されている。保存期間は最長三〇年、以下一〇年、五年、三年、一年、一年未満とに分かれる。また、保存期間が満了するまで、文書をきちんと管理することも求められている。

なお、保存期間が満了した後に、国立公文書館等に移管して永久に残すか、廃棄するかをあらかじめ設定することが新たに定められた。これは「レコードスケジュール」と呼ばれるものである。作成から三〇年経過した文書を残すか捨てるか考えるときに、その文書に携わった職員は機関内にほとんどいない可能性が高い。その場合、その文書の歴史的な意義を判断することは難しい。よって、「不要」と判断されて廃棄されがちであった。

本来、その文書の重要性は、作成した担当者が一番わかっているはずである。そこで、作成してから速やかにレコードスケジュールを設定することで、その文書の重要度を考える際の参考にするのである。なお、このレコードスケジュールはあくまでも「参考」にすぎない。作成者の判断は、あくまでも現在使えるかどうかで判断しがちなので、最終的な判断は別の人が行うことが望ましい。また、このレコードスケジュールを付ける作業をさせることで、自分自身の行っている仕事の歴史的な価値を考えさせ、結果的に公文書管理への意識向上につながることも期待されている。

移管・廃棄

保存期間が満了したときの行政文書は、次の三つのうちのいずれかの処置が行われる。

①永久に保存するため、国立公文書館等へ移管する。

②保存期間を延長して機関内で持ち続ける。ただし、内閣総理大臣への報告義務がある。
③廃棄する。ただし、内閣総理大臣の同意が必要となる。
①は歴史的に重要な文書として永久保存するために、国立公文書館等に移管して、そこで公開する。②はまだ自分の機関内で使用中なので、期間を延長して持ち続ける。③は永久に残す必要はないとして廃棄される。
なお、この処置は各行政機関の長の責任で行われる。つまり、残すか捨てるかの一義的な判断は、各行政機関で行うということである。これは、公文書管理法制定以前から変わっていない。ただ、この法律に基づいて定められた「行政文書の管理に関するガイドライン」で、どの文書が移管対象なのかは大まかには定まっている。

この法律で、②と③の処置をとる場合、外部への報告やチェックを受ける必要が新たに設定された。②は「公文書館に引き渡したくない」として機関内に隠すことになりかねないので、なぜ延長するのかを報告する必要がある。③は「都合の悪いものを捨てる」ことにならないように、内閣総理大臣の同意が必要となる。各機関の長の判断を絶対視せず、他の機関がチェックをするということである。

ちなみに、③のチェック作業は、内閣府公文書管理課が担当し、国立公文書館の職員がサポートしている。ただ、公文書管理課のチェック担当は四名とのことであり（二〇一四年一〇月時点）、毎年二〇〇万件を超える廃棄ファイルのチェックを行うには、どう見ても人員が不足している。この審査に関わる職員数を緊急で増員しないと、廃棄ファイルに重要な文書を紛れ込ませて捨てるようなことも起きかねない。

なお、独法等の法人文書では、③の内閣総理大臣の同意は必要とされない。これは、政府の機関ではない独法等に、内閣総理大臣が介入できないという原則があるためである。よって、独法等の独自の判断のみで廃棄ができるようになっている。そのため、独法等では機械的に廃棄が進むのではないかと危惧されている［菅 二〇一三：一九八―二〇一］。

管理規則

上記のライフサイクルを行政機関や独法等で守らせるために、細則として「行政文書の管理に関するガイドライン」が内閣総理大臣によって出されている。これに基づいて各機関は文書管理規則を作成しなければならず、さらにチェック機関である公文書管理委員会（内閣府に設置された有識者会議）で審査を受けなければならない。また、毎年管理状況を内閣総理大臣に報告する義務も課されている。

これまで各機関任せになっていた文書の管理規則が、公文書管理法によって統一されることになった。文書のライフサイクルがきちんと管理されれば、歴史の検証に有用な文書も残る可能性は高まる。規則が現場で徹底されているかを注視する必要があるだろう。

3 文書の利用

歴史的に重要な行政文書や法人文書は、国立公文書館等に移管される。移管後の取り扱いも公文書管理法には定められている。

永久保存

国立公文書館等に移管された文書は、特定歴史公文書等に分類される。移管を受けてから一年以内に目録を作成して公開する必要がある。国立公文書館等では、目録の整備を優先し、文書自体を開示するか否かは、利用者から請求された際に審査をする（再審査）という方針を基本的にとっている。

特定歴史公文書等は永久保存を義務づけられている。廃棄する規定も公文書管理法には存在するが、劣化して復元不可能な場合にとどめられている。移管を決めるのは行政機関の長であるため、歴史的に重要でない文書と見なされるものも移管されてきているが、国立公文書館等のアーキビストによる再選別は事実上認められていない。

公開基準

特定歴史公文書等は原則開示であるが、一部は不開示にされる場合がある。開示の基準も公文書管理法には記載されている。情報公開法が準用されているので、まずは情報公開法の不開示規定を説明しておく。

情報公開法では、以下の六つの類型にあたるものは不開示にできる（表1）。

①「個人に関する情報」

個人の思想信条や身分地位など、個人に関する一切の情報を「個人情報」としている。故人も含まれる。

表1　情報公開法の不開示情報（行政情報公開法第5条）

号	情報	不開示情報の類型
1	個人に関する情報	特定の個人を識別することができる情報で，以下に当たらないもの イ　法令の規定によりまたは慣行として公にされ，または公にすることが予定されている情報 ロ　人の生命，財産等を保護するため，公にする必要がある情報 ハ　公務員等の職務の遂行に係る情報
2	法人等に関する情報	法人その他の団体または事業を営む個人に関する情報であって次に掲げるもの（人の生命，財産等を保護するため，公にする必要がある情報を除く） イ　公にすることにより，当該法人等の競争上の地位等正当な利益を害するおそれがある情報 ロ　公にしない条件で任意に提供された情報
3	国の安全等に関する情報	公にすることにより，国の安全や他国等との信頼関係が損なわれるおそれや交渉上不利益を被るおそれがある（と行政機関の長が認めることにつき相当の理由がある）情報
4	公共の安全等に関する情報	公にすることにより，犯罪の予防や捜査その他の公共の安全と秩序の維持に支障を及ぼすおそれがある（と行政機関の長が認めることにつき相当の理由がある）情報
5	審議・検討等に関する情報	国の機関等の内部または相互間における審議，検討または協議に関する情報であって，公にすることにより，率直な意見の交換・意思決定の中立性が不当に損なわれる等のおそれがある情報
6	事務又は事業に関する情報	事務または事業に関する情報であって，公にすることにより，次に掲げる等のおそれがある情報 イ　監査，検査，取締り，試験または租税の賦課等の事務を困難にするおそれ ロ　契約，交渉または争訟に関し，財産上の利益，当事者としての地位を不当に害するおそれ ハ　調査研究に係る事務に関し，その公正かつ能率的な遂行を不当に阻害するおそれ ニ　人事管理に係る事務に関し，公正かつ円滑な人事の確保に支障を及ぼすおそれ ホ　国または地方公共団体が経営する企業・独立行政法人等の事業に関し，企業経営上の正当な利益を害するおそれ

参考）『公文書の管理と移管』独立行政法人国立公文書館，2010年7月。
出典）http://www.archives.go.jp/law/pdf/pamphlet01h22.pdf をもとに作成。

「特定の個人を識別することができる」とは、たとえば、ただ単に「名前」が書いてあるということでは該当せず、「名前」にプラスして「住所」や「職業」などの情報が書かれていて、その本人が特定できることを意味する。また、「識別」とは、その文書内で識別できるか否かだけではなく、公刊されている本と照らし合わせると、行政文書に書かれている個人が「識別」できるという場合も、この「特定の個人を識別」という概念に含まれる。

ただし、これではありとあらゆる個人に関する情報が不開示になってしまうので、例外規定が存在する。イは、記者会見ですでに明らかにされているものや、叙勲者名簿のように公開が前提となっている個人に関する情報にあたる。ロは、医薬品の副作用症例の情報の公開（患者の名前は不開示）などがある。ハの「公務員等」というのは、国家公務員、地方公務員、独立行政法人（地方を含む）の常勤、非常勤職員に該当する。これらの職員の氏名は原則開示される。ただし、警察職員は基本的には警視以上のみが公開の対象となる。

この不開示方法は「個人識別情報型」と呼ばれている。「識別」できれば何でも不開示になるため、行政側が「個人情報」の幅を大きくとり、不開示部分が多くなる原因となっている。

②「法人等に関する情報」

「法人等」には、行政機関や独法を除く法人、つまり会社や学校法人、特定非営利法人（ＮＰＯ）などが含まれる。原則公開だが、公開すると提供元が不利になる情報や、公にしないと約束した情報については不開示にできる。ただし、公益に沿う場合には開示できる。

③「国の安全等に関する情報」、④「公共の安全等に関する情報」

外交防衛や公安関係の情報は、公開すると表1に掲げてあるような「おそれ」がある場合、「相当の理由」があれば不開示にできる。他の項目とは異なり、「行政機関の長」の裁量を尊重するという書き方になっている。関係する情報が非常にセンシティブな問題であるので、情報を保有している機関の専門的知見を重要視したためである。このために、各機関の裁量によって、情報の不開示部分を恣意的に広げることが可能になってしまっている。

⑤「審議・検討等に関する情報」

行政機関内部または相互間で審議を行う際に、議論の過程が明るみになることにより業務に不都合が出る場合、その情報を不開示にできるという規定である。公共事業の入札価格を決めようとしている過程の情報などはこれにあたる。

⑥「事務又は事業に関する情報」

五つの事例においてのみ不開示にできる。おおよそは文章を見れば内容は想像できるだろう。なお、ここでいう「おそれ」とは、抽象的な可能性だけでは適用されず、法的に保護する必要性があることを説明できないと適用されない。

以上の六つが不開示規定である。不開示情報が含まれていた場合、該当する部分が「墨塗り」にされて見られなくなる。なお、審査に不服がある場合は、情報公開・個人情報保護審査会に異議申立てをすることができる。

では、国立公文書館等に移管された特定歴史公文書等の場合はどうであろうか。

①、②、⑥のイとホはそのまま適用される。③と④は、公開されると国の安全が害されるなどの理由があれば、移管元の行政機関が不開示を求めることが可能となっている（法人文書の場合は、独法等の判断を尊重する規定がない）。国立公文書館等はその理由を「参酌」しなければならない。「参酌」なので従う義務があるわけではないが、国立公文書館や外交史料館などでは、移管元との関係もあり、尊重する可能性が高い。

これらの規定を見ると、不開示になる情報が非常に多いことがわかるだろう。ただし、国立公文書館等は、不開示の判断をする際には「時の経過」を考慮しなければならない。

基本的に、作成・取得された情報は、当初は利用制限を行う必要があったとしても、時間が経つにつれて、利用制限を行う合理性は失われる。たとえば、個人に関する情報であったとしても、その当事者が死去した後にも保護し続けなければならない情報はそれほど多くはない。遺伝性のある病気など、子孫に影響を及ぼすような情報は別だが、たとえば学歴の情報などは、本人が死去した後に公開しても問題はないだろう。

国立公文書館や外交史料館では、個人に関する情報の類型に応じて、開示までの年数の目安を、審査基準として提示している。そこでは、学歴や職歴、勤務評定などは文書作成から五〇年、国籍や信仰などは八〇年などと例示されている。もちろん、この年限がくれば自動的に開示されるわけではなく、書かれている情報を個別に判断する。

よって、国立公文書館等に移管されたほうが、公開範囲は広がる。たとえば、天皇が地方に行幸（旅行）をする際の警備資料は、行政文書と特定歴史公文書等の両方に存在する。行政文書に対して情報公開法に基づいて請求をかけた場合、④が適用されて不開示となるが、宮内公文書館の特定歴史公文書等に公文書管理法に基づいて請求をかけた場合は開示されている。国立公文書館等は「時の経過」を考慮するが、移管前の行政文書や法人文書は「時の経過」が考慮されないためである。

不開示に対して不服がある場合は、公文書管理委員会に異議申立てを行うことができる。第三者機関での審査となるため、一定の公平性は保たれている。なお、民間から国立公文書館等に寄贈を受けた文書も特定歴史公文書等になるが、寄贈者が一定期間の不開示を求めた場合、その意向を尊重する必要がある。

歴史研究者のなかには、文書が不開示にされることを「歴史を改竄するものである」として批判する人もいるが、保護しなければならない情報、たとえば個人の病歴や犯罪歴のように本人や子孫に影響するようなものなどは、やはり不開示にするべきだと考える。ただし、不開示制度の運用が不透明に行われてはならない。できる限り客観的に情報類型を判断し、不開示部分を最低限にとどめるべきだと考える。

利用方法

図1は、国立公文書館等で資料を利用する際の手続きについての流れを説明したものである。

利用者が文書の利用請求を行った場合、対応が二つに分かれる。

図1　国立公文書館等における資料利用の基本的な流れ

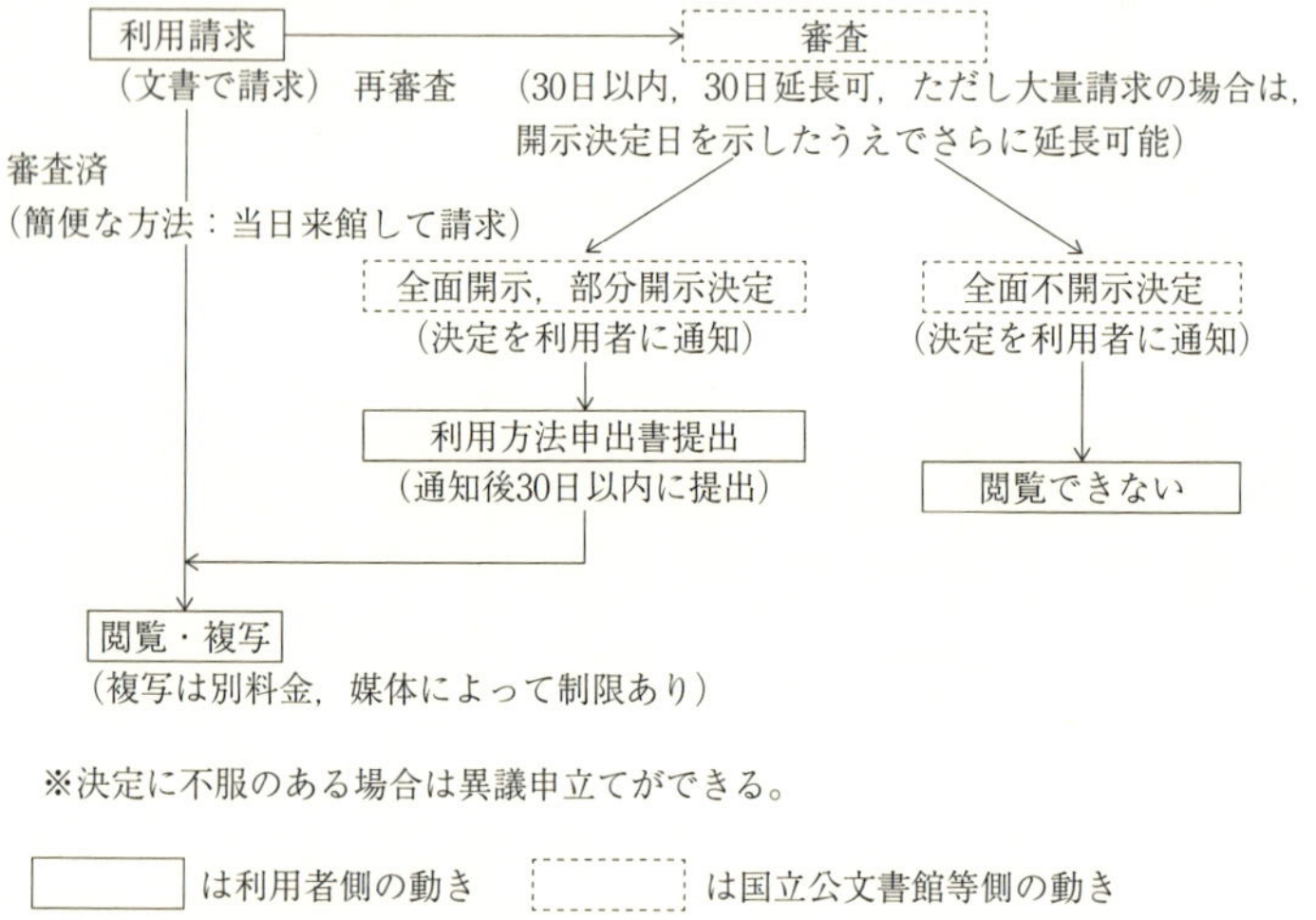

※決定に不服のある場合は異議申立てができる。

開示するための審査が行われていない場合（再審査となっている文書も含む）、不開示基準の適用について審査が行われ、開示するか否かが決定される。審査を行うための時間が必要なので、基本的には事前に請求書を送付し、審査終了を待つことになる。申請書は郵送（機関によっては電子申請可能）であり、電話のみでの申し込みはできない。

請求書を受け取った国立公文書館等は、請求日から三〇日以内に審査を終えて決定をしなければならない。ただし、三〇日を条件に延長することはできる。また、量が多い場合や業務が多忙な場合は、決定期日を設定することや延長する理由を説明することなどを条件として、六〇日を超えることができる。決定がなされた際には、利用者に通知される。

なお、一部に不開示部分を含む文書の場合、複写したうえで不開示情報のみを墨塗りにするか、被覆（袋とじ）するかの選択となる。前者の場合、不開示情報以外の情報を見ることが可能となるが、開示決定までに時間がかかる。後者の場合はその逆となる。すでに文書の審査が終わっていて開示が決定している文書の場合、来館して申請書を提出すれば、その場で閲覧することができる。これは、「簡便な方法による利用」と呼ばれるものである。これは、すでに審査済のものを再度審査をする手間を省く手法である。もちろん、不開示部分が含まれている文書であった場合、前者の再審査を求める手続きをとることも可能である。

複写は、原本を保護するため、コピー機を用いた紙焼きコピーは、多くの施設で不可能になる。デジタルカメラの使用が解禁になったこともあり、利用者の多くがデジカメを利用して複写をしているものと思われる。

公文書管理法の意義

公文書管理法が歴史学に与えた大きな意義は、国立公文書館等に保存される特定歴史公文書等への利用請求権であろう。これまでも情報公開法によって、行政文書や法人文書に対する開示請求権は確立していた。現代史の研究者、とくに外交史の分野では、研究の手段として情報公開請求を利用する人も増えつつある。だが、国立公文書館や外交史料館、宮内公文書館での閲覧は「見せていただいている」ものでしかなかった。この利用の権利が確立したことで、資料へのアクセスのしやすさが格段に向上した。

また、請求時のやりとりがすべて文書で行われるようになったこと、審査にかかる日数が定められたことで、手続きの透明性が高まった。利用決定に不服があった場合は、異議申立てを行い、その妥当性を争うことも可能となる。

なお、政策決定過程の文書作成義務が定められたため、これまでは残りづらかった過程の文書も作成される可能性が高くなった。ただ、行政のなかでは歴史資料として重要と見なされない傾向のある政策決定過程の文書を、国立公文書館等へ移管して残させるためには、官僚の意識改革が重要である。歴史学の側から、歴史資料として文書を残すことの意義を訴えかけていく必要があるだろう。

4　特定秘密保護法の影響

特定秘密保護法

二〇一一年になってやっと公文書管理法が施行され、日本の公文書管理制度の整備が大きく進んだ。しかし、その定着すらまだ危ういなかで、二〇一三年に特定秘密保護法が制定され、翌年施行された。

特定秘密保護法は、「我が国の安全保障に関する情報」のうち、とくに秘匿すべき文書を保護するための法律である。関係文書を「非公開」にするだけでなく、その漏洩には最高で懲役一〇年という非常に重い刑事罰が科されることになった。

特定秘密に指定できるのは、①防衛、②外交、③スパイ防止、④テロ防止、の四つの項目になる。その指定は「行政機関の長」（大臣や長官）の判断で行うことができる。ただしこれらは、前節の不開示規定で論じたように、今までも情報公開法に基づいて請求しても公開が制限されていた。その意味では、これらの情報に対する「知る権利」は、もともと大幅に制限をされている。よって、「漏洩防止」がこの法律の最大の狙いということになるだろう。

この法律の問題点は多岐にわたる。とくに、過剰指定を防ぐための監視機関の充実などがなされておらず、自分たちに不都合な情報を隠すために使われるのではと危惧されている。ほかにもさまざまな批判があるが、本節では歴史資料との関連に絞って論じる。

特定秘密の指定期間

歴史学において最も大きな問題となるのは、歴史資料として特定秘密がいずれは公開されるかどうかである。特定秘密は五年以内の有効期間が設定され、三〇年まで延長可能である。三〇年を超える場合は「内閣の承認を得た場合」（閣議決定）に最大で六〇年まで延ばすことができる。また、次の項目については六〇年を超えて延ばすことも可能となっている。

一　武器、弾薬、航空機その他の防衛の用に供する物（船舶を含む。別表第一号において同じ。）

二　現に行われている外国（本邦の域外にある国又は地域をいう。以下同じ。）の政府又は国際機関との交渉に不利益を及ぼすおそれのある情報

三　情報収集活動の手法又は能力

四　人的情報源に関する情報

五　暗号

六　外国の政府又は国際機関から六十年を超えて指定を行うことを条件に提供された情報

七　前各号に掲げる事項に関する情報に準ずるもので政令で定める重要な情報

これを見ると、一と二の定義がかなり漠然としており、拡大解釈の恐れがある。七に関わる政令は、二〇一五年四月現在、まだ定められていない。

政府は、「特定秘密の指定及びその解除並びに適性評価の実施に関し統一的な運用を図るための基準」（以下「運用基準」と表記）のなかで、三〇年以上延ばせる情報は、上記の六〇年以上可能とされている情報に原則限るとして、延長を無制限に認めるつもりはないと述べている。だが、六〇年以上に設定できる情報も相当に範囲が広く、さらに永久に指定し続けて、国民から隠すこともありうるだろう。

そもそも、各行政機関の長が「特定秘密」を指定し、かつ監視機関が強力でなければ、必然的に「期間を延ばせるだけ延ばす」という心理が働く。「内閣の承認」が得られればとはなっているが、閣議で大臣たちがいちいち文書を精査してチェックすることは、時間的にも能力的にも不可能である。よって、リストが提出されて、それを無条件で承認することになるのは目に見えており、無制限の延長をくいとめられるかは定かではない。

特定秘密の国立公文書館等への移管

特定秘密も行政文書であるため、公文書管理法が適用される。よって、保存期間が満了した後に、国立公文書館等で永久に保存するか、廃棄するかを、先述した公文書管理法の手続きに則って判断される。

特定秘密は、指定を解除された後に移管か廃棄を決めるため、特定秘密に指定され続けている限り、国立公文書館等に移管されて公開されることはない。よって、移管も廃棄もしたくない文書については、各行政機関が指定を延長して所有し続ける可能性もありうる。

なお、三〇年以上特定秘密に指定されていた文書は、特定秘密が解除され、保存期間が満了した際には、必ず国立公文書館等へ移管される。「運用基準」によれば、二五年を超えて指定されていた場合には、「慎重に判断」するように記載されており、最終的には国立公文書館等に移管されることになるだろう。二五年以下のものは、公文書管理法に基づいて判断されるため、特定秘密以外のファイルと同じ方法で移管か廃棄かを決めることになる。

公文書管理法に基づく「行政文書ファイル管理簿」にも、特定秘密を含んだファイルは登載される。しかし、特定秘密の管理自体は、別立ての「特定秘密指定管理簿」によって行われるため、行政文書ファイル管理簿を見ても特定秘密が含まれているか否かはわからない。

廃棄のチェックを公文書管理課が行う際には、行政文書ファイル管理簿に基づいた廃棄簿で確認をするため、どのファイルに特定秘密が含まれていたかを判断できない。また、先述したようにチェック体制も貧弱であり、特定秘密であった文書を集中的に審査する仕組みは不十分である。このままでは、特定秘密とわからないような名称のファイルのなかに紛れ込ませて、合法的に廃棄することが可能になりかねない。審査方法の改良と審査体制の拡充をしなければ、歴史的に重要な文書が残らない可能性もある。

防衛関係文書

特定秘密保護法で以前よりも改善される可能性があるのが、防衛関係文書の国立公文書館への移管である。

特定秘密保護法案の審議中に明らかになったように、防衛省は「防衛秘密」（二〇〇二年に自衛隊法によって設置。今回の特定秘密に吸収）にあたる文書が保存期間を満了した際に、すべて廃棄処分していた。これは、公文書管理法施行後も行っており、しかも法の抜け道を使って、公文書管理課のチェックを受けずに廃棄していた［久保・瀬畑　二〇一四：一七四―一七七］。

少なくとも「防衛秘密」が「特定秘密」になる以上、「防衛秘密」にあたる文書はこれまでどおりに廃棄を続けることは不可能となった。また、これまで移管されてこなかった公安調査庁や警察庁などの公安関係文書も、移管される可能性が出てきた。ただし、これまでどおり廃棄を続ける、ないしは自分たちで持ち続けて移管を避ける可能性も高いため、移管していずれは公開されるかを監視する必要がある。

今までの防衛省から国立公文書館への移管文書の多くは調達関係（旧防衛施設庁）のものといわれており、重要な防衛関係文書のほとんどは移管されていないとされている。これを機に、「特定秘密」だけでなく、その他の重要な防衛関係文書の移管を検討するべきである。

特定秘密保護法の影響

特定秘密保護法の施行により、公文書管理法の趣旨が徹底されるかが危惧される。特定秘密文書の作成や管理などは、外部からのチェックがほぼ不可能な状態になり、きちんと公文書管理法が守られているかの検証は不可能に近い。また、外交分野にも特定秘密が広がることで、これまで比較的文書が公開されていた外務省で、公開が後退することが懸念される。

さらに、国民への説明責任を求める公文書管理法の理念が浸透する前に、それに逆行するような特定秘密保護法が施行されたことで、官僚の公文書管理を徹底する意識の浸透が妨げられることが危惧される。特定秘密保護法の施行によって、文書管理がおろそかになるような事態は避けなければならない。

おわりに

公文書管理法は施行後五年を目途として見直しを行うことが定められている。公文書管理法にはまだ多くの不備があり、その改正が強く求められる［小池 二〇一四］。

たとえば、立法機関と司法機関における公文書管理法の制定の問題がある。立法機関では、国会の議事録などは作成されて公開されているが、事務局や法制局が作成した文書や法案の修正協議に関わる文書などは、きちんと管理をしているかも不明であり、ほとんど公開もされていない。司法機関については、歴史的に重要な民事訴訟記録や司法行政文書（最高裁などの行政文書）を国立公文書館に移管する申合せがすでに結ばれているが、刑事訴訟記録は検察庁に保管され、移管される見通しは立っていない。立法と司法も国民に対する説明責任がある以上、公文書管理法を制定して文書管理の徹底がなされる必要があるだろう〔瀬畑 二〇一一：二五六―二七四〕。

ほかにも、独法である国立公文書館を強化する（国の機関に戻すなど）、国立公文書館等での不開示の基準を緩めて開示を拡大する、文書を扱う専門家であるアーキビストを養成・雇用する、地方公共団体での公文書管理条例の制定を促進する、など課題をあげるとキリがないほどである。

公文書管理制度の整備は、公文書管理法によってやっとスタートラインに立ったと考えるべきである。不断の改革をしていくことで、よりよい公文書管理制度を構築し、国民が公文書を主体的に利用できる環境を整え、歴史資料としてきちんと保存・公開される仕組みを改善していく必要があるだろう。

歴史学に携わる人々も「今」の社会を生きている。自分たちの生きていた時代の歴史資料を後世に残すためにも、自らの問題として受け止め、公文書管理制度への理解を深めていく必要があると考える。

〔文献一覧〕

宇賀克也『逐条解説 公文書等の管理に関する法律 改訂版』第一法規、二〇一一年
右崎正博・三宅弘編『情報公開を進めるための公文書管理法解説』日本評論社、二〇一一年
海渡雄一・清水勉・田島泰彦編『秘密保護法 何が問題か――検証と批判』岩波書店、二〇一四年
菅真城『大学アーカイブズの世界』大阪大学出版会、二〇一三年
久保亨・瀬畑源『国家と秘密――隠される公文書』集英社、二〇一四年

小池聖一「公文書管理法修正試案」『広島大学文書館紀要』第一四号、二〇一四年
瀬畑源『公文書をつかう――公文書管理制度と歴史研究』青弓社、二〇一一年
瀬畑源「日本における秘密保護法制の歴史」『歴史評論』第七七五号、二〇一四年
瀬畑源「秘密保護法を監視するのが市民の役目　民主主義が終わっているのなら始めよう」『Journalism』第二九六号、二〇一五年
「特定秘密の指定及びその解除並びに適性評価の実施に関し統一的な運用を図るための基準」二〇一四年一〇月一四日閣議決定（http://www.cas.go.jp/jp/tokuteihimitsu/pdf/h261014_siryou20.pdf）

第2章　沖縄返還をめぐる日本の外交文書
――米外交文書との協働による史的再構成

我部政明

はじめに

二〇〇八年八月の総選挙の結果、長期にわたり政権に就いていた自民党から民主党を軸とする連立政権への交代が行われた。この民主党連立政権については多様な側面からの評価を下すことができよう。少なくとも、外交文書の公開を促進させたという点で同連立政権を評価するについて、賛成の声が多いと思われる。外交文書の公開が促進される契機となったのが、同連立政権の最初の外務大臣となった岡田克也が外務省に対し、日本が米国との間で交わしたとされる核兵器、基地使用、財政などの「秘密の取り決め」（以下、「密約」と呼ぶ）の調査を行うよう指示したことである。

これら「密約」について、外務省が独自に行う調査と外務省が民間人に委託した有識者委員会による調査が開始され、二〇一〇年三月五日と三月九日にそれぞれの調査報告書が公表された。外務省独自の調査は、「調査チームとして把握するに至った事実関係」を報告するのに対し、有識者委員会は、この外務省の「内部報告書を精査し、これら『密約』に関する委員会なりの判断を示す」ことを目的とした。とりわけ、有識者委員会は調査チームの把握した外交文書の提供を受け、必要に応じて関連文書探索および関係者の聞き取りを加えて報告書を作成した。調査チームの提供した二九六点に加えて三五点の外交文書が、有識者委員会報告書に添付されて公開されたことは、それまでの密約の存否をめぐる議論に一定の成果をもたらした。同時に、日米安全保障条約や沖縄返還協定という日本の外交・安全保障に関する外交文書の公開の遅れを物語っていた。[1][2][3]

外務省は、一九七六年以来、自主的措置として三〇年公開原則に基づく外交文書公開を進めてきた。戦後の外交文書を対象にして、二〇〇八年までに二一回を数える。その間、対日占領政策、国連加盟、サンフランシスコ対日平和条約、東南アジア諸国との賠償協定や平和条約、日米原子力協定などの外交文書がほぼ全面公開されてきた。今公開が進んでいるのが、日米貿易経済合同委員会、沖縄返還協定、日米繊維交渉などの外交文書である。今後、公開が待たれる外交文書は、日中共同声明（一九七二年）、ASEAN首脳会合（一九七六年）、ロンドン・サミット（一九七七年）、福田首相東南アジア六カ国訪問（一九七七年）、日中平和友好条約（一九七八年）などの関連文書である。

二〇一〇年五月に外務省は、原則として三〇年以上経過した外交文書の公開をいっそう促進するための「外交記録公開に関する規則」[4]を制定した。さらに、二〇一二年八月には同規則を全面的に改訂して、[5]「外交記録が、国民共有の知的資源として、主権者である国民が主体的に利用し得る」ようにするため、「作成又は取得から三〇年以上が経過した行政文書は公開するとの原則」に立ち「作成又は取得から三〇年以上経過したもの及び保存期間が満了したもののうち歴史資料として重要なもの」を外交史料館に移管して、一般公開を進める手続きを定めた。

外務省は二〇一〇年七月より、従来行ってきた公開（一九七六年から二〇〇八年まで）の頻度（平均して一年半に一度）を、年間四回ないし八回にまで増大させた。[6]もっとも、これら大規模の二一回にわたる公開以外にも、必要に応じて文書公開を行ってきていた。たとえば、二〇〇九年度は四回の公開を行っている。二〇一〇年五月に制定された規則の下で、二万二〇〇〇冊（冊は一つのフォルダーに綴じられている一連の文書）[7]の移管・公開がなされた。また、外交資料館ウェブサイトにおいて、二〇〇九年から二〇一四年までに公開された外交文書目録[8]が、現在、一四七一頁にわたるリストとなって公開されている。同目録には、一頁あたり二二冊が記載されているので、概算で三万二千余冊が公開されたことになる。そして、項目として「利用制限区分」という欄が設けられており、そこには「全冊公開」のほかに「一部非公開」「要審査」との記載がある。公開されている文書リストにもかかわらず、これらの冊（フォルダー）には非公開とされている文書があって、それを抜いたかたちで公開している可能性がある。そうだとしても、どの箇所が抜かれているのかは、現時点で、推測できる箇所とできない箇所がある。量的には多くの外交文書が公開されたとはいえ、歴史をたどるのに適切かつ十分な公開となっていない。依然として、重要だと思われる箇所の非公開が多く、また文書へのアクセスを容易にするような文書の保管状況を知る手がかりが少ない。

沖縄の施政権返還（以下、一般的に沖縄返還と呼ぶ）に関わる日本の外交文書は、二〇一〇年以降に集中して公開されている。冒頭に述べた外務省の「外交記録公開に関する規則」制定から二〇一五年一月までの間に、二九回の外交記録公開が行われている。そのうち、沖縄返還関連が含まれていたのは九回である。[9]その合計の冊数は、三三五冊である。同期間に公開されたのが二万二〇〇〇冊（先に述べた三万二千余冊とは、二〇一〇年七月以降からの沖縄返還関連を公開した同期間と二〇〇九年から二〇一〇年四月までの間を合わせた期間で公開された）とされているので、沖縄返還関連は一・五％となる。公開に際して沖縄返還関連記録は、過去九回ともＣＤ－Ｒで提供された。そのため、原文書そのものが公開されるときに比べ、外交史料館へ出かけなくとも同ＣＤ－Ｒを入手して、これらの文書へアクセスできるようになっている。外務省が公開する外交文書のうち沖縄関係が占める量は少ない。しかし、国民とりわけメディアの関心が高いせいか、実際に複写された外交文書の入手方法において配慮がなされていると推測される。

本章では、二〇一〇年以降、公開された外交文書のなかで、沖縄返還に関わるものを取り上げて、返還交渉のなかで最後まで難航した未決着の請求権とＶＯＡ（ヴォイス・オブ・アメリカ）移転費がどのように処理されたのかを日米の外交文書から再構成してみる。

1　沖縄返還交渉の開始

沖縄返還交渉とは、佐藤政権が一九六四年一二月に沖縄返還を日米間の課題だと表明したときにスタートし、施政権返還が実現する一九七二年五月（沖縄防空任務引き継ぎが完了する一九七三年七月までと拡張できる）までの期間において、サンフランシスコ平和条約第三条でいう沖縄の施政権の日本への移転をめぐる日米間のやりとりだといえるだろう。この八年余間を二つの時期に分けることができる。沖縄の施政権返還を行うと日米両首脳が決断した一九六九年一一月の日米共同声明を境にして、共同声明までの期間と施政権返還を具体化した沖縄返還協定の調印および実施までの期間である。

これまでの研究によれば、沖縄の施政権返還が日米間の課題として浮上してくるのは米政府内での検討にあったことは知られている［我部　二〇〇〇、波多野　二〇一〇、宮里　二〇〇〇］[10]。もちろん、沖縄や日本国内での動きは重要な要因となるが、外務省としての取り組みは一九六五年一月、一九六七年一一月そして一九六九年一一月の三回にわたる佐藤首相訪米の準備が中心であった。施政権返還に向けて、外務省は一九六九年前半まで消極的だったといえるだろう。より正確にいうと、外務省に対し首相からの明確な指示が与えられなかったことと、外務省から首相への働きかけを行うこともなかったのである。また、現時点まで公開されている外務省記録では、「沖縄返還交渉前史」と題する冊（フォルダー）のシリーズ[11]があり、一九六七年訪米を軸に文書が綴られていることから、交渉前史はいつからいつまでなのかという外務省の認識がうかがえる。

公開されている外交文書からすると、外務省の返還交渉に向けた動きが活発化するのは、一九六九年一一月の佐藤訪米への準備の始まる同年に入ってからのようである。というのは、一九六七年の訪米までの日米関係の外交文書が公開されている[12]が、一九六八年はわずかばかりで[13]、一九六九年一月一三日付「佐藤総理・ジョンソン大使会談[14]」から始まっているからだ。もっとも、外務省は一九六七年の日米首脳会談後から翌一九六八年春まで小笠原返還交渉に取り組み、一九六八年後半においては三木外相の辞任、米大統領選挙、沖縄の主席公選、自民党総裁選挙などがあり、同年一二月に入って佐藤改造内閣発足により愛知揆一外相の就任があった。それらのために、外務省での沖縄返還への取り組みが遅れたのだろう。

返還交渉の本格化は、愛知外相の訪米(一九六九年六月)直前から始まる。一九六九年五月から九月にかけて、外務省は返還時に核兵器が撤去されるのかどうかに強い関心を抱いたことがわかる。その一方で、国務省、在東京米大使館、沖縄の米民政府は、沖縄での基地使用が返還前と変わらぬことの重要性を日本側に強調していたことも明らかになっている。また、米国は返還に伴う一切の財政支出をしないことが沖縄返還に同意する条件だとして、一一月の佐藤・ニクソン会談までに日本に対し財政取り決め合意を求めていた。外務省はある一定の準備をしつつも、大蔵省の担当する財政取り決め交渉を十分に把握できず[15]、さらに核兵器の撤去見通しが明確でないままに、佐藤訪米を迎えた。直前に、密使・若泉敬の登場により核兵器をめぐっての日米合意が秘密裏に作成され、会談において、ニクソンが核兵器撤去に同意して、沖縄の施政権返還が決まった[16]。

そこから返還を現実のものにするための返還協定へ向けた日米交渉が開始する。狭い意味での後半となる交渉は、一九七一年六月一七日に調印される沖縄返還協定、協定批准のためのそれぞれの議会審議と承認を得るまでである。そして、返還の日(一九七二年五月一五日)を迎えるだけでなく、返還協定締結に際して日米合意事項の実施まで、返還交渉の日米間のやりとりは続くのである。

2 佐藤・ニクソン共同声明の実施へ

沖縄の施政権返還をめぐる交渉は、一九六九年一一月二一日に発表された佐藤・ニクソン共同声明に基づいて開始された。同共同声明[17]は、一五項目から構成される。第一項で、この日米首脳会談がワシントンで開催されたことを記し、両首脳が第二項でアジアの平和と安定のために日米の協力の重要性を謳い、第三項で極東における米軍の存在が平和と安全に貢献していると確認した。そして、第四項で佐藤が朝鮮半島について「韓国の安全は日本自身の安全にとって緊要」、台湾情勢について「日本の安全にとってきわめて重要な要素」であると表明して、両首脳は沖縄返還についてベトナム戦争とは切り離して協議することで一致した。両首脳は、第五項で日米安保条約の役割を高く評価し、同条約の堅持を明らかにした。

そこで、両首脳は第六項において、極東における沖縄の米軍が果たす重要な役割を確認して、日本を含む極東の安全を損なうことなく、一九七二年中に沖縄の施政権を返還する協議を開始すると述べた。加えて、沖縄防衛は米軍から日本が引き継ぐこと、沖縄での米軍基地を日米安保条約に基づいて提供することとされた。第七項において、両首脳は施政権返還後の沖縄には、日米安保条約および地位協定や事前協議制などの関連取り決めを変更なしに適用することで一致した。第八項において、両首脳は沖縄への事前協議制の適用に際して、米国の立場を害しないことと日本政府の政策に背馳しないこととの両立を謳った。第九項で両首脳は、施政権返還に伴う財政および経済上の問題の解決をめざした話し合いの開始を決めた。

第一〇項で、返還を円滑に行うために日米協議委員会へ任務を付与し、沖縄に両政府代表による準備委員会を設置することを決めた。第一一項で、沖縄の施政権返還が日米関係を強化し、極東の平和と安全に貢献すると、沖縄に関して締めくくった。

残りの一二から一五の各項で、経済および貿易、援助、宇宙開発、軍備管理などの分野で日米協力の重要性を述べた。

この共同声明第六項から九項により、日米の外交当局者は協議を開始し、一九七二年中に核抜き、本土並みの返還を行うための外交取り決め締結という目標が与えられた。日米交渉の対象は、一九七二年の「いつまで」に、どうような「分野」と「内容」について実施できるように、取り決めに盛り込むのか、あるいは盛り込まないのか、など多岐にわたっていた。

施政権返還をめぐる攻防

東京を舞台にして展開されたこれらの交渉では、基本的に米側は守り、日本側は攻めの位置を占めることになる。米国が平和条約第三条で確保した施政権を放棄して、日本への返還（米国は、返還［reversion］ではなく「施政権の移管［transfer of administrative rights］[18]」を好んで使用）を実現していくための交渉であるため、具体的な日米間のやりとりは、施政権返還に伴って返還後のそれぞれの権限、利益の範囲を決めることにほかならないからである。つまり、米国によって承認された残存主権（residual sovereignty）拡大に向けて日本は、交渉次第で、限りなく全面的な主権の獲得をめざし、施政権を放棄する米国は、返還前に得ていた基地やその使用形態を、交渉次第で、限りなく返還前と同様に維持することをめざした。

施政権返還に合意する際に日米は、佐藤・ニクソン会談の直前の一一月、返還に伴う費用を日本負担とする措置として三億七五〇〇万ドル（基地移転費・その他二億ドル、民政用資産買い取り一億七五〇〇万ドル）の支払いを中軸とした密約を交わしていた[19]。この返還に伴う費用に加えて、交渉過程で日米双方が返還後に予想される費用が算出されていくにつれ、日米それぞれの攻守の基本的関係が逆転する。財政取り決めの分野において、日本は日本負担分を小さくする方向、つまり基地移転費・その他の二億ドルの枠内に、その見積もられる増大分を入れるよう求めた。米国は、基地移転費・その他の二億ドルの枠外での日本負担の増大をめざすことになる。施政権返還実現の条件として財政取り決めが存在する以上、施政権返還を求める日本に対し米国は財政分野での要求を強めていく。

米国が沖縄の施政権返還に応じたのは、条約上、一九七〇年六月以降には一年前通告により日米安保条約の廃棄が可能となる事態を回避するため、沖縄だけでなく日本全体で巻き起こっている沖縄の施政権返還要求に合意することを不可欠だと判断したからであった。そして米国は、米国にとっての好条件、つまり返還前と限りなく変わらない基地の自由使用を原則とし、基地の維持経費を削減するためにその分の日本負担転嫁を確保してはじめて施政権返還に合意するとしていた。

3　一九七一年三月までの日米交渉

米国政府は、一九七〇年に入るとすぐに交渉への準備を開始した。在東京米大使館を中心に在外武官、在日米軍、沖縄の米民政府らの代表を集めて、一月一二日から一五日にかけて東京で沖縄返還企画会議を開き、通貨交換、米国企業の処遇、条約修正、貿易協定、民間航空協定、ＶＯＡ、沖縄防衛計画、財政取り決めの含意などの分野での対応と責任担当組織を決めた[20]。二月になると、東京と沖縄とで交互に返還交渉担当者会議を月例で開催することにし[21]、四月までに具体的な取り決めについて日本側との交渉が開始できるまでの段階にいたっていた[22]。

立ち遅れた日本側の作業

これに対し日本側の準備は、公開されている外交文書から見ると、遅々として進んでいなかった。外務省が返還交渉に向けての方針を固めたのは、三月に入ってからであった。外務省内で作成されたのが、二月二一日付の「沖縄の施政権返還協定締結交渉と復帰準備の進め方について」（三月九日に、総理府との協議を経て確定[23]）、三月一四日付の「沖縄問題（主要対米交渉事項とその基本方針[24]）」そして、五月六日付の「沖縄返還に関する対米交渉の進め方（試案[25]）」などであった。この「対米交渉の進め方（試案）」は、大臣説明に使用された点からすると、試案の扱いでなく交渉の骨子となったと判断される。

米側に比べて作業が遅れていたのは、同「対米交渉の進め方」に述べられている交渉を進めるうえでの三つの問題点が原因だったと考えられる。第一に、沖縄が米国統治下に長期にわたっておかれたため、交渉を通じて解決を図るべき問題の実態について、日本側は正確な知識をもっていないこと。第二に、施政権返還交渉と復帰準備という二本柱で進めるため、当初から返還協定の対象事項なのか、あるいは復帰準備の対象事項なのかの明確な区別が困難だと判断していたこと。第三に、復帰準備において協議と協力が必要となる琉球政府への不信感をもっていたこと。同「対米交渉の進め方」によれば、沖縄の琉球政府は法的に米国民政府の下にありながら、「政治的には米国政府の命も服さず、しかも本土政府に対しても『県益』確保の見地から、時に非協調的姿勢をとりがちな傾向にある」ため、「取り扱いについては十分注意する必要」があるという。この表現から垣間見えることは、沖縄も日本だという一体感をもちえない外務省は、沖縄よりも米国との関係を重視する姿勢であった。

また、これらの交渉を進めるにあたって外務省は、通常の政府内の調整、与党・自民党の有力政治家との調整のほかに、国会での野党やメディアを含む国民の沖縄返還への強い関心に配慮しなければならなかった。それ以上に、最も重要である当事者である沖縄の人々からの交渉への理解、その代表となる琉球政府との交渉に関連する事項の協議や協力を外務省が疑問視すること自体に、対米交渉の複雑さが如実に表れている。議会の関心が沖縄の施政権返還に注がれているとはいえ、米側では、主に国務省と国防省・軍との間での調整で済むため、日本側に比較して交渉準備は容易だった。だからこそ、日米交渉を優先したいと思えば、沖縄への配慮をせずに相手国政府を見て行動することが日米の政府双方にとって都合がよく、合意形成が容易となるのである。つまり、当事者を排除して進められる日米交渉の結果が決着ではなく、未解決の先送りになるのは想像するに難くない。

外務省は、沖縄の施政権交渉を進めるにあたり、以下の手順を示した。

（1）政府内で対米交渉を要する事項の洗い出し作業を進めると同時に、共同声明第一〇項により設置された準備委員会を通じて沖縄での立場にたったとき〔このくだりと先の琉球政府の取り扱いに「十分注意」との指摘との間に「つながり」を疑問視する書き込みがある〕交渉において処理すべき問題点を洗い出す。

（2）日米双方の問題点をつき合わせて、日米間で協議すべき事項を確定する。

（3）個別の問題をめぐって日米間での交渉に入ると同時に、復帰準備として扱うべき事項を区別していく。

（4）具体的な協定文を確定する交渉を開始する。

対米交渉の体制として、以下のようなチャンネルを設定した。（1）外務本省と在東京米大使館との外交チャンネルを中心とする、（2）補佐として、復帰準備について沖縄で設置された復帰準備委員会とその上位にある日米協議委員会、地位協定については地位協定作業グループ（SOFA Task Group）と復帰準備委員会（地位協定適用現地準備小委員会）を予備的な事務処理のチャンネルとする、（3）具体的な復帰準備については、沖縄現地の機関を活用するものの、問題の性格上琉球政府の介入が望ましくないと判断されるとき、東京での外交チャンネル（SOFA Task Group を含む）において処理する、（4）沖縄にある米資産を中心とする財政取り決めについては、大蔵省と米国の財務省の間での協議としたうえで、最終的に外交チャンネルで「他の問題についての協議をまとめる〔このくだりに「?」の書き込みがある〕」こととし、随時、大蔵省からの通報を受ける必要がある。

以下、返還協定の国会提出（予算措置の関する法律も含む）、協定締結などの目標年月、国会提出に伴う注意事項、米国での協定批准の議会日程、米国議会での協定審議に向けた啓発活動などが記されている。

こうして始まった交渉のその後の進展[26]について、一九七一年三月二〇日時点に交渉分野別にまとめた日本側の文書から、ある程度のことが明らかとなる。それによると、交渉決着の目標タイミングに合わせて交渉分野が三つのグループに分けられた。そして、それぞれのグループで交渉分野の進捗ぶり、問題点が指摘されている。一九七二年中の返還実現から、日米それぞれの協定批准の手続きの日程を考慮して、協定の確定そして調印は一九七一年四月末から五月とされた。そこから逆算して、時間を要する分野に応じてA、B、C、の三つのグループに分け、四月後半までに決着するAグループ、四月前半で決着するBグループ、三月中に検討し四月前半で決着するCグループとされた。

時間を最も要する分野のAグループは、七項目であった。日本側の考えた「緊要度」の順に、（1）米国資本系企業、米国人自由業者の取り扱い、（2）二億ドル内訳説明のため米資産引き継ぎ、（3）施設・区域の提供と基地返還の要望、（4）日本人基地従業員の退職金、労務管理費の日本負担、（5）VOAの停止・移設、（6）米民間航空の沖縄路線、（7）原状回復補償のための請求権、などである。Bグループは、（1）米統治下での民事および刑事裁判の引き継ぎ、（2）施設・労務以外の航空管制、電話、周波数などの地位協定適用、（3）米国統治下の行政措置を適法と見なす作為・不作為の効力承認、（4）尖閣諸島を含む施政権の及ぶ範囲の定義と前文での文言表現、（5）復帰目標日、（6）沖縄の防空責任引き継ぎに伴うミサイルや航空警戒管制機材など装備購入、などである。Cグループは、（1）朝鮮人、台湾人を含む第三国外資系企業と第三国人の取り扱い、（2）返還時まで完成していない公共プロジェクトや国有財産の引き継ぎなどの「その他」である。

軍事基地機能維持を重視したアメリカ

これに対する米側の交渉の基本姿勢は、一九七〇年四月八日付の電報でワシントンから東京のマイヤー大使へ訓令されていた[27]。それによれば、以下の五項目の追求すべき目標が設定されている。（1）佐藤・ニクソン共同声明、佐藤首相のプレスクラブでの演説、日米安保条約に沿って、沖縄の米軍基地の最大限の軍事的柔軟性を確保すること。（2）秩序ある返還を取り決めること。（3）米国にとっての最大限の経済的、財政的利益を確保すること。（4）沖縄にある米企業、個人企業を返還後も保証する最善の取り決めを行うこと。（5）米国の軍事的プレゼンスについての大衆の支持を取り付けること。

そして、以下の一般方針の範囲内で具体的に取り決めを交渉することが指示されている。（1）地位協定について、沖縄の状況と明らかに矛盾する場合を除き、日本本土に適用される取り決めは沖縄にも適用する。（2）日本の沖縄防衛責任について、地域防衛の責任を秩序あるかたちで日本に移管するよう取り決めを行うこと。そして、経済・財政取り決めについて、通貨切り替え、民政用資産の売却、その他返還に関連する経済・財政取り決めを行うこと。加えて、ＶＯＡの継続した活動ができる適切な取り決めを行うことであった。

同訓令は、対日交渉の体制を、次のように設定した。駐日米大使に交渉全体の責任を与え、沖縄にいる高等弁務官、沖縄防衛の移管を担当する米軍代表（USMILRONT）そして在日米軍（USFJ）との密接な連絡を保ち、交渉の進捗をワシントンへたえず報告することが指示された。交渉完了の目標日は、一九七一年三月とされた。

とりわけ、米軍基地の維持に伴う課題についての訓令が東京に届いていた。[28] 地位協定の適用に関して日米間に設置された地位協定作業グループ（SOFA Task Group）の米側代表に対し、一九七〇年三月三一日、以下のような訓令が送られていた。（1）地位協定第二条に従って指定されるべき施設を決定する際、返還後も継続使用が望ましい区域・施設のすべてを指定することに日本側の同意を取り付けること。（2）米国の地位協定の適用方針と日本の要求である「本土並み」とを実現するために、沖縄の基地従業員の雇用体系と本土における従業員の現行システムの見直しを含めて、いかに変更するのかを課題とすること。（3）周波数の配分、管理が返還後に日本の管轄下となるため、米国が必要あるいは望ましいと考えるすべての周波数を米国へ与えられるよう日本側の同意を取り付けること。（4）他の通信施設の継続使用と（5）航空管制の質低下の回避、などであった。

沖縄の防衛責任の移管についての交渉において、一九七〇年四月九日、交渉すべきポジション・ペーパーが国務省より東京へ届いた。[29] それによると、（1）合意された期間内に空、陸、海の自衛隊に対し、地対空ミサイル部隊、迎撃戦闘機部隊、航空管制・警戒ネットワークなどの防空責任を引き継ぐこと、そして緊急時の沖縄での保安力を後援できる陸上部隊を置くこと、さらに港湾警備、近海哨戒、隣接水域の監視に加え、空と海での救助任務などを求めること。(2)以上の任務を遂行するうえで最低限必要な人員を配備することにより、米軍の不必要な配置転換を回避できる。(3)沖縄への自衛隊の段階的配備計画が日米で合意になった段階で、自衛隊に提供できる基地(施設)についての米国案を提示すること。米軍管理下以外の土地に新たに基地を取得するのは困難なため、自衛隊に提供する米軍配置計画は低く抑えること、自衛隊の沖縄配備が確定するまで自衛隊への提供施設をめぐる話し合いを控えること、などが追記されている。

米国側の外交文書によれば、一九七〇年六月から日米間の交渉が開始されている[30]。六月五日に開催された愛知・マイヤーの外相・大使級会談を皮切りにその後四回にわたり、局長・公使級会談を軸に、それより下位の課長・参事官ないし書記官レベルでの接触を加えた日米間の交渉であった。

交渉が進むと、日米間での合意が困難な事項が浮かび上がった。(1)日本による沖縄防衛責任の引き継ぎの時期と装備、(2)VOAの継続運用か停止か、(3)尖閣諸島の領有権をめぐっての返還協定での明記方法、(4)米民間航空の路線権の暫定期間、(5)在沖米企業の返還後の扱い、(6)経済・財政取り決めの具体的内容、(7)基地従業員の退職金、健康保険の米国負担分などであった。

この一九七〇年六月から翌一九七一年三月までの日米交渉に関する日本側の外交記録の公開は遅れている。とはいえ、米側文書から浮かび上がってきたこれらの対立点について、先に紹介した一九七一年三月二〇日付の日本側の公開文書「沖縄返還交渉全般について」と比較することができる。全体として日米で共通している事項が並ぶ一方で、二つの事項は米側には欠けていた。請求権と施設・区域であった。

4　未決着事項とは

米軍統治下被害への補償請求権

沖縄返還に関連する請求権とは、米国の沖縄統治下で米軍が存在したために生じた土地、財産、人身、土地や海の利用などの分野で沖縄の人々が受けた被害に対する請求のことである。平和条約発効以前の占領中のこうした被害について、日本はサンフランシスコ平和条約第一九条においてその請求権を放棄するとしていた。この一九条でいう「請求権を放棄する」日本国民には第三条で規定された沖縄や小笠原に住んでいる日本人を含むとして、沖縄において同様に米国統治下での米軍が沖縄の人々へ与えた損害に対する補償を負わない方針であった。また、沖縄より先に返還された奄美諸島や小笠原諸島の返還協定に、請求権放棄が規定されていた。とはいえ、平和条約発効以前にも以後においても、米国統治下で米国政府はこうした被害に対する請求の一部を認め、責任としての補償あるいは責任を負わない恩恵的補償を行ってきた[31]。いうまでもなく、沖縄の人々が受けた被害に対して、沖縄ではこの恩恵的補償は限定的かつ消極的だとして批判の対象となっていた。

沖縄返還交渉が始まると、琉球政府は一九七〇年一一月と翌一九七一年三月の二度にわたり「米軍等から蒙った不当な損失及び損害等を救済し、さらに将来の権利擁護の立場から」の要請書を日米両政府へ送付した。その要請を受け、日本側は一九七〇年一二月に米側に対し交渉の場で請求権補償問題を提起した。そのなかでも、平和条約第一九条（a）には適合しないと日本政府内で判断されたのが、いわゆる講和（サンフランシスコ平和条約を指す）前補償と呼ばれるなかの復元補償であった。沖縄の米国民政府は、平和条約発効後に米軍用地の法的根拠を明確にするために、地主との間で一九五〇年七月一日に遡る賃貸借契約を交わすことにしていた。米軍が平和条約発効時にすでに土地を占有している現状から、それ以前に契約が交わされたという「擬制」（米民政府は「暗黙の契約」と呼ぶ）が必要となったからだ。契約を交わすことに伴って、米軍によって原状変更が行われた土地を返還する際には米軍に対し原状回復を図ることが求められた。地主との賃貸借契約は、地主の拒否にあい、土地の提供に反対する土地闘争（いわゆる島ぐるみ闘争）へと緊張が激化した。土地闘争が終息を見せた一九五九年二月になって、米民政府は「賃借権の取得について」（高等弁務官布令二〇号）で米軍が使用中の土地および今後取得する土地の定期および不定期の賃貸借権があったとの擬制のもとに法的根拠をつくりだした。その結果、平和条約発効以降の土地使用については、賃貸借契約に基づき使用料が支払われることになった。その金額の妥当性について、当時から疑問が投げかけられていた。同時に、平和条約以前から米軍に使用されてきた土地のなかで返還された場合、原状の変更があれば、原状回復補償の請求が認められることになった。

こうして米統治下の法令において認められた請求権に基づいて、一九六一年六月三〇日までに返還された土地で、平和条約発効以前に米軍によって原状変更が加えられた場合でも、法的義務を負わない恩恵的措置としての補償金が地主に支払われた。ところが、一九六一年以降に返還された土地あるいは施政権返還までに返還される土地への原状回復補償が未処理であるため、琉球政府から施政権返還協定において補償を明確化するよう要望が出されたのである。先に指摘したように、その要望書は原状回復補償だけにとどまらず多様な分野での補償を含めていた。

米軍への施設・区域提供

もう一つの日本から米側に対し交渉すべきことは、米軍に提供する施設・区域の確定であった。陸上にあって米軍の使用に提供される空間である基地は施設、そして訓練、通行、その他の活動のために海（湖を含む）や空に設定される空間は区域（水域、空域）、とそれぞれ言い換えられることになった。一九六九年の共同声明において合意した施政権返還後の沖縄を「本土並み」つまり、日米安保条約以下のさまざまな取り決めを変更なく沖縄にも適用するためであった。その結果、日本側は沖縄の米軍基地を米国の基地ではなく地位協定に基づく日本の提供施設・区域へと変更し、そしてその提供施設の地主との賃貸借契約を交わす法的整備を担うこととなった。米側は、返還後も返還前と最大限に変わらずに基地を使用できることを重視していた。そのため、日本側から提起される施設・区域の明確化作業に対して、日本が米軍基地の整理統合を進めているのだとの印象をもち、とりわけ軍部から不満が出ていることを盾にして、[32]一九七〇年中の対日交渉を遅らせていた。日本側が進める施設・区域明確化と基地の整理統合とが結びつけられた背景には、日本側が施政権返還の「目玉」として基地削減、つまり日本人には目立つ那覇市内の基地

（那覇空軍基地、那覇軍港、牧港住宅地区、与儀タンクファーム）返還をあげていたからである。そのため、一九七一年に入っても、米側では返還後の基地統合計画について消極的なままであった。こうした日米間のやりとりで明らかになったことは、沖縄の米軍基地に必要だとする部隊、住宅以外の移駐、移転の費用を日米のいずれが負担するのかであった。加えて、米軍の検討では、返還後に必要な基地を選択する作業のなかで、必要な基地までも手放してしまうかもしれない不安が、基地統合計画に対する消極的な態度をもたらしていた[33]。

5　取引から合意へ

日米がそれぞれ設定した施政権返還協定の調印目標日である一九七一年五月が近づくにつれ、交渉は加速化していった[34]。

米側は、一九七一年二月末時点で、未決着の事項として（1）VOA、（2）経済・財政取り決め、（3）米企業の利益保護の三点を日本側へ伝えていた。VOAについて、日本側は一貫して運営停止と撤去を求めていた。米側は、軍事上の必要性から沖縄での運営継続を主張し、また運営停止は議会の批判を招くとして譲歩できない立場にあると強調していた。日本側から、三月四日、暫定的運営を認めることで妥協を探ることが米側へ伝えられた[35]。これを契機にして、日米間で二年から一〇年の間での暫定期間をめぐる交渉、暫定期間後に再度の協議で決裂した場合をめぐる交渉が展開する。

この日本側からの妥協打診より先に米側は、返還時においてVOA活動を停止させるために、日本側が移転費補償を含む案を検討しているとの情報を得ていた[36]。また、上院外交委員会スタッフとの会合で国務省では、米側は日本側に対し運営継続の根拠にした議会の抵抗はほとんどないことを知ると同時に、日本側の交渉にあたる千葉一夫が同スタッフに対しVOAへの議会での感触を尋ねていたことも知った。そして、同スタッフが千葉に対しVOAは「トーテムポールの下部にある」と回答した、という[37]。こうして、日本の妥協に米側が譲歩するという環境が整備されていた。つまり、時間的な圧力とともに相手が譲歩をしてくる感触を、日米双方とも摑んでいたのである。

愛知外相は一九七一年四月一日のマイヤー大使との会談で、米側の要求に応じて返還後にも米企業や米人個人企業に対し返還前と同様な扱いを行うと述べて、米側はそれに感謝を表明した。そして愛知は、(1)返還協定において尖閣諸島を含む返還地域を明示するよう要望を重ね、(2)残っている原状回復補償費の追加支払いを求め、(3)那覇市内あるいは周辺の米軍基地の返還を求め、その際に返還後の那覇飛行場に移設先が決まらないP3B対潜哨戒機部隊の移転費の日本負担を申し出た[38]。

まず、(1)については、返還協定そのものではなく付属の「合意議事録」において、「米国の施政権の下にある領土」として緯度経度で表記された。日本の領有権を表すような文言は回避され、尖閣諸島を含む地域が返還されることになった。(3)について、返還協定では那覇飛行場は返還リストにあげられたが、運輸省管理の空港とはいえ実際には自衛隊も使用する飛行場であり、航空機を除く米空軍部隊と家族住宅が残り、一九七五年までP3対潜哨戒機(途中でP3Cへ機種更新された)部隊が残った。対潜哨戒機部隊の移転費は日本が負担することになったが、基地移転・その他の二億ドル枠内から物品役務として支払われることとなった。物品役務の支払い方式が取り入れられたのは、日本側が三億七五〇〇万ドル全額を現金で支払うことが困難だとしたからだ。現金による支払い方式でなくとも、日本が移転費や新たな施設建設を負担するのであれば、米側にとって物品役務による支払い方式は都合がよかった。後述する原状回復補償費とVOA移転費で合計二〇〇〇万ドルの上乗せが合意されるまでは、三億ドルの現金による支払い、そして基地移転・その他の一部として施設改善費の六五〇〇万ドルと労務管理費一〇〇〇万ドルの物品役務による支払いとなっていた。日本側にとって現金による支払い方式は協定上に支払い金額が明記されるので、その負担実行に問題はないが、多額の現金を米国に支払うことによる国際収支への影響を懸念しなければならなかった。物品役務による支払い方式は、国際収支を気にせずに実行できる反面、毎年度予算に計上して国会での審議を要するので実施見通しに不安定さがつきまとっていた。

そして、(2)の請求権については、米側は平和条約第一九条(a)項の請求権放棄に従って支払う必要を認めていなかった。日本側は、米側が以前に支払った原状回復補償費とその後に返還した土地での補償費との「衡平」の観点から、残りの米国支払いを求めていた。愛知は、一九七一年五月一一日のマイヤー会談にて、「私見ではあるが、米側の見舞金支払い財源は当方としても考慮してよい」と発言した。この愛知・マイヤー会談を記録した米国側の外交文書では、この見舞金支払いを「ex gratia payments」と記している。[39]この発言について、会談後そして翌五月一二日の二度にわたり米側が日本側に確認を求めた。その際に、日本側は米側があらためて協定第四条第三項として原状回復補償費の見舞金支払いを受け入れてもらえるのであれば、現金支払いの三億ドルとは別に原状回復補償費を追加する用意を伝えた[40]。米大使館と外務省との間での二つの会合（五月一一日、五月一二日）については、米側の外交文書でしか知ることができない。その申し入れを受け、早速、米政府内で補償金額の見積もり作業を行い、四二〇〇万ドルだとされた[41]。最終的には、四〇〇万ドルとされ、先に合意していた三億ドルから三億四〇〇万ドルの現金支払いとなった。この原状回復のための補償費は、返還協定第四条第三項では補償金でも見舞い金でもなく、日本版では「自発的支払い」となり、英語版で「ex gratia contributions」（「恩恵的支払い貢献」と訳すべきか）となっている。

ＶＯＡについては、一九七一年五月一日、外務省の吉野文六アメリカ局長と米大使館のリチャード・スナイダー公使との会合で、暫定期間と移転費の日本負担との取引案が浮上した[42]。五月六日と七日の両者の会合において、ほぼ合意できる案が作成された[43]。そして、原状回復補償費の日本負担が浮上した五月一一日開催の愛知・マイヤー会談で、ＶＯＡについて三年の暫定運営、その間に協議を行い、合意にいたらないときは活動中止、日本負担で代替施設建設という合意ができあがった。移転費の金額については米側[44]から日本側へ一六〇〇万ドルだと伝えられた[45]。これより、先の原状回復補償費を含む三億四〇〇万ドルから日本の対米支払い額は三億二〇〇〇万ドルとなり、五月一八日に日米双方で確認された[46]。この現金による支払い額は、返還協定に記された。

日米双方が臨んだ会談や会合の文書を突き合わせると、先述した交渉の時系列的展開を知ることができる。公開されている日本側文書では、五月一一日以降の愛知・マイヤー会談録[47]が残され、五月二四日、五月二八日、六月二日、六月四日、パリでの六月九日までの記録がある。日本側の五月一一日の会談を記録した日米それぞれの文書とを比較すると、日本側の文書ではVOA処理の過程が現れてこない。また、日本側の記録に収められている吉野・スナイダー会合についての会談録(48)が五月六日まで公開されていながら、それ以降、五月二一日の会合までの間は未公開となっている。

おわりに

日米双方の外交文書から沖縄返還をめぐる交渉においての違いを分析することにより、交渉の背景にある外交規範、交渉文化、交渉術などが研究対象となりうる。そして、その交渉におけるそれぞれの目標と手段（戦略的、戦術的）の実像を知ることもできる。何より、交渉の機微に触れることにより、交渉のもつ歴史的意味が明らかになるのである。たとえば、日本側が申し出た費用負担の提供は、米側からすれば日本との間での問題処理方法として有効だと学習していく過程であったといえるだろう。

ただ、そうした交渉を日米双方の文書から探ることは、なお難しい状況にある。なぜならば、これまで詳述した沖縄返還交渉において、重要な場面での日本側の文書公開がなされていないからである。公開されるべき外交文書の具体的所在を、外務省の「分類(49)」に従って指摘すれば、以下のとおりである。

沖縄返還交渉に直接に関連する外交記録に絞ってみると、「HB門（地域局－対北米地域外交－北米政務－日米関係）」に分類された冊の公開が不可欠だと思われる。公開されたこの門の四四冊には、たとえば、

「沖縄関係」と題して番号のふられた冊が二五冊あるとみられるが、現時点までに一八冊が公開となっている。また、「日米関係（沖縄関係）」と題して番号のふられた冊が五三冊あるとみられるが、現時点までに公開されたのは二二冊である。さらに、新たなフォルダーに綴じられているように見受けられる冊もある。その多くが、目次を欠いた状態で公開されている。非公開箇所を抜いたうえで公開しているように思われる。

分類の門を問わず、「沖縄関係」と題され、番号がふられることなく、サブタイトルだけが記された冊が公開されている。それらの全体量として冊数はどうなのか、現時点では不明である。

これまで公開されてきた沖縄関連文書の多くが、「米軍管理下の南西諸島状況雑件」と題された冊に綴じられていたことがわかった（先述したように沖縄関連の三二六冊公開分のうち、一六八冊が「米軍管理下の南西諸島状況雑件」である）。そのことを知るのに二〇一〇年の公開から五年の歳月を要した。冊を基本とした細切れ公開に加え、冊そのものの変更に伴う題名変更によって、何が公開され、何が公開されていないのかを知ることを困難にしてきたからであろう。

最後に、ここで取り上げた沖縄返還交渉からわかるように、日米のやりとりを記録した日本側の外交文書公開は、米側の文書より圧倒的に少ないことを指摘しなければならない。公開されている文書の大半は、沖縄返還交渉に入る前の段階での「問題の洗い出し」として作成された結果の文書である。具体的には、交渉準備のために作成された背景説明や事実関係を記した文書や交渉途上で収集された米側の情報を記録した文書なのである。そこから欠落しているのは、交渉の場でのやりとりを記録した文書である。想像するに、これらの一連の文書は、「返還協定関係交渉」と題した複数の冊に収められているのだろう。その題名の下に「会談録」や「対米交渉」とのサブタイトルがついていると思われる。これまで公開されているる返還協定をめぐる重要な会談・会合を記した文書の欄外に「本件写、返還協定関係交渉」と記されているからだ。「返還協定関係交渉」と題する冊だと推測されるのが一冊だけ公開されている。[50] そのサブタイトルは「沖縄：対米交渉（二）」となっている。これら一連の文書公開が不可欠である。

〔注〕

（1）外務省調査チーム「いわゆる『密約』問題に関する調査報告書」（二〇一〇年三月五日）一頁（http://www.mofa.go.jp/mofaj/gaiko/mitsuyaku/pdfs/hokoku_naibu.pdf）、二〇一五年一月一五日アクセス。

（2）有識者委員会「いわゆる『密約』問題に関する有識者委員会報告書」（二〇一〇年三月九日）二頁（http://www.b.go.jp/mofaj/gaiko/mitsuyaku/pdfs/hokoku_yushiki.pdf）、二〇一五年一月一五日アクセス。

（3）報告対象文書三五点（http://www.mofa.go.jp/mofaj/gaiko/mitsuyaku/taisho_bunsho.html）および報告関連文書二九六点（http://www.mofa.go.jp/mofaj/gaiko/mitsuyaku/kanren_bunsho.html）、二〇一五年一月一五日アクセス。

（4）外務省報道発表「外交記録の公開」（二〇一五年一月一五日）（http://www.mofa.go.jp/mofaj/press/release/press4_001651.html）、二〇一五年一月一五日アクセス。

（5）「外交記録公開に関する規則」（二〇一二年八月一〇日）（http://www.mofa.go.jp/mofaj/public/pdfs/kokai_kisoku.pdf）、二〇一五年一月一五日アクセス。

（6）外交資料館「外交記録公開の概要」（二〇一五年一月一五日）（http://www.mofa.go.jp/mofaj/annai/honsho/shiryo/shozo/gshir/index.html）、二〇一五年一月一五日アクセス。

（7）前掲、外務省報道発表「外交記録の公開」（二〇一五年一月一五日）。

（8）外交記録公開目録（平成二一年～二六年公開ファイル）は、以下にて入手できる。（http://www.mofa.go.jp/mofaj/files/000065016.pdf）、二〇一五年一月一五日アクセス。

（9）二〇一〇年七月七日から二〇一四年七月二四日までの公開文書リストは、注6にて入手できる。二〇一五年一月一五日公開分リストは、以下にて入手できる。（http://www.mofa.go.jp/mofaj/files/000065016.pdf）、二〇一五年一月一五日アクセス。

（10）これら以外の先行研究として、石井［二〇一〇］、太田［二〇〇四］、外岡・本田・三浦［二〇〇〇］、中島琢［二〇一二］、豊田［二〇一五］などがある。

（11）「沖縄関係5―返還交渉前史（対米・対内（二））」（0600-2008-00031）、「沖縄関係4―返還交渉前史（対米・対内）」（0600-2011-00002）（いずれも二〇一一年二月一八日公開分に所収）。

（12）「日米関係（沖縄返還）47」（0600-2010-00038）（二〇一一年二月一八日公開分に所収）、「日米関係（沖縄返還六」（F0600-2010-000078）（二〇一三年一〇月三〇日公開分に所収）。

（13）「日米関係（沖縄返還）19」（0600-2010-00070）（二〇一一年二月一八日公開分に所収）。

（14）前掲、「日米関係（沖縄返還）47」。

（15）「沖縄返還に伴う財政問題」（第三二〇三号、在米大使より本省へ、一九六九年一〇月八日）、「米国資産の処理」、「沖縄関係9」（2011-0697）（二〇一一年一二月二二日公開分に所収）。

（16）いわゆる密約と外務省の関係を垣間見せる一幕が、外交文書に現れており、一一月一九日の首脳会談後から大統領主催晩餐会までの同行職員の行動が興味深い（「共同姿声明第八項に関する経緯（一九六九［昭和四四］年一一月二四日）」、『いわゆる「密約」問題に関する調査―報告対象文書（三・一九七二年の沖縄返還時の有事の際の核持ち込みに関する「密約」問題関連）』（二〇一〇年三月九日公表）。http://www.mofa.go.jp/mofaj/gaiko/mitsuyaku/pdfs/t_1972kaku.pdf）、二〇一五年一月一五日アクセス。

（17）「日米共同声明（一九六九年一一月二一日）」、細谷・有賀・石井・佐々木編［一九九九：七八六―七九三］。

(18) State 27767 (25 Feb 70), POL 19 Ryukyu Is. (1/1/70), Central Foreign Policy File, RG 59, National Archives (同ファイルは、以下、RG59と呼ぶ)。

(19) 我部［二〇〇〇］と小町谷［二〇一三：二〇八―二一八］を参照。

(20) Tokyo 450 (27 Jan 70), POL 19 Ryukyu Is. (1/1/70), RG 59.

(21) Tokyo 630 (4 Feb 70), POL 19 Ryukyu Is. (1/1/70), RG 59.

(22) State 51278 (8 Apr 70), POL 19 Ryukyu Is. (4/1/70), RG 59.

(23) 「復帰準備の進め方について」(一九七〇［昭和四五］年三月九日)、「沖縄関係17」(0600-2010-00029)(二〇一〇年一二月二二日公開分に所収)。

(24) 「沖縄問題(主要対米交渉事項とその基本方針)」(一九七〇［昭和四五］年三月一四日)、「沖縄関係17」(0600-2010-00029)(二〇一〇年一二月二二日公開分に所収)。

(25) 「沖縄返還に関する対米交渉の進め方(試案)」(一九七〇［昭和四五］年五月六日)、(「沖縄関係17」(0600-2010-00029)(二〇一〇年一二月二二日公開分に所収)。同文書の写しを収録した別の冊では、五月六日付の「進め方(試案)」は試案ではなく、「大臣室会議に配布を予定せず、口頭説明の background paper として作成されたもの」とのメモが書き添えられているため、対米交渉の基本とされた内容だと判断できる(「沖縄返還に関する対米交渉の進め方(試案)」、「沖縄：対米交渉(2)」(0120-2001-10531)(二〇一〇年一二月二二日公開)。

(26) 在米日本大使館より外務省の千葉一夫北米課長への手紙(一九七〇年一一月二〇日付)によれば、東京でのスナイダー公使が「強気」かつ「仕事の取り込ん」でいるために国務省の出番が次第になくなり、しかも軍部や議会が「漠としてこわがった火中の栗をひろいたくあるものか」(原文ママ)と感じているからだ、と報告している。また、施政権返還に関して米国は、「縮小されて文字通り行政権であって、沖縄占領に伴う既得権益は拡大解釈された基地(いわゆる極東における米国のバスチオン)に当然含まれる」と考え、「施政権は返すが、太平洋の第七艦隊と並び称される不沈オキナワのバスチオンは返した覚えない」というと手紙に記している。そして、繊維問題で在米日本大使館の牛場大使が苦悩している一方で、同私信は沖縄返還では時代の趨勢にのり、筋論をかざし、長期的・

現実的考慮から日本側が交渉を進めているため、米側は「サラミの切り売りを余儀なくされているとみている」と報告する。さらに、日本大使館では、米側にとって「返還とは黙って返すのではなく、次から次への呼吸をつくひまもなく注文をつけられつつ返還するのであるから、また、兎にも角にも四分の一世紀手中にし、今後とも一部いすわり続ける所のものを返すのだから、容易にすっきりと返しにくい」との判断をしていた。「木内書記官から千葉課長へ手紙」（一九七〇年一一月二〇日）（「沖縄関係17」（F0600-2010-00029）（二〇一〇年一二月二二日公開分に所収）。

(27) State 51278 (8 Apr 70) and State 51281 (8 Apr 70), POL 19 Ryukyu Is. (4/1/70), RG 59.

(28) Tokyo 2106 (30 Mar 70), POL 19 Ryukyu Is. (3/1/70), RG 59.

(29) State 52620 (9 Apr 70), POL 19 Ryukyu Is. (4/1/70), RG 59.

(30) 宮里政玄の解題が参考となる［石井・我部・宮里監修 二〇〇四：一五一二三］。

(31)「陸戦の法規慣例に関する規則」（一九〇七年一〇月一八日署名）の第五二条第三項において、私有財産の徴発、課役につき対価の支払いを義務づけている。平和条約発効以前であっても、沖縄の人々の私有財産を利用した米軍による使用料の支払い、あるいは原状変更に対する補償はしかるべきだとの主張に対し、琉球政府行政府主席宛の美里村損害補償問題に関する米民政府からの一九五六年八月三一日付書簡で、平和条約第一九条（a）の規定により免除されているとの見解となっている（「復元補償請求権の発生時期に関する照会［米民政府回答］」日付なし、綴じられている冊の他の文書の日付から一九七〇年から一九七一年だと想定される）（2001-02630）（二〇一〇年七月七日公開分に所収）。日本の敗北から平和条約発効日前までに米軍により沖縄の人々が受けた私有財産損害、人的損害の補償金請求に対して、「公法89－296号」（一九六五年一〇月二七日）に基づく「琉球人の講和前賠償請求の支払いについて」（高等弁務官布令第六〇号、一九六七年一月一〇日）において、恩恵的支払いが行われた。この「恩恵的支払い」と返還協定第四条三項において「自発的支払い」との間に違いがあるのか、さらなる検討が必要だろう。

(32)「沖縄米軍基地の整理統合（在東京米国大使館担当官の内話）」（一九七〇［昭和四五］年六月一九日）、「沖縄返還

協定交渉の件（スナイダーとの懇談）」（一九七〇［昭和四五］年一二月一〇日）いずれも「日米関係（沖縄返還）37」（2014-4126）（二〇一五年一月一五日公開分に所収）。

（33）「施設・区域問題及び請求権問題に関する在京米大使館シュミッツ内話の件」（一九七一［昭和四六］年一月一三日）「日米関係（沖縄返還）37」（2014-4126）（二〇一五年一月一五日公開分に所収）。

（34）宮里政玄の解題が参考となる［石井・我部・宮里監修　二〇〇五：三―一四］。

（35）Tokyo 1920（4 Mar 71）, POL 19 Ryukyu Is.（3/1/71）, RG 59.

（36）Tokyo 2280（15 Mar 71）, POL 19 Ryukyu Is.（3/1/71）, RG 59.

（37）Memorandum of Conversation: Senate Consideration of Okinawa Reversion Agreement: VOA Problem（March 25, 1971）-Eyes Only, POL 19 Ryukyu Is.（3/1/71）, RG 59. この文書は、石井・我部・宮里監修［二〇〇五：七二］によると、二〇〇一年四月二四日に非公開とされている。それ以前は公開されていたため、筆者は入手できた。

（38）Tokyo 3895（28 Apr 71）, POL 19 Ryukyu Is.（4/1/71）, RG 59.「沖縄返還問題（愛知大臣・マイヤー大使会談記録）」（一九七一［昭和四六］年四月一日）、「沖縄関係17」（F0600-2010-00029）（二〇一〇年一二月二二日公開分に所収）。

（39）Tokyo 3895（11 May 71）, POL 19 Ryukyu Is.（5/1/71）, RG 59.「沖縄返還問題（愛知大臣・マイヤー大使会談）」（一九七一［昭和四六］年五月一一日）、「沖縄関係17」（F0600-2010-00029）（二〇一〇年一二月二二日公開分に所収）。

（40）Tokyo 4283（11 May 71）and Tokyo 4351（12 may 71）, POL 19 Ryukyu Is.（5/1/71）, RG 59s.

（41）HICOM to DA（140940Z MAY 71）（14 May 71）; Box 19 Claims; History of the Civil Administration of the Ryukyu Islands; RG 319, National Archives.

（42）Tokyo 4006（1 May 71）, POL 19 Ryukyu Is.（5/1/71）, RG 59.

（43）Tokyo 4184（7 May 71）, POL 19 Ryukyu Is.（5/1/71）, RG 59. この文書は、石井・我部・宮里監修［二〇〇五：七二］によると、二〇〇一年四月二四日に非公開とされている。それ以前は公開されていたため、筆者は入手できた。

(44) State 84893 (14 May 71), POL 19 Ryukyu Is. (5/1/71), RG 59.

(45)「OKINAWA REVERSION: VOA RELOCATION COST ESTIMATE」「密約四報告対象文書四-四」『いわゆる「密約」問題に関する調査―報告対象文書(四・一九七二年の沖縄返還時の原状回復補償費の肩代わりに関する「密約」関連)』(二〇一〇年三月九日公表)。

(46) Tokyo 4572 (18 May 71), POL 19 Ryukyu Is. (5/1/71), RG 59.

(47)「沖縄関係17」(F0600-2010-00029)(二〇一〇年一二月二二日公開分に所収)。

(48) 同前。

(49) 分類は、「門」「類」「項」「目」の順で記載されている。「特定歴史公文書等分類表(SA門~SM門)」(http://www.mofa.go.jp/mofaj/files/000065018.pdf)参照。簡易索引が、以下にて入手できる(http://www.mofa.go.jp/mofaj/files/000065032.pdf)。

(50)「沖縄:対米交渉(2)」(0120-2001-10531)(二〇一〇年一二月二二日公開)は、外務省の記録公開目録B門には「返還協定関係交渉:対米交渉」(B.5.1.0.J/U24)と記されている。

〔文献一覧〕

石井修『ゼロから分かる核密約』柏書房、二〇一〇年

石井修・我部政明・宮里政玄監修『アメリカ合衆国対日政策文書集成―日米外交防衛問題　一九七〇年』第一巻、柏書房、二〇〇四年

石井修・我部政明・宮里政玄監修『アメリカ合衆国対日政策文書集成―日本外交防衛問題　一九七一年　沖縄編』第一巻、柏書房、二〇〇五年

太田昌克『盟約の闇――「核の傘」と日米同盟』日本評論社、二〇〇四年

我部政明『沖縄返還とは何だったのか――日米戦後交渉史の中で』日本放送協会出版、二〇〇〇年

小町谷育子「『知る権利』を希求するということ（下）」『世界』二〇一三年三月号
外岡秀俊・本田優・三浦俊章『日米同盟半世紀――安保と密約』朝日新聞社、二〇〇一年
豊田祐基子『日米安保と事前協議制度――「対等性」の維持装置』吉川弘文館、二〇一五年
中島琢磨『沖縄返還と日米安保体制』有斐閣、二〇一二年
波多野澄雄『歴史としての日米安保条約――機密外交記録が明かす「密約」の虚実』岩波書店、二〇一〇年
細谷千博・石井修・有賀貞・佐々木卓也編『日米関係資料集　一九四五－九七』東京大学出版会、一九九九年
宮里政玄『日米関係と沖縄――一九四五－一九七二』岩波書店、二〇〇〇年

第3章　日韓会談をめぐる外交文書の管理と公開[1]

吉澤文寿

はじめに

本章は外務省が管理する日韓国交正常化交渉（以下、日韓会談）に関連するさまざまな記録（以下、日韓会談文書）に焦点を絞り、文書管理および公開について考察する。日韓会談は、一九五一年一〇月の予備会談から始まり、一九六五年六月二二日の「日本国と大韓民国との間の基本関係に関する条約」（日韓基本条約）および諸協定の締結、そして同年一二月一八日の批准書交換によって終結する。日韓会談の議題は、基本関係、財産請求権、漁業、在日朝鮮人の法的地位、文化財、船舶など多岐にわたり、それぞれが一九一〇年から一九四五年までの植民地支配の終了に伴って発生した問題であった。そのため、日韓会談文書には、交渉が始まる以前の、一九四〇年代に作成された記録も含まれている。

二〇〇五年一二月に結成された市民団体である日韓会談文書・全面公開を求める会（以下、「求める会」[2]）

による情報開示請求訴訟を通して、外務省は日韓会談文書として一九一六件の文書を管理していることを明らかにした。これらは全体で約六万枚の膨大な文書群である。その内容は日韓会談の会議録ばかりでなく、その準備のために日本側で作成された内部文書が含まれる。このように貴重な文書群であるが、国交正常化から五〇年を迎える現在においても、すべての情報が開示されているわけではない。本章では、その背景にある文書管理および公開について検証するとともに、「特定秘密の保護に関する法律」(以下「特定秘密保護法」と略記)が施行された現在の状況を踏まえて、日韓会談文書公開を通した、情報公開の望ましいあり方について私見を述べたい。

1　市民運動による情報開示請求訴訟の背景

アジア太平洋戦争後、外務省は一九七六年五月三一日より自主的措置として三〇年を経過した外交記録を外交史料館で公開している(3)。しかし、日韓会談文書は現在にいたるまで、その対象とされていない。日本、米国、韓国を問わず、一九八〇年代以前に日韓会談の会議録や関連する外交文書はほとんど公開されてこなかった。一九九〇年を前後する頃から、報道機関や研究者によって、若干の文書が「発見」されるようになる。一九九二年六月二二日付の『東亜日報』で、一九六二年一一月の大平正芳外相と金鍾泌《キムジョンピル》韓国中央情報部長との会談における合意内容を記したメモ(いわゆる大平・金鍾泌メモ)が報道された(4)。また、同年九月、高崎宗司は雑誌『世界』に掲載された論文を通じて東京大学の東洋文化研究所に韓国政府が作成した日韓会談会議録が所蔵されていることを明らかにした［高崎　一九九二］。さらに、一九九五年に韓国で出版された李度晟編著『実録　朴正熙と韓日会談　五・一六から調印まで』で多くの韓国側外交文書が紹介された［李度晟編著　一九九五］。その後も、研究者やジャーナリストらによる日韓会談文書の「発掘」が進められた。

二〇〇五年までに、日本、米国、韓国で一九七〇年代初期までに作成された、日韓会談をめぐる国際関係に関する外交文書は開示されていた。しかし、日韓会談に直接関わる案件についていえば、日本の外交史料館でも、韓国の外交安保研究院や国家記録院でも、まったく開示されておらず、その目録さえ不明であった。その背景には、日本政府の不開示方針があった。一九九六年一一月に、韓国では日本に先駆けて「公共機関の情報公開に関する法律」、いわゆる情報公開法が制定された。(6)これを受けて、韓国外務部（日本の外務省に相当し、一九九八年三月三日から二〇〇三年三月二二日まで外交通商部）は約一六〇件の日韓会談文書のうち、約四〇件の部分公開を内定し、その公開リストを日本側に通告した。これに対し、外務省はソウルの日本大使館員を通じ、「たとえ一部公開でも、日朝交渉や日韓の信頼関係への影響を強く懸念する」と韓国側に伝えたという。(7)このように、日本政府は朝鮮民主主義人民共和国（以下、北朝鮮）との国交正常化交渉（以下、日朝交渉）や日韓間の信頼関係への影響を理由に、韓国政府に日韓会談文書の不開示を要請したのである。

だが、二〇〇〇年代に入ると、状況は変化した。二〇〇二年一〇月に、戦争被害者およびその遺族一〇〇人は外交通商部長官を被告として、戦後補償裁判で争点となっている「財産及び請求権に関する問題の解決並びに経済協力に関する日本国と大韓民国との間の協定」（以下、日韓請求権協定）などに関連する文書の開示を求めて、ソウル行政法院に提訴した。その結果、二〇〇四年二月一三日に、ソウル行政法院は同文書の一部開示を命ずる判決を下した［金昌禄　二〇〇八：四一―四二］。これを受けて、韓国政府は、二〇〇五年一月一七日に五件、そして八月二六日にそれ以外のすべての日韓会談文書を開示した。韓国外交通商部が管理する日韓会談文書は合わせて約三万六〇〇〇枚であった。上述のとおり、韓国政府は、情報公開法の制定を受けて、日韓会談文書を漸進的に公開しようとしたものの、日本政府によっていったん制止された。だが、この韓国政府の決定は、戦争被害者からの要望を受け入れつつ、日本との関係を含む過去清算事業を強力に推進する盧武鉉《ノムヒョン》大統領の強い意志によって、全面公開を実現させたのだった。

このような動きを背景として、日本でも二〇〇五年一二月より「求める会」による日韓会談文書の情報開示請求運動が進められてきた（図1）。この運動が始まる背景には次の二点があった。

第一に、日本における裁判の状況である。政府による強制連行被害者に対する十分な補償が行われないまま、日本では長年にわたり戦後補償裁判が続いており、二〇〇五年にいたっても戦争被害者である原告が相次いで敗訴していた［李洋秀　二〇一二：一九四］。とくにこの運動を支えてきた小竹弘子前事務局長は名古屋三菱・朝鮮女子勤労挺身隊訴訟に関わっており、同年二月の名古屋地裁での一審判決で「日韓請求権および経済協力協定により、完全かつ最終的に解決された」という理由で原告の請求が棄却されたことがこの運動を呼びかけるきっかけとなった［小竹　二〇一一：一九］。

第二に、日本の情報公開の現状があげられる。日本では二〇〇一年四月より「行政機関の保有する情報

	9月1日				第4回口頭弁論	
	10月21日			第7回口頭弁論(結審)		
	12月8日				第5回口頭弁論	
	12月16日			原告・敗訴		
				⇩		
	12月25日			東京高裁へ控訴		
2010	2月23日				第6回口頭弁論	
	4月21日				第7回口頭弁論	
	5月12日			控訴審　即日結審		
	6月23日			原告・敗訴		原告：申入れ書再々提出
	6月30日			⇩	第8回口頭弁論	
	7月7日			最高裁判所へ上告		
	9月8日				第9回口頭弁論	
	9月15日			上告受理申立理由書提出		
	11月5日				第10回口頭弁論	
2011	1月21日				第11回口頭弁論	
	3月18日				第12回口頭弁論	
	5月9日			上告不受理決定・原告敗訴		
	6月14日				第13回口頭弁論	
	8月29日				開示変更決定(63文書)	
	9月6日				第14回口頭弁論	
	9月30日				弁論準備手続き	
	11月29日				第15回口頭弁論中止・弁論準備手続き	
	12月27日				弁論準備手続き	
2012	3月6日				第15回口頭弁論・結審	
	6月21日	再請求				
	7月20日	特例適用通知				
	9月11日				判決言い渡し・延期	
	10月11日				判決言い渡し	
	10月11日				原告一部勝訴	
					⇩	
	10月24日				国：東京高裁に控訴	
2013	1月21日	開示決定				
	3月22日	異議申し立て				
	3月29日				開示変更決定	
	4月1日				開示変更決定	
	7月9日				控訴審第1回口頭弁論	
	11月26日				開示変更決定	
	12月10日				控訴審第2回口頭弁論	
2014	3月13日				控訴審第3回口頭弁論	
	3月24日				開示変更決定	
	3月26日				控訴審第4回口頭弁論・結審	
	4月2日	開示変更決定				
	7月25日				控訴審判決	

出典）日韓会談文書・全面公開を求める会ホームページより。

図1　日韓会談文書　開示請求から今日までの流れ

年	月日	全面開示請求				
2006	4月25日	開示請求				
	5月25日	特例適用通知				
	8月17日	1次部分開示(65頁)				
	10月2日	審査会へ異議申立	一次訴訟(開示期間)			
	12月18日		東京地裁へ提訴			
2007	3月6日		第1回口頭弁論			
	3月28日	1次の逆転全部開示(193頁)				
	4月27日		2次開示（1533頁）			
	5月8日		第2回口頭弁論			
	7月10日		第3回口頭弁論			
	9月25日		第4回口頭弁論	二次訴訟(不開示理由)		
	11月16日			3次開示（5340頁）		
	11月26日		第5回口頭弁論			
	12月26日		原告：勝訴			
			⇩			
2008	1月8日		国：東京高裁へ控訴			
	1月26日				三次訴訟(不開示理由)	
	4月18日				4次開示（3482頁）	
	4月23日		控訴審第1回口頭弁論	東京地裁へ提訴		
	5月2日				5次開示(16263頁)	
	5月9日				6次開示(32951頁)	
	5月28日		第2回口頭弁論			
			原告：取下げを提示			
	6月3日		国：取下げ同意で終了			審査会へ異議申立
	6月10日					原告：異議申立書提出
	7月1日			第1回口頭弁論		
	7月7日					国(外務省)第1次補正命令
	8月29日					原告：同意書提出
	9月9日			第2回口頭弁論		
	10月14日				東京地裁へ提訴	
	11月25日			第3回口頭弁論		
	12月17日				第1回口頭弁論	
2009	2月17日			第4回口頭弁論		
	2月19日					異議申立に関する申し入居
	2月26日					国(外務省)第2次補正命令
	3月4日				第2回口頭弁論	
	4月6日					原告：回答及び申入書提出
	4月15日			第5回口頭弁論		
	5月26日				第3回口頭弁論	
	6月9日					国(外務省)第3次補正命令
	7月8日			第6回口頭弁論		
	7月28日					原告：回答及び申入書再提出

の公開に関する法律」（以下「情報公開法」と略記）が施行されている。しかし、その施行以前に、外務省をはじめとする主要省庁が大量の文書を廃棄するなど、「情報公開」の精神はまだまだ日本社会に浸透していなかった［三木　二〇〇五：一〇四］。さらに、上述のとおり、当該の日韓会談文書の多くは作成から四〇年以上経っているにもかかわらず、日本ではまったく開示されていなかった。このような状況はとくに歴史研究者や外交史研究者が問題視していた。

二〇〇五年に韓国で日韓会談文書が全面開示されたことは、やはり日本の関係者に大きな衝撃を与えた。市民運動関係者のみならず、日韓会談をはじめとする関連分野の研究に携わる者も韓国の動きに注目するとともに、日本でも同文書の開示を進めることになったのである。

2　「不作為の違法」を認めさせた一次訴訟

二〇〇六年四月二五日に、「求める会」は日本政府が作成した日韓会談に関するすべての公文書の開示を請求した。それに対し、外務省はその一部を同年六月二四日までに、残りを二年後の二〇〇八年五月二六日までに開示決定すると回答した。ところが、外務省が初めて開示決定したのは同年八月一七日であった。しかも、それは第四次会談本会談議事録という、ほとんど内容のない文書一三件のみで、その多くが不開示（黒塗り）であった（図2）。この決定に対して、「求める会」は一〇月二日に情報公開審査会へ異議申立てを行い、一二月一八日に東京地裁へ提訴した。[8] 裁判進行中の二〇〇七年三月二八日に、異議申立

図2　外務省が“開示”した会談議事録

異議申立て後，あらためて開示された文書　初めて開示されたときの文書

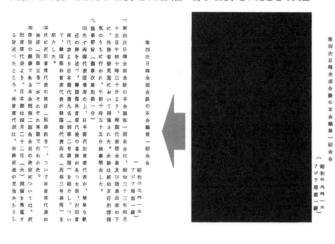

第四次日韓全面会談の本会議第一回会合
（昭和三三、四、一五
アジア局第一課）

一、第四次日韓全面会談の本会議第一回会合は、昭和三十三年四月十五日午前十時三十分より、両国代表団全員及び随員出席の下に、外務省接見室において開催された。会談は終始友好的雰囲気のうちに行われ、午前十時五十五分無事閉会した。

二、議事要旨（議事次第別添一号）

(1) 先ず両国代表団着席の上、日本側沢田首席代表が、簡単な歓迎の辞を述べ、韓国側林首席代表の答辞があった後、沢田首席代表より日本側代表九名（別添二号参照）を紹介し、ついで、韓国側林首席代表が韓国側代表四名（別添三号参照）を紹介した。

(2) 次に沢田首席代表の挨拶（別添四号）、ついで林首席代表の挨拶（別添五号）がそれぞれ英語で行われた。

(3) 最後の議事である本会議第二回会合日の決定については、沢田首席代表より、日本側は四月二十二日（火）開催を希望する旨述べたところ、林首席代表は、会談促進の見地からとし

第四次日韓全面会談の本会議第一回会合
（昭和三三、四、一五
アジア局第一課）

[redacted]

てに対して、外務省は上述の不開示部分を全面開示した。

二〇〇七年一二月二六日、東京地裁（杉原則彦裁判長）は「一年七ヶ月たっても開示するかどうかの決定を出さないのは違法」とする判決を下した。判決は同じ文書の一部に対する開示請求が過去にあったことをあげて、「前例や成果を利用して期間の短縮に努めることができた」と指摘した。また、裁判長は「外務省は他の行政機関と比べて長期間を要する件数が極めて多く、速やかな開示決定のための取組みが不十分だ」と苦言を呈したり、マイクロフィルムや電子データ化して保存したりするなど「歴史的価値のある文書」の開示請求に対する具体策にも言及した(9)。

日本の情報公開法第一〇条によると、各省庁は開示請求があった日から三〇日以内に開示決定を行わなければならず、「事務処理上の困難その他正当な理由」があるときはさらに三〇日間延長できることになって

表1　外務省による日韓会談文書の開示状況

開示		開示回数	頁数	文書数	内訳		
年	月　日				開示	不開示	部分開示
2006年	8月17日	1次	65	13	0	0	13
2007年	3月28日	1次の逆転開示	193	13	13	0	0
	4月27日	2次	1533	25	24	0	1
	11月16日	3次	5340	141	115	1	25
2008年	4月18日	4次	3482	130	121	0	9
	5月2日	5次	16263	584	448	12	124
	5月9日	6次	32951	1023	648	10	365
合計（逆転開示前の1次分を除く）			59762	1916	1369	23	524

注）著者が数字を補正して掲載した。以下，本文中の数字も同様に著者が補正した。
出典）『日韓会談文書・全面公開を求める会ニュース』第11号，2008年5月23日付，1頁。

いる。また、同法第一一条によると、「開示請求に係る行政文書が著しく大量」であり、開示請求後六〇日以内にそのすべてを開示決定することで「事務の遂行に著しい支障が生ずるおそれがある場合」、各省庁はさらに開示決定の期日が延長できる。だが、瀬畑源によると、二〇〇六年度に外務省が開示決定を行った一一六八件のうち、六六五件（五六・九％）について第一一条を適用しており、資源エネルギー庁（二六・〇％）以下、他の省庁の適用率をはるかに上回っている。しかも、その六六五件のうち、外務省が自ら設定した開示期日を超えたものが一八二件にものぼっている。その意味で、この判決は、外交文書を含む公文書の開示請求について、「不作為の違法判決」を残す画期的なものであり、情報公開法第一一条の濫用の歯止めになることが期待される［瀬畑　二〇〇八：三二一―三二二］。

そして、この判決を受けて、外務省は二〇〇八年五月九日までに同省が管理する日韓会談文書についてすべて開示決定を行った。しかしながら、それらの多くは不開示部分を含むものであり、なかには文書そのものを不開示とする決定もあった（表1）。

3　原告が全面敗訴した二次訴訟

二〇〇八年四月二三日、「求める会」は前年一一月一六日に開示された一四一の文書のうち、一つの不開示文書と二五の文書の不開示部分について、その開示を求めるために東京地裁に提訴した。二次訴訟は請求権や竹島＝独島領有権などに関する不開示情報をめぐるものであり、文書の内容を初めて争うことになった。

裁判の焦点は情報公開法第五条の不開示理由であり、とりわけその第三項「公にすることにより、国の安全が害されるおそれ、他国若しくは国際機関との信頼関係が損なわれるおそれ又は他国若しくは国際機関との交渉上不利益を被るおそれがあると行政機関の長が認めることにつき相当の理由がある情報」を適用する問題である。原告は、（1）当該文書が作成から長期間経過していること、（2）韓国政府が日韓会談文書を全面開示していること、（3）日朝交渉についても日朝平壌宣言を原則としており、日韓会談とはまったく状況を異にするとして、外務省の不開示理由に反論した。そのうえで、原告は外務省側に情報公開法第五条第三項の「おそれ」について十分な説明を求めていた[10]。

この訴訟で争われた文書の事例として、「求める会」によるすべての裁判闘争を通して唯一不開示のまま残された「竹島問題に関する文献資料」（文書番号一三七）がある。外務省の説明によると、当該記載内容は竹島＝独島領有権問題に対する当時の日本政府内部における検討状況等に言及したものであり、この問題について日韓両国民が高い関心を寄せている状況にあることから、「万が一にもわが国の立場が不利になるようなことがないよう細心の注意を払う必要がある」ことから不開示としたという。[11] これに対して、原告は竹島＝独島領有権問題を検討するにあたり、「外務省が広く文献資料を収集・検討するのは、政策を立案する上で当然のこと」であるとし、文献資料のタイトルとその概要が開示されても、「外交交渉の『手の内』を明らかにするものではない」と反論していた。[12]

また、「第五次日韓全面会談予備会談の一般請求権小委員会の第一二回会合」（文書番号九四）などのような日韓間の交渉の会議録については、同様の韓国側開示文書から不開示部分をある程度推測することができる。原告準備書面でも、韓国側文書を利用して、その内容を指摘しつつ、韓国政府との信頼関係が損なわれる「おそれ」も、日朝交渉上の不利益となる「おそれ」もありえないと主張していた。[13]

しかしながら、この訴訟は原告敗訴が続き、二〇一一年五月九日に最高裁が上告不受理を決定し、原告敗訴が確定した。情報公開法自体が「行政機関の長」に強大な権限を認めているが、司法は外務省側の意見をそのまま認めてしまった。とくに二〇一〇年六月二三日の東京高裁判決（南敏文裁判長）では、上述したような、他の公開文書および韓国の外交文書によって不開示文書の内容が推測できるものについても、「推測することとこれらの不開示文書を公開することとは次元が異なる」と述べ、「仮に推測が可能な情報であっても推測にとどまる場合と実際に公開した場合では、外国等との交渉において生じる不利益には格段の違いがあると考えられる[14]」として、原告の主張を一蹴した。

4 「三〇年ルール」を確認させた三次訴訟

二〇〇八年一〇月一四日、「求める会」は東京地裁に三度目の提訴をした。この裁判の対象は同年に開示された一七三七の文書のうち、不開示、部分開示決定された三四八の文書であった。すなわち、三次訴訟こそ、本会が開示請求する核心的な内容について争う裁判である。

この裁判は五万頁を超える文書量のため、審理に約四年間を要した。争点は二次訴訟と同様に、その多くが開示されると「韓国あるいは北朝鮮との間の交渉上不利益となる」「韓国との信頼関係がなくなる」情報であると外務省が指定した部分であった〔小竹 二〇一一：一四三〕。

二〇一二年一〇月一一日、東京地裁（川神裕裁判長）は対象の文書の七割を開示せよとする画期的な判決を下した。二〇〇〇頁に及ぶ判決の内容は、第一に外交文書の三〇年原則（三〇年を経過した文書は原則公開とすべきこと）を採用したこと、第二に外務省が抽象的にしか述べてこなかった不開示理由に対して、その当否を詳細に分類して判断したこと、第三に「真摯かつ速やかな」不開示部分の見直しを外務大臣に求めたことに要約される。(15) とりわけ、その第一の要点に関連して、以下の判決文が注目される。

……当該不開示処分に係る行政文書が、条約その他の国際約束に関する文書又はこれに準ずる文書等であって、その作成から当該不開示処分が行われるまでに少なくとも三〇年以上経過している場合

図3　記者会見に臨む原告と弁護団（司法記者クラブ）

出典）『日韓会談文書・全面公開を求める会ニュース』第33号，23頁。

には、被告は〔中略〕同条三号又は四号の不開示情報に該当するとされる当該情報につき、当該行政文書の作成後における時の経過、社会情勢の変化等の事情の変化を考慮しても、なお当該不開示処分の時点において同条三号又は四号にいう「おそれ」が法的保護に値する蓋然性をもって存在することを推認するに足りる事情をも主張立証する必要があると解するのが相当である。(16)

すなわち、今回の判決は作成より三〇年が経過した文書を不開示とする場合、その理由を十分に主張立証する必要があると外務省に告げている。これは、行政機関の長の判断を限りなく尊重した二次訴訟の判決を完全に覆す内容である。しかしながら、対象の文書の三割は不開示のままであり、この判断については外務省の控訴とともに原告も付帯控訴した。

なお、この判決を受けて、外務省は二〇一三年三月二九日、四月一日、一一月二六日、翌年三月二四日に、合計で延べ四九五文書の不開示部分の一部を開示する決定を行った。このなかには、二次訴訟で外務省側が勝訴した文書も含まれている。また、三次訴訟と並行して、二〇一二年六月二一日に「求める会」は不開示および部分開示決定された文書の開示を、外務省に再請求した。それに対して、外務省は二〇一三年一月二一日および翌年四月二日に、合計で延べ一〇二文書の不開示部分の一部を開示する決定を行った。この結果、外務省が不開示としてきた内容の一部が明らかとなった（これらの新たに開示された部分については次節で述べる）。だが、日本政府の交渉方針の核心に関わる部分は不開示のままであり、それこそ本来の争点であるといえよう。その意味で、「求める会」の裁判活動はようやくスタートラインに立ったのである。

控訴審では、二〇一四年三月一三日に控訴人である国側から、外務省の小野啓一アジア大洋州局北東アジア課長に対する証人尋問が行われた。小野課長が作成した陳述書によると、日韓会談における請求権問題、文化財問題などが「将来の日朝国交正常化交渉で議論される可能性が高い事項」であり、とくに「文化財問題は韓国との間でも再度交渉事項となる可能性が否定できず、類似の外交問題が生じている又はそのおそれがある典型例」であると主張した。また、竹島＝独島領有権問題などを事例として、「わが国が、過去の対応方針などのいかんによらず、新たな対応で交渉に臨む必要がある場合にも、交渉の相手国が過去の我が国の政府内部の対応方針や交渉姿勢、検討状況等を知れば、たとえ先の外交交渉時から三〇年以上の期間が経過して情勢が変化していたとしても、相手国から我が国が過去に検討した対応方針や交渉姿勢との一貫性を殊更要求される」ことで、交渉上不利益を被るおそれがあると主張した[17]。これに対して、被控訴人である「求める会」側は情報の開示・不開示をめぐる外務省側の判断基準や方針などについて問いただしたが、確実な証言を引き出すことができなかった[18]。

その後、三月二六日に「求める会」側の太田修共同代表に対する証人尋問が行われた。その陳述書は日韓会談に議論された諸問題が交渉当時から現在までに展開した過程を整理したうえで、韓国との和解、日朝国交正常化、そして東北アジアの平和構築という大局的な観点から「国益」の問題を問い直し、日韓会談文書の全面開示による日本と朝鮮半島での歴史資料の共有の必要性を訴えた[19]。

しかしながら、七月二五日の東京高裁（高世三郎裁判長）の控訴審判決は外務省側の主張をほぼ認める一方、二つの文書の不開示部分のみを新たに開示させるものであった。さらに、この判決は、裁判官が対象文書を閲覧できるインカメラ審理についても何ら言及しないまま、原告の主張を退けてしまった。

その一方で、控訴審判決は上記した一審判決が設定した判断基準、すなわち三〇年以上を経過した行政文書については不開示とするために相応の主張立証を行うべきだとする点を、削除または訂正することを命じていない。すなわち、一審判決の判断基準は控訴審判決によって否定されていない。この理由に加えて、上告してもさらに原告に有利な判決が出る見通しが立たないと判断されたため、「求める会」は上告しないことを決定した。これにより、「求める会」の九年間にわたる裁判活動は終結することとなった[20]。

5　開示／不開示となった情報について

では、外務省はどのような情報を不開示としていたのであろうか。まず、三次訴訟を通して、外務省側が開示決定を変更して、不開示部分を新たに開示させた箇所を中心に考察したい。

当然ながら、韓国のみならず日本でも日韓会談文書が開示されたことにより、多くの新たな事実が明らかになった。従来の研究で、新聞や回顧録などの二次的な資料のみで論じられてきたことも含めて、外交記録によって事実が検証できることの意義は大きい。ここではとくに請求権問題に関連する資料をいくつか紹介したい。

まず、日本側が試算した請求権の金額が明らかとなった。「日韓国交正常化交渉の記録　総説七」（文書番号五〇六、一七七頁）[21]には、韓国側の請求権に対する試算として、大蔵省案一六〇〇万ドル、外務省案七〇七七万ドルという額が示されている（図4）。このうち、被徴用者韓国人補償金についての積算根拠も明らかになった。大蔵省は、「三六五千人（当時の非公式記録の鮮人労働者）×一／二（朝鮮帰還率推定）×一七・六千円（給付金二〇歳〜五〇歳実績平均）×七〇％（南鮮人分）[22]」で二二億四八〇〇万円とした。外務省は「一般労務者」が三六万五〇〇〇人×二万円×九五％で六九億四〇〇〇万円、「復員軍人軍属」が一九万二〇〇〇人×二万円×七〇％で二七億円、死亡軍属が一五万五〇〇〇人×五万円×七〇％で五億四四〇〇万円、合計一〇一億八四〇〇万円と試算した[23]。

図4　「日韓国交正常化交渉の記録　総説七」（文書番号506，177頁。以下，506/177と表記）

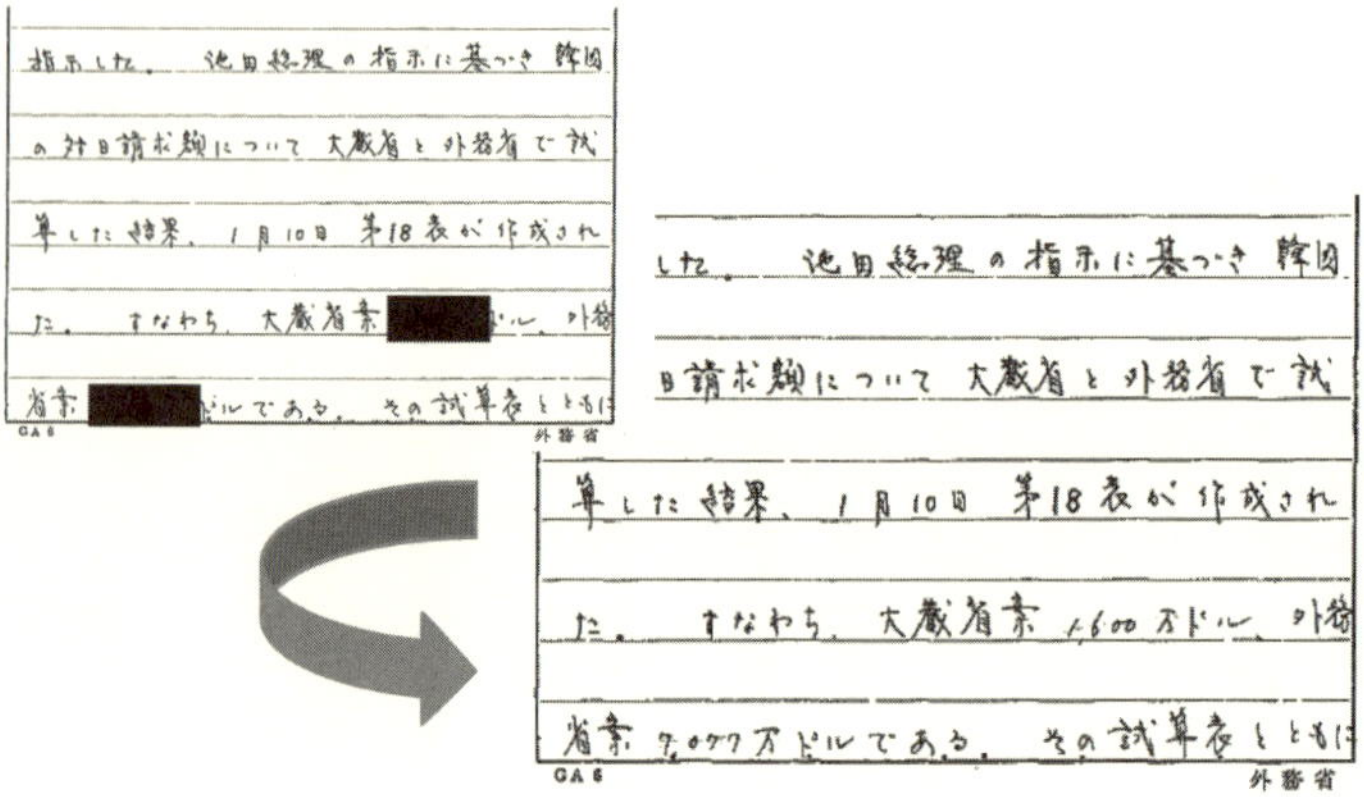

また、「日韓政治折衝に望む日本側の基本方針」（文書番号七一八）には、一九六二年三月一二日から始まる小坂善太郎外相と崔徳新《チエトクシン》外務部長官との会談に臨む外務省側の基本方針が記されている。このうち、請求権問題については、「(i)できうれば韓国側をして請求権を放棄せしめ、これをうけて日本側から一定金額を贈与する方式、(ii)（韓国側が(i)に応じない場合は）日本側より一定金額を贈与し、これをうけて韓国側が請求権の完全かつ最終的な解決を確認する方式」をめざしていた。また、請求権の総額については、「詳細な積算基礎にはなるべくふれない」としたうえで、約一億ドルの金額を示すこととした(24)。このような日本側の交渉方針の基本は日韓会談を通して貫かれたといえよう。

ところで、上述のとおり、このなかには、二次訴訟で外務省側が完全に勝訴した箇所も含まれている。たとえば、「日韓会談の経緯および問題点」（文書番号七六、二三頁）には、請求権交渉において、日本側が主張していた在朝日

図5　「日韓会談の経緯および問題点」（76／23）

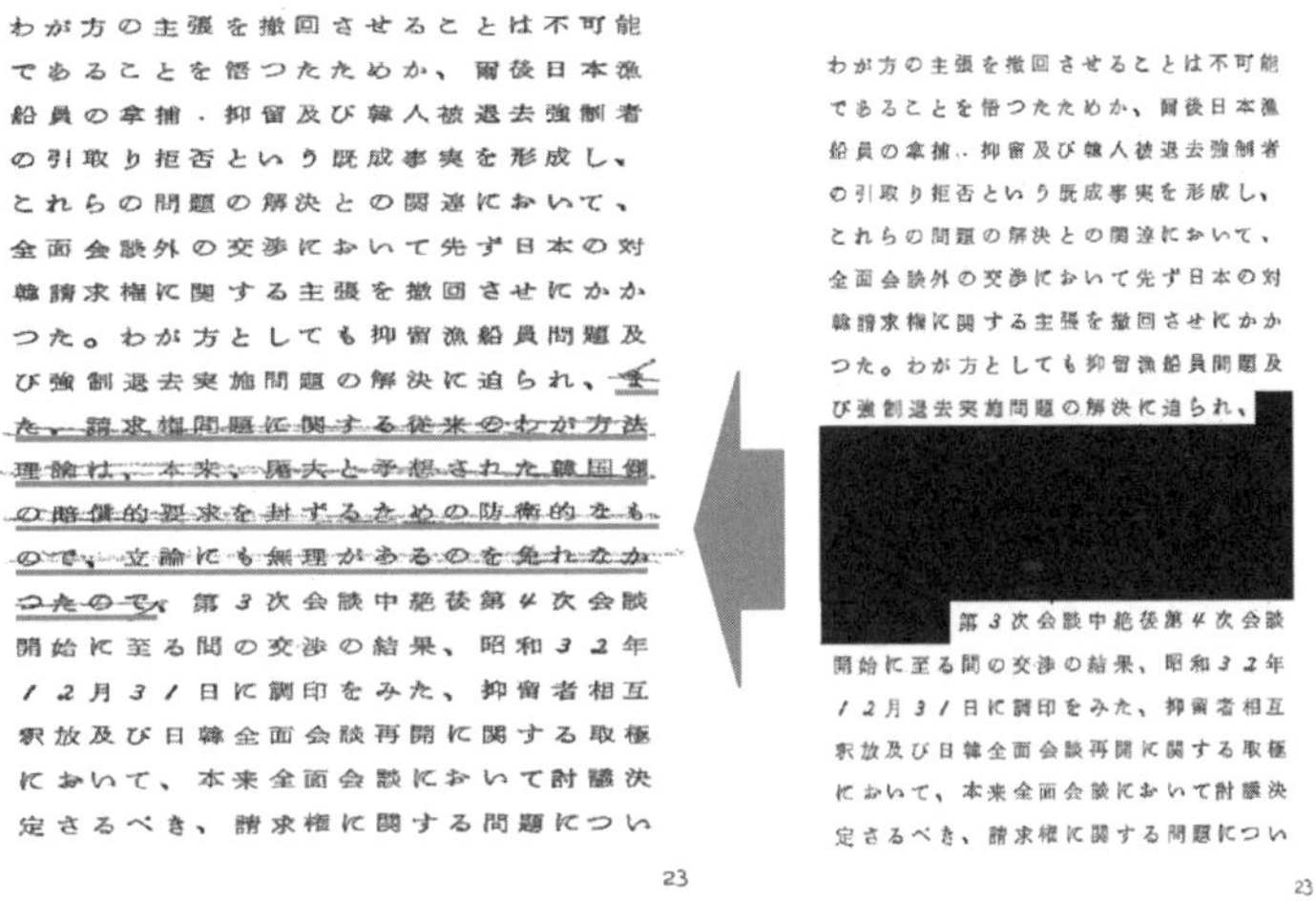
わが方の主張を撤回させることは不可能
であることを悟つたためか、爾後日本漁
船員の拿捕・抑留及び韓人被退去強制者
の引取り拒否という既成事実を形成し、
これらの問題の解決との関連において、
全面会談外の交渉において先ず日本の対
韓請求権に関する主張を撤回させにかか
つた。わが方としても抑留漁船員問題及
び強制退去実施問題の解決に迫られ、ま
た、請求権問題に関する従来のわが方法
理論は、本来、膨大と予想された韓国側
の賠償的要求を封ずるための防衛的なも
ので、立論にも無理があるのを免れなか
つたので、第3次会談中絶後第4次会談
開始に至る間の交渉の結果、昭和32年
12月31日に調印をみた、抑留者相互
釈放及び日韓全面会談再開に関する取極
において、本来全面会談において討議決
定さるべき、請求権に関する問題につい

23

わが方の主張を撤回させることは不可能
であることを悟つたためか、爾後日本漁
船員の拿捕・抑留及び韓人被退去強制者
の引取り拒否という既成事実を形成し、
これらの問題の解決との関連において、
全面会談外の交渉において先ず日本の対
韓請求権に関する主張を撤回させにかか
つた。わが方としても抑留漁船員問題及
び強制退去実施問題の解決に迫られ、[redacted]
第3次会談中絶後第4次会談
開始に至る間の交渉の結果、昭和32年
12月31日に調印をみた、抑留者相互
釈放及び日韓全面会談再開に関する取極
において、本来全面会談において討議決
定さるべき、請求権に関する問題につい

23

本人財産についての請求権について、「本来、膨大と予想された韓国側の賠償的要求を封ずるための防衛的なもので、立論にも無理があるのを免れなかった」と評価する箇所がある（図5）。ただし、このような情報は、国会会議録などですでに明らかになっている。一九六一年三月一七日の衆議院外務委員会で、中川融条約局長は、在朝日本人財産に対する請求権主張が「韓国から請求権の膨大な要求がありましても断れるものも断れなくなるといういろいろな事情を考慮いたしまして、言わば交渉技術という点を考慮に入れ」て主張されたと説明している(25)。

さらに、「日韓会談議題の問題点」（文書番号六八、六九頁）には、竹島について「アシカの数が減少した現在経済的にはあまり大きな意義を有しないと見られる」という否定的な評価が記されている（図6）。このような情報も外務省としては「交渉上不利益を被るおそれ」があるとして、不開示としてきたのである(26)。

図6　「日韓会談議題の問題点」（1956年5月，沢田大使説明資料，68／69）

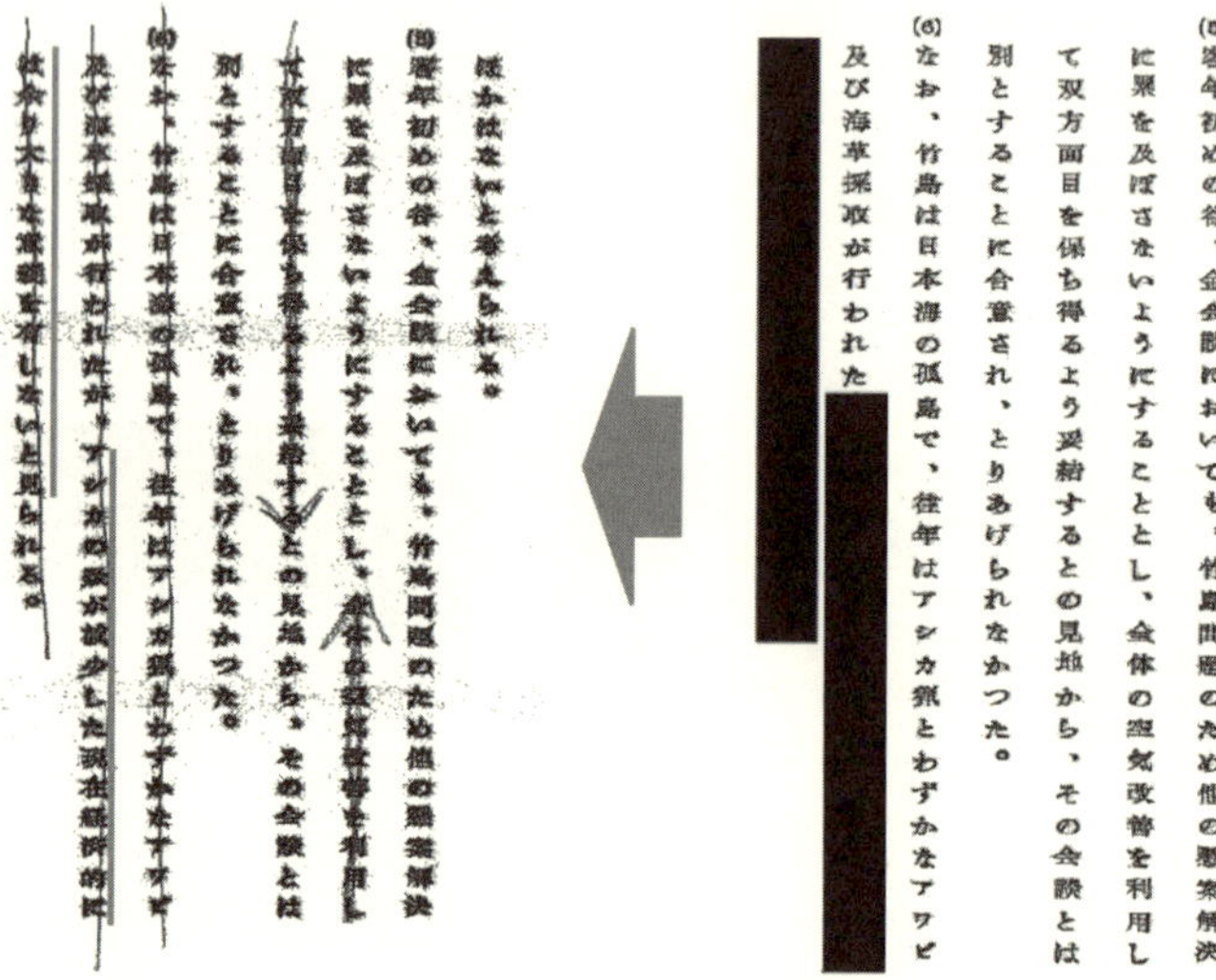

ほかはないと考えられる。
(5)客年初めの谷、全会談においても、竹島問題のため他の懸案解決
に累を及ぼさないようにすることとし、全体の空気改善を利用し
て双方面目を保ち得るよう妥結するとの見地から、その会談とは
別とすることに合意され、とりあげられなかつた。
(6)なお、竹島は日本海の孤島で、往年はアシカ猟とわずかなアワビ
及び海草採取が行われた[redacted]

ほかはないと考えられる。
(5)客年初めの谷、全会談においても、竹島問題のため他の懸案解決
に累を及ぼさないようにすることとし、全体の空気改善を利用し
て双方面目を保ち得るよう妥結するとの見地から、その会談とは
別とすることに合意され、とりあげられなかつた。
(6)なお、竹島は日本海の孤島で、往年はアシカ猟とわずかなアワビ
及び海草採取が行われたが、アシカの数が減少した現在経済的に
は余り大きな意義を有しないと見られる。

だが、外務省は二〇一二年一〇月の東京地裁判決を受けつつ、改めて不開示情報を選別したうえで、これらの情報を開示している。このことを踏まえると、現在の外務省はこれらの情報が開示されたとしても、日朝交渉で不利益を被ることも、韓国との信頼関係を損ねることもないと判断しているといえよう。

その一方で、外務省が不開示としている情報も少なくない。たとえば、請求権関連の試算についても、不開示とされているものがある。また、現在の戦後補償裁判との関連でいえば、日韓請求権第二条第一項にある「完全かつ最終的に解決されたこととなる」請求権の内容について、開示されていない情報がある（図7）。さらに、日本との平和条約と請求権問題との関連や、日朝交渉で直接的に議論の対象となると予想される朝鮮北半部についての情報にも不開示部分がある[27]。このほか、

図７　「日韓国交正常化交渉の記録　総説一二〔一三〕」（1316／172-173）

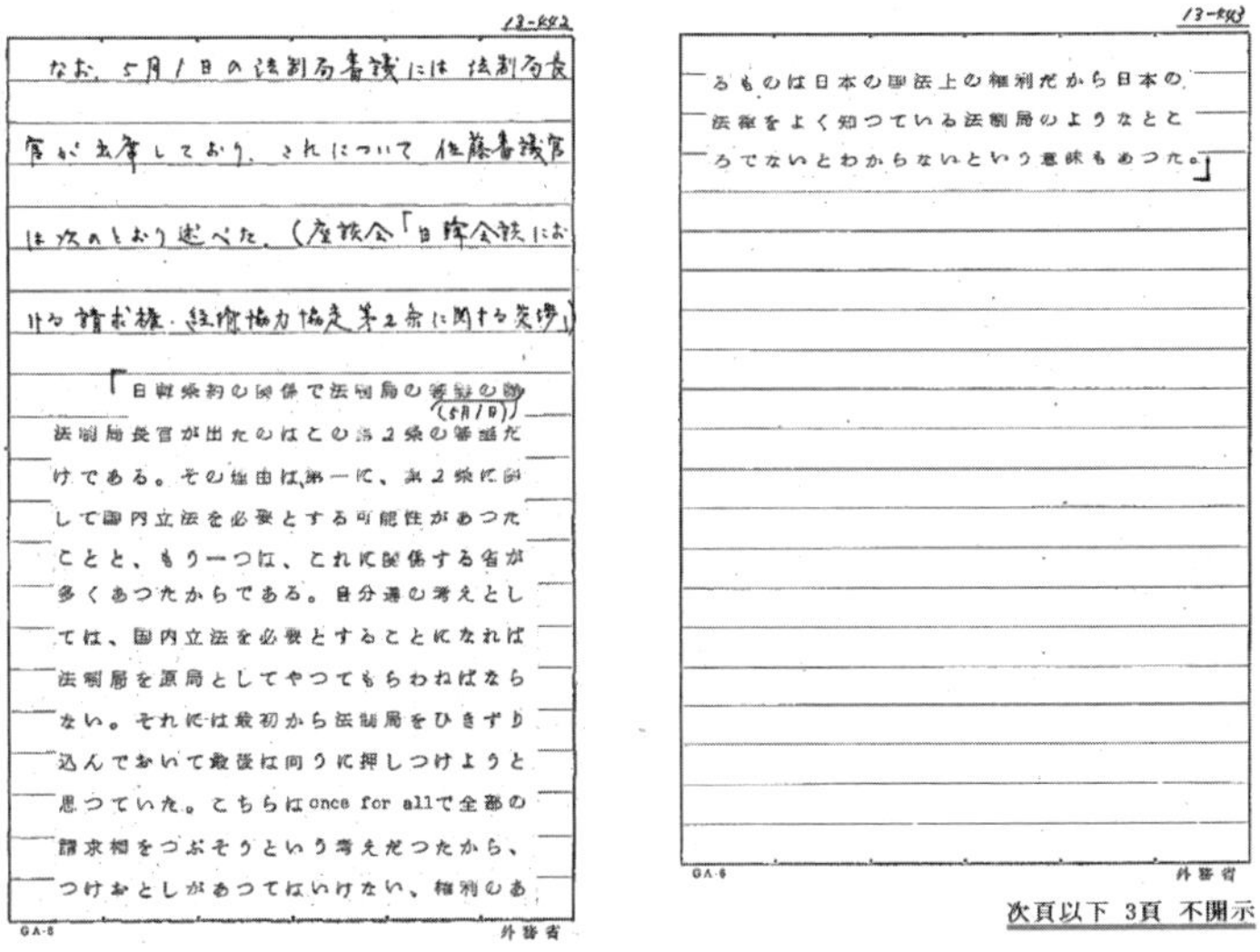
13-842

なお、5月1日の法制局審議には法制局長官が出席しており、これについて佐藤審議官は次のとおり述べた。（座談会「日韓会談における請求権・経済協力協定第2条に関する交渉」）

「日韓条約の関係で法制局の審議の時（5月1日）法制局長官が出たのはこの第2条の審議だけである。その理由は第一に、第2条に関して国内立法を必要とする可能性があつたことと、もう一つは、これに関係する省が多くあつたからである。自分達の考えとしては、国内立法を必要とすることになれば法制局を原局としてやつてもらわねばならない。それには最初から法制局をひきずり込んでおいて最後は向うに押しつけようと思つていた。こちらはonce for allで全部の請求権をつぶそうという考えだつたから、つけおとしがあつてはいけない、権利のあ

GA-8　外務省

13-843

るものは日本の国法上の権利だから日本の法律をよく知つている法制局のようなところでないとわからないという意味もあつた。」

GA-8　外務省

次頁以下 3頁 不開示

不開示とされた情報には、竹島＝独島領有権問題や文化財問題に関連するものが多い。

ただし、これらの不開示情報のすべてが日朝交渉における不利益や、日韓間の信頼関係を損ねる「おそれ」があるものであると認められるだろうか。一例をあげると、一九五三年五月二八日の請求権委員会で日本側が韓国側に手渡したメモ（aide-memoire）について、韓国政府が開示した文書（「第五次韓日会談予備会談一般請求権小委員会会議録」）でその全文が明らかになっている。それにもかかわらず、外務省はその内容を不開示としている（図８）[28]。上述の二次訴訟における高裁判決が述べるように、このような情報が開示されると、「外国等との交渉において生じる不利益には格段の違いがある」といえるだろうか。また、「求める会」の李洋秀事務局次長は三次訴訟における高裁判決の論点を検証しつつ、不開示情報が

図8　日韓の文書開示状況の違い

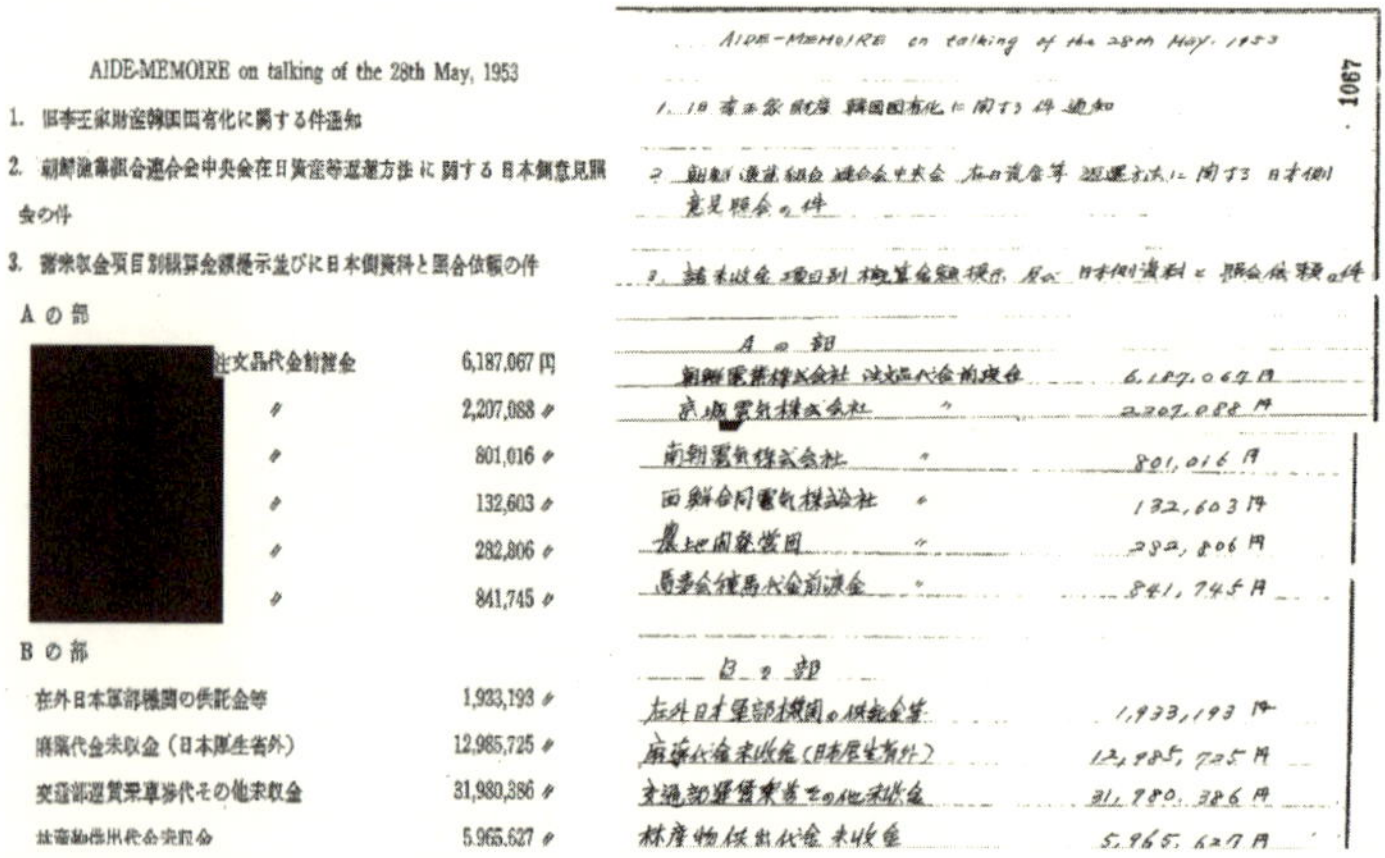

日本側文書（525/53-54）

AIDE-MEMOIRE on talking of the 28th May, 1953

1. 旧李王家財産韓国国有化に関する件通知
2. 朝鮮漁業組合連合会中央会在日資産等返還方法に関する日本側意見照会の件
3. 請求収金項目別概算金額提示並びに日本側資料と照会依頼の件

Aの部

[redacted]注文品代金前渡金	6,187,067円
〃	2,207,088〃
〃	801,016〃
〃	132,603〃
〃	282,806〃
〃	841,745〃

Bの部

在外日本軍部機関の供託金等	1,933,193〃
麻薬代金未収金（日本厚生省外）	12,985,725〃
交通部運賃乗車券代その他未収金	31,980,386〃
林産物供出代金未収金	5,965,627〃

韓国側文書（登録番号718，211-213頁）

AIDE-MEMOIRE on talking of the 28th May. 1953

1067

1. 旧李王家財産韓国国有化に関する件通知
2. 朝鮮漁業組合連合会中央会在日資産等返還方法に関する日本側意見照会の件
3. 請求収金項目別概算金額提示並に日本側資料と照会依頼の件

Aの部

朝鮮電業株式会社 注文品代金前渡金	6,187,067円
京城電気株式会社 〃	2,207,088円
南鮮電気株式会社 〃	801,016円
西鮮合同電気株式会社 〃	132,603円
農地開発営団 〃	282,806円
馬事会種馬代金前渡金 〃	841,745円

Bの部

在外日本軍部機関の供託金等	1,933,193円
麻薬代金未収金（日本厚生省外）	12,985,725円
交通部運賃乗車券その他未収金	31,980,386円
林産物供出代金未収金	5,965,627円

本当に不開示であるべきなのか、疑問を呈している［李洋秀　二〇一四］。

おわりに――日韓会談文書が開示されたことの意義

「求める会」の運動の結果、外務省は一九一六の日韓会談文書の所在を明らかにした。そのうち、部分開示文書が五二五、不開示文書が二三あった。そして、裁判闘争が終結した二〇一四年八月現在、部分開示文書は三八二、不開示文書は一となった。ただ、「求める会」が個人情報、法人情報などをあえて争わない方針をとったため、最後まで争った文書の数は一一四であった。こうして、「求める会」の活動を通して、多くの不開示部分が開示された。本章を終えるにあたり、これらの日韓会談文書が開示されたことの意義を三点述べたい。

第一に、学術研究上の意義である。先に述べたように、多くの外交記録が開示されたことにより、従来の研究で解明が不十分だったこと、そして新たに解明されたことが増えた。二〇〇五年以降に、韓国および日本で開示された日韓会談文書を活用して、多くの研究成果が発表された。そのまとまった成果としては、浅野豊美・木宮正史・李鍾元編著『歴史としての日韓国交正常化』(全二巻、法政大学出版局、二〇一一年)などがあげられる[五郎丸 二〇一三]。ただし、これらの史料を利用するためには、外交史料館や国立公文書館などで閲覧が可能でなければならない。しかしながら、日韓会談文書についていうと、韓国ではソウルにある外交史料館で閲覧可能であるが、日本ではそのような公的機関で閲覧できず、「求める会」ホームページを利用するか、現在刊行中の浅野豊美・吉澤文寿・李東俊・長澤裕子編『日韓国交正常化問題資料』(現代史料出版、二〇一〇年より)などの資料集を利用するほかない。日韓国交正常化から五〇年が経とうとしている現在において、研究環境の整備という観点から見ても、いまだに課題が残されているといわざるをえない[太田 二〇〇八]。

第二に、戦争被害者の人権回復という、「戦争責任」または「植民地責任」をめぐる問題の進展である。二〇〇五年八月二六日に韓国政府が日韓会談文書を全面開示した際、国務総理主宰の「韓日会談文書公開後続対策関連民官共同委員会」が日本軍「慰安婦」問題や在韓被爆者問題など、「日本政府、軍などの国家権力が関与した反人道的不法行為については、請求権協定によって解決されたものと見ることはできず、日本政府の法的責任が残っている」という見解を示すとともに、「日本軍慰安婦問題は日本政府に対して、法的責任の認定など、持続的な責任追及を行なう一方、国連人権委員会などの国際機構を通じてこの問題を引き続き提起する」ことを韓国政府に勧告した。このことは二〇一一年八月三〇日の憲法裁判所の決定、さらに二〇一二年五月二四日の大法院判決、そして二〇一三年以降に韓国各地における戦争被害者を原告とする裁判で被害者が勝訴する出発点となった。二〇一四年六月二日には、韓国政府は「日帝強制動員被害者支援財団」の設立を認可し、日本政府や企業にも出資を呼びかけている。

このような韓国での動きに、日本で開示された外交文書の内容が影響したことも考えられる。先述のとおり、そもそも「求める会」の活動がめざすところは戦後補償問題の解決であった。その点でいえば、日韓会談文書の公開は確実に「植民地責任」の解明および同問題の解決に向けて前進する力となっている(29)。

そして、第三に、情報民主主義という観点からも一定の意義があった。太田修が指摘するように、公文書は「国家の専有物」ではなく、「健全な民主主義の根幹をささえる国民共有の知的資源として、主権者である国民が主体的に利用し得る」(公文書管理法第一条)ものである［太田 二〇一三］。「求める会」の活動によって得た二つの判決はその問題を明らかにしたという点で画期的な成果であった。

もっとも、日朝交渉や竹島＝独島領有権問題が継続中であり、日韓会談文書がその案件に含まれるとする外務省としては、「外交交渉は通常自国民および自国民の利益を守りまたこれを増大させるために行なうものであるから、交渉上の機密の漏洩を望む者はとりもなおさず自らの立場を弱めるような結果を甘受しなければならない」［藤本 一九七六：二八］と考える者が少なくないだろう。開示された文書を通して、複雑な史実が明らかになることで、かえって外交問題の解決が容易でなくなることもありうる。たとえば、一九六二年の大平・金鍾泌合意のような「大局的見地」からの政治判断による解決という手法は実現しにくくなるかもしれない。

しかし、外務省としても、「第一次世界大戦後の外交は民主制度の定着に伴って多かれ少なかれ国民の参画と監視のもとに展開される」〔藤本　一九七六：二八〕ことは認めざるをえないだろう。「求める会」の文書公開運動がめざすところもまた、もはや情報を占有した権力に問題解決を委ねるのではなく、市民自身が「現在」、そして「過去」の情報を利用し、「未来」の社会につなげていくことである〔瀬畑　二〇一一：三二〕。上述の戦争被害者の人権回復という課題を前進させることはもちろんだが、それとともに、私たちが望む社会の主体となることをもって、文書公開運動の真の成果であると考えたい。先に述べた学術研究もまた、どのような問題意識で行うにしても、情報民主主義を実践する市民による主体的な営為であるといえよう。

日本では、特定秘密保護法が公布され、二〇一四年一二月一〇日に施行された。同法運用基準では、「外国の政府又は国際機関との交渉又は協力の方針又は内容のうち、国民の生命および身体の保護、領域の保全その他の安全保障に関する重要なもの」など、防衛、外交等の五五項目が「特定秘密」の指定対象となっている。[30]「特定秘密」情報は最長六〇年間不開示とされる。

情報公開法や公文書管理法が制定されている現状においても、行政機関が存在しないと主張する文書について、開示請求者にその存在を立証する責任があるとする司法判断が下されている。[31]現行法においては、裁判官にさえインカメラ審理が許されておらず、依然として行政機関の長の権限が強大であるといわざるをえない。今の日本の情報公開制度に求められているのは、特定秘密指定など、各省庁による情報不開示の恣意性を助長させることではない。近隣諸国をはじめとする国際社会に対する信頼関係の構築、さらに公正な情報公開を通した歴史的真実の探求こそ、促進されなければならない。国民主権に則った情報公開の精神が民主主義の基礎であり、戦争責任や「植民地責任」など、日本の歴史的責任の問題の解決を前進させる力であるとするならば、まず日本において、よりいっそうの情報民主主義が求められるといえよう。

〔注〕

（1）本章は二〇一四年一一月二八日に韓国のソウルで行われた東北亜歴史財団シンポジウム「植民地責任の清算の世界的動向と課題」における報告「日韓会談文書公開と『植民地責任』論」として発表した内容を基礎として、整理したものである。

（2）「求める会」関連の資料はホームページ（http://www.f8.wx301.smilestart.ne.jp）で閲覧できる。なお、ウェブサイトの最終アクセスはすべて二〇一四年一二月三一日である。

（3）外務省による戦後外交記録公開の概要については、外務省ホームページに掲載されている。http://www.mofa.go.jp/mofaj/public/kiroku_kokai.html

（4）「韓日秘密交渉〝金・大平メモ〟全文確認／拙速屈辱外交の真相明らかに」『東亜日報』一九九二年六月二二日付。

（5）二〇〇六年四月以降、韓国政府の外交文書は外交安保研究院に隣接する外交史料館で閲覧できる［木宮　二〇〇八：七］。

（6）現在の韓国における情報公開法は二〇〇四年に改正されたものである［山形　二〇一二］。

（7）「国交正常化への外交文書、外務省が韓国に非公開要請　日朝交渉理由に」『朝日新聞』一九九七年二月二〇日付。

（8）この文書については異議申立てを受けて、二〇〇七年三月二八日に全面開示された。

（9）「公文書の開示決定に遅れ『外務省の組織的怠慢』東京地裁」『朝日新聞』二〇〇七年一二月二七日。『日韓会談文書・全面公開を求める会ニュース』第一〇号、二〇〇八年一月一八日、四頁。

（10）二次訴訟東京地裁の判決文（二〇〇九年一二月一六日付）、一一一―一一二頁。

(11)『日韓会談文書・全面公開を求める会ニュース』第一三号、二〇〇八年九月二四日、二頁。
(12)「原告準備書面（四）」二〇〇九年九月四日付、事件番号　平成二〇年（行ウ）第二三一号、三一―三二頁。
(13)「原告準備書面（二）」二〇〇九年一月一七日付、二六―二七頁。なお、例示した文書の不開示部分は、韓国側が朝鮮北半部の請求権を主張することに対する議論であると推察できる。
(14)『日韓会談文書・全面公開を求める会ニュース』第二四号、二〇一〇年七月八日、七頁。
(15)『日韓会談文書・全面公開を求める会ニュース』第三三号、二〇一二年一〇月二四日、二頁。
(16)同前、一〇頁。
(17)小野啓一「陳述書」乙A第五二七号証、二〇一三年四月二六日付、三頁。
(18)「速記録」平成二六年三月一三日、第三回口頭弁論、事件番号　平成二四年（行コ）第四一二号等。
(19)太田修「陳述書」甲第一六六号証、二〇一三年一〇月二二日付。
(20)日韓会談文書・全面公開を求める会「声明」二〇一四年八月七日付。
(21)文書番号五〇五の同名の資料があることから、この資料名は「日韓国交正常化交渉の記録総説八」とすべきである。なお、「日韓国交正常化交渉の記録」と題した一連の資料は外務省が日韓会談の経過について、外交記録を整理してまとめたものであり、交渉の概要を知るうえで非常に有益である。これについては浅野豊美・吉澤文寿・李東俊・長澤裕子編『日韓国交正常化問題資料　基礎資料編』第六巻（現代史料出版、二〇一〇年）にまとめられているので、参照されたい。
(22)資料上の表現はすべて「ママ」とする。
(23)「日韓関係想定問答集（未定稿）」文書番号三七六、大蔵省理財局外債課、一九六三年二月二六日、三一―三二頁。
(24)「日韓政治折衝に臨む日本側の基本方針」文書番号七一八、一九六二年三月七日付、四―八頁。
(25)「第三八国会衆議院外務委員会会議録」一九六一年三月一七日付。
(26)なお、この情報については、新聞記事としても紹介された（「日本、竹島問題後回し　外務省　墨塗り外し文書開示」『東京新聞』二〇一三年二月一九日付）。

(27)「日韓交渉における財産および請求権処理の範囲」文書番号一九〇七、条規、一九六四年四月七日付、「日韓間請求権特別取極の諸様式について」文書番号一三〇六、一九五三年一月二一日付、七頁など。

(28) 日本側開示文書は、「日韓会談重要資料集」文書番号五二五、外務省アジア局北東アジア課、一九六〇年四月一日、五三―五四頁。韓国側開示文書は、「第五次韓日会談予備会談、一般請求権小委員会会議録、一―一三次、一九六〇―六一」登録番号七一八、二一一―二一三頁。

(29) これに関連して、二〇一〇年一二月一一日に日本弁護士連合会と大韓弁護士協会が発表した共同宣言に日韓会談文書を完全に公開して、日韓両国政府が認識を共有し、「強制動員」被害者の問題を解決するために、実現可能な解決案の策定をめざすべきであるとする内容が盛り込まれたことが指摘できる(「日本弁護士連合会と大韓弁護士協会の共同宣言」二〇一〇年一二月一一日付、「求める会」ホームページより閲覧可能)。

(30)「秘密法、施行五年後に基準見直し　指定対象は五五項目」『朝日新聞』ウェブ版、二〇一四年一〇月一四日。http://www.asahi.com/articles/ASGBG4K49GBGUTFK00H.html

(31) 二〇一四年七月一四日に下された一九七二年の沖縄返還をめぐる日米韓の密約文書開示訴訟の上告審判決。これにより原告敗訴が確定した(「沖縄密約文書、『開示せず』確定　最高裁判決」『朝日新聞』二〇一四年七月一五日付)。

〔文献一覧〕

浅野豊美・木宮正史・李鍾元編著『歴史としての日韓国交正常化』全二巻、法政大学出版局、二〇一一年

太田修「外務省外交史料館の現代韓国朝鮮関係資料について」『現代韓国朝鮮研究』第八号、二〇〇八年

太田修「日韓会談文書公開と『過去の克服』」『歴史学研究』第九〇八号、二〇一三年

木宮正史「韓国外交史料館」『現代韓国朝鮮研究』第八号、二〇〇八年

金昌禄「韓国における韓日過去清算訴訟」『立命館国際地域研究』第二六号、二〇〇八年

小竹弘子『隠される日韓会談の記録――情報公開の現状と問われる日本の民主主義』創史社、二〇一一年

五郎丸聖子「日・韓の外交文書公開後の日本における日韓会談研究の現状と課題」『国際学研究科紀要』（明治学院大学大学院）、第一二号、二〇一三年
瀬畑源「情報公開法と歴史研究——公文書管理問題を中心として」『歴史学研究』第八三九号、二〇〇八年
瀬畑源『公文書を使う——公文書管理制度と歴史研究』青弓社、二〇一一年
高崎宗司「日韓条約で補償は解決したか」『世界』第五七二号、一九九二年
藤本芳男「外交記録の管理と公開」『国際問題』第一九三号、一九七六年
三木由希子「情報公開制度と文書管理のあり方」『レコード・マネジメント』第五〇号、二〇〇五年
山形勝義「韓国情報公開法の新旧比較」『アジア文化研究所研究年報』第四七号、二〇一二年
李度晟編著『実録　朴正熙と韓日会談　五・一六から調印まで』図書出版寒松、ソウル、一九九五年
李洋秀「疑問多い日韓条約での解決済み——日韓会談の文書公開と情報開示」田中宏ほか『未解決の戦後補償——問われる日本の過去と未来』創史社、二〇一二年
李洋秀「二〇一四・七・二五東京高裁『判決文』の内容考察」日韓会談文書・全面公開を求める会ホームページ、二〇一四年（http://www.f8.wx301.smilestart.ne.jp/saiban/3ji/20140725naiyokosatu.pdf）

コラム　公文書公開から見た日本軍「慰安婦」問題

林　博史

二〇一四年八月の朝日新聞の検証記事、つまり吉田清治証言は虚偽だったとする報道以来、日本軍「慰安婦」問題そのものが虚偽であるかのようなキャンペーンがなされている。しかしながら日本軍「慰安婦」に関する公文書は、一部米国や英国などにあるものを含めてこれまでに約一〇〇〇点が確認されている（その文書リストは、『季刊戦争責任研究』創刊号、一九九三年、第八三号、二〇一四年参照）。

この二〇年来の研究は吉田証言を一切利用することなく、こうした多数の文書や、日本軍兵士や被害女性、関係者の多くの証言などを総合して行われており、今さら吉田清治証言が否定されたところで研究成果には何ら影響はない。ここでは日本に所蔵されている「慰安婦」関係の公文書について述べたい。

周知のように敗戦時に多くの軍や官庁の公文書が焼却処分された〔吉田　一九九七〕。二〇〇〇年代に入り、公文書廃棄の命令電報が多数発見されて、各地の軍にも徹底されていたことがわかった。軍だけでなく内務省や外務省も「慰安婦」連行に深く関わっているが、それらの文書の多くも失われたとみられる。

幸い廃棄を免れたり、連合軍によって押収されて返還された旧日本軍文書の多くは、防衛省防衛研究所戦史研究センター史料室に所蔵され公開されている。一九九二年一月に吉見義明が「慰安婦」関連文書を公表してから、研究者や市民による調査が行われ、次々と関連文書が発見されていった。ただその後、プライバシーの保護などの理由で、文書そのものが閲覧できなくなったケース（軍法会議や兵士の犯罪・非行に関するものなど）のほかにも、名前などの個人情報が墨塗りされてしまったものが少なくない。ただ他方で同センターでは業務日誌など新しい文書の公開も進められており、史料公開を進めていることも指摘しておきたい。

なお「慰安婦」関連の主な文書は、アジア女性基金のウェブサイトで閲覧でき、その墨塗りの状況がわかる（http://www.awf.or.jp/6/document.html）。外務省文書であるが一例をあげると、台湾から中国に連行された慰安婦六人の名前などを記した文書があるが、名前も年齢も消されてしまった。幸い、墨塗りの前にとっていた複写があるのでその年齢がわかるが［吉見編一九九五：一三五―一三七］、いずれも一四歳から一八歳である。墨塗りによって未成年者を連行したことが隠されてしまうという重大な問題がある。

この間、国立公文書館で新たな文書が次々に公開されている。そのなかにも「慰安婦」関連資料が多数含まれており、とくに旧法務省の戦犯裁判関係文書が注目される［林　二〇一四］。ただこれらも個人情報に関わる箇所が墨塗りされている。戦犯裁判であるから個人情報がほとんどであり、被告名や証言者名が削られるのは大きな問題である。被告名はほかの諸資料や出版物で明らかになっており、詳しく調べると被告名はほぼ判明するのだが、文中の名前が消されているとよくわからないことが多い。戦犯裁判記録は、米英豪などではすべて公開されているが、その複写が含まれている場合も個人情報が墨塗りされている。

こうした問題は、外務省や厚生労働省に情報公開法で開示請求して出てきた文書にもあてはまる。これらの省庁がもっている戦中戦後の文書も少なくない。また警察には「慰安婦」関連文書が多数残されていると思われるが一切公開されていない。これらの文書の国立公文書館への速やかな移管と公開が望まれる。

〔文献一覧〕

林博史「資料紹介　『慰安婦』など性的強制事件と軍による隠蔽工作」『季刊戦争責任研究』第八二号、二〇一四年
吉田裕『現代歴史学と戦争責任』青木書店、一九九七年
吉見義明編集・解説『従軍慰安婦資料集』大月書店、一九九五年

第Ⅱ部

公文書管理の日本近代史

第4章　日本近代における公文書管理制度の構築過程

――太政官制から内閣制へ

渡邉佳子

はじめに

二〇〇九年六月二四日、「公文書等の管理に関する法律」（平成二一年法律第六六号。以下「公文書管理法」と略記）が成立し、同年七月一日に公布された。第一条では、「この法律は、国及び独立行政法人等の諸活動や歴史的事実の記録である公文書等が、健全な民主主義の根幹を支える国民共有の知的資源として、主権者である国民が主体的に利用し得るものであることにかんがみ、国民主権の理念にのっとり、公文書等の管理に関する基本的事項を定めること等により、行政文書等の適正な管理、歴史公文書等の適切な保存及び利用等を図り、もって行政が適正かつ効率的に運営されるようにするとともに、国及び独立行政法人等の有するその諸活動を現在及び将来の国民に説明する責務が全うされるようにすることを目的とする」とその目的が規定されている。

国の行政機関の文書管理[1]が、各省庁統一的に、そして文書の作成からアーカイブズとしての保存までを法律で定められたのは、今から一三〇年前の一八八六（明治一九）年の各省官制通則（勅令第二号）制定以来のことである。公文書が、「健全な民主主義の根幹を支える」ものであるとするならば、それは統治のあり方とも深く関わってくる。近代行政機構が成立した当初、政府は記録編纂、記録保存に力を入れ、公文書の管理施策を進めた。文書や記録の管理に関わる組織や各種法規が整備され、そこには、今回の公文書管理法と同様に、その理念ともとれる目的が規定されていた。現在の公文書の管理は、その源を近代行政機構が成立した明治期に見ることができる。ボーンデジタルの文書が作成される現在においても、文書を分類し、保存年数を設定するという方法は変わっておらず、その原型は、近代の公文書管理の過程で生み出されたものである［渡邉　一九九六：一六三―二〇二］。

しかし、内閣制創設とともに明治政府の文書管理施策は後退する。このことは、当時制定された法規や現在に残されたアーカイブズからも把握することができる。そして、アーカイブズの制度では、日本は後進国となってしまった。それは、どのような理由によるものなのか。そういう視点も加味しながら、近代における政府の公文書管理制度の構築過程を追うことにしたい。

1　太政官制における文書管理

統治機構の構築と記録組織の設置

一八六七（慶応三）年一二月九日の王政復古の宣言により成立した明治政府の統治機構は、成立当初の総裁・議定・参与の三職制、三職の下に七つの事務科を設置した三職七科制、七科を局に置き換え七局を統轄する総裁局を設置した三職八局制を経て、まがりなりにも三権分立の理念を取り入れた政体書体制の太政官制が成立し、その後、古代律令制に倣った職員令体制により太政官を頂点とする統治機構が成立、以降、この太政官制の改革を繰り返しながら、一八八五（明治一八）年の内閣制へと移行する。この節では、明治政府の成立当初から太政官正院廃止までの間の文書管理について述べる。

王政復古の宣言の後、新政府の文書処理は一時的におかれた参与役所で行われるが、この事務は一八六八（明治元）年二月三日、総裁局のなかに新設された弁事に引き継がれる[2]。同年閏四月二一日の政体書体制により、弁事は行政官の所管となる。同年一〇月二九日定められた「弁事分課[3]」において具体的な文書処理が初めて規定され、弁事は、神祇・会計・軍務・外国・刑法の五官や府県、諸侯（藩）、学校、寺院からの諸願伺等の書類の受付とその事件の裁可の伝達を行うことになった。あわせて、権弁事の別局として「記録掛」が設置される。所掌事務は、「日々ノ御決議ニ相成候事件ヲ分類編輯《へんしゅう》シ、一部ノ御記録ニ相《あい》成《なり》候《そうろう》様《よう》可致事《いたすべきこと》[4]」で、その業務は「記録編輯ノ材料[5]」として諸官省から日記や文書の提出を求めたことに始まる。

一八六九（明治二）年七月八日、職員令が発布され古代律令制に倣った官制改革が実施された。これまで中央官府の総称とされていた近代の太政官は、一官衙《かんが》として、実質的には行政組織である諸省を隷下《れいか》におく、国政の最高機関となった。行政中心の政治体制に大きく舵がとられ、政体書体制の三権分立の理念を有した統治機構は払拭されて、太政官が三権を掌握する行政権優位の官制が築かれたといえる。

行政官は廃止され、その下にあった弁事は弁官と改称されて、諸官省からの願・伺・届諸書類の受付と裁可の処理を行った。文書の受付を集中的に行い、弁官を中心とした裁可の流れが築かれた。弁官は一八七一（明治四）年七月一四日に廃止され[6]、その職務は太政官史官に受け継がれる[7]。

一方、記録編集の事務も、行政官の廃止後、太政官史官のもとで太政官日誌の編纂とともに行われることとなる。一八七〇（明治三）年五月二九日、諸官省に対して記録掛の設置と戊辰以来の記録を取り調べ差し出す旨の太政官達が出された[8]。また、志士の事績に関する文書や華族・諸藩に対しても、国事に関係する文書の提出を求めている[9]。このように、明治の初期における記録の編纂の目的には、維新の大変革の偉業を後世に伝えたいとする意図もうかがえ、統治の正当性や歴史的な沿革を残すことに主眼がおかれていたと考えられる。この頃はまだ文書処理についての系統立った規程はなかった。事務章程や処務順序が定められたのは、そのほとんどが一八七一（明治四）年七月一四日の廃藩置県以降であるといえる。

正院の設置と記録局の分掌

一八七一（明治四）年七月二九日、太政官制改革により、太政官に正院・左院・右院をおく太政官三院制が布かれた。「太政官職制並事務章程」[10]が定められ、正院には太政大臣、納言、参議の三職がおかれる。正院は、立法・行政・司法の三権の事務に対する最終決定権を有し、太政官三院中最高の地位に位置した。記録掛は記録局と改称され、正院におかれることになる。同年八月に定められた「正院処務順序」には、「新旧ノ記録ヲ類編シ、百官ノ履歴ヲ表叙シ、日誌等ヲ作ルヲ以テ、記録局ノ主務トス」（読点は筆者。以下同じ）と記録局の掌務が規定された。[11]翌年六月制定の外史官事務章程には、「受付申達、此課ニテ分任ス」「此課ハ、官中一切ノ記録ヲ編輯スル事ヲ掌《つかさど》ル」「諸公文書類、允裁《いんさい》ヲ経テ奉行セシモノ、直ニ記録課ニ付シ、謄写編輯セシムヘシ」と記録課の分掌が規定される。[12]記録課では、文書の受付申達、太政官中の記録の編輯を行い、施行済文書が記録課へ送付されていたことが把握できる。正院は一八七二（明治五）年一〇月四日に分課を定め、記録局は記録課に改称されて外史の所管となる。[13]記録局が所掌していた「復古維新ニ於ケル記録ノ材料ヲ蒐輯《しゅうしゅう》」する事業が、記録課の分局として設置された外史所管の歴史課に引き継がれる。[14]その後、歴史課は、「国史ヲ編輯スル事ヲ掌ル」課として内史の所管となり、[15]その業務は修史局、修史館へと引き継がれる。

一方、記録課は、一八七三（明治六）年に「記録課章程並編纂処務順序」[16]を定め、その「記録課章程」の第一条で「夫《それ》政務ヲ執ルハ人ニアリト雖《いえど》モ、其人ノ依拠《いきょ》遵奉《じゅんぽう》シテ典例規則ヲ謬《あやま》ラス、能ク天下人民ノ信ヲ得テ、歴世経国ノ法、秩然紊《みだ》レサルモノ、惟記録ノ存スルニ由ル、故ニ、人事変換アリ天災迭臻《てつしん》アリト雖、之ヲ守護シ散逸ナラサラシムル事、政府ノ要務ニシテ、一日モ忽《ゆるがせ》ニスベカラサル事ナリ」と規定された。この条文は、「政務を行うのは人であるが、その人がよりどころとして遵守する典拠となる先例や規則を間違えず、十分に天下人民の信頼を得て、幾代にもわたって国を治める法は、その政務が秩序立って乱れないことであり、これらのことは、記録が存在することに由来するものである。ゆえに人は変わっても、天災がかわるがわる襲ってきても、記録を守り散逸させないことが政府の要務であり、一日もおろそかにしてはいけないことである」という内容のもので、施政における「記録」の重要性を述べたものであった。また、第二条では、「本課ノ職務ハ官中一切ノ文書ヲ掌リ、行政ノ際、典例規則ノ依拠スヘキ皆信憑照準ヲ取リ、誤謬ナカラシムルヲ以テ要トス」と記録課の職務が定められ、記録課は太政官のすべての文書を管理し、行政を行う場合の重要な先例や規則のよりどころとして信頼できる基準となる文書を類纂し、行政に間違いのないようにすることを要務とした。このようにして記録課の業務は、行政執行上依拠すべき記録の編纂と保存に特化されていく。

2　内閣制移行期の文書管理

正院の廃止と記録課の変遷

「内閣」の文言は、一八七三（明治六）年五月二日の官制改革（太政官制潤飾）において、三職のうち、納言に代わって参議がおかれ、その職掌を「内閣ノ議官ニシテ諸機務議判ノ事ヲ掌ル」と規定した太政官職制[17]、「内閣ハ、天皇陛下参議ニ特任シテ、諸立法ノ事及行政事務ノ当否ヲ議判セシメ、凡百施政ノ機軸タル所以ナリ」と規定した太政官正院事務章程[18]のなかに初めて見られる。事務章程では、「内閣議官ノ談判ニヨリテ」「内閣議官ニ諮り」等の文言も多く記され、「内閣議官」とされた参議の強い権限がうかがえる。しかし、このいわゆる太政官内閣には参議間の意見の対立を収拾する機能はなく、制度として確立されたものではなかった。この後、政府は正院における内閣の中枢機関化を図っていく。その背景には、拡大複雑化する行政と自由民権運動に見られる国会開設への要求に対応できる統治構造が求められていたということが考えられる。古代律令制に倣った太政官制の改革が限界にきていたといえる。

一八七七(明治一〇)年、政府は官庁の統廃合等行政組織の改革を実施し、同年一月一八日、正院の称が廃止される。大少史も廃止されて書記官、属官がおかれ、各省の諸寮に替わって新たに局がおかれる[19]。

文書の管理についても、拡大複雑化する行政のなかで、文書の量の増大は、これまでの、文書を謄写して類聚編纂と編年編纂で管理するという方法に限界が生じていた。また、法典が整備された状況のなかで、これまで典令規則の依拠すべきものであった類聚等の記録は、その存在価値が薄れていったという状況もあった。さらに、組織の改変や法令規則の改廃は、類聚を編纂するというその編纂手段そのものに、見直しの必要が生じてきていたともいえる。こうした状況のなかで、明治一〇年前後から太政官では公文の類別について検討が始まる。文書は、その軽重の順に法律・行政規則・訓条・批文の四部に類別された。法律と行政規則は一般に公布するものであり、法律は元老院に付して制定されるものであるので行政規則より上位に、訓条と批文は一般に公布せず、批文は法律、行政規則、訓条の疑義について随時に出される

表1　正院廃止後内閣制創始までの記録部課の変遷

設置年月日	1877(明治10) 1月18日	1879(明治12) 3月13日	1880(明治13) 3月25日	1883(明治16) 5月11日	1885(明治18) 6月24日	1885(明治18) 12月24日
組織の名称	太政官本局記録掛	太政官書記官局記録部	(太政官)内閣書記官局記録課	文書局記録課	(太政官)内閣書記官局記録課	内閣記録局

「伺い」に対する決裁文書であり、将来の条規となるものではないとして四部類中最下位に位置づけられている。[20] このほか、内務省、大蔵省、外務省でも処務順序や編纂保存の規程のなかに、文書の区分等が記述されている。[21]

正院の廃止後、その下にあった正院記録課は、内閣制における内閣記録局となるまでの間、太政官内の機構改正に伴いたびたびその組織の改編が行われるが、その変遷は表1のとおりである。また、事務分掌規程や処務規程等は順次制定され、その内容はより具体的になっていく。しかし、組織の実態はそれに伴わず、少書記官等の転任や辞任により事務を専任する者はなく、太政官書記官局本部（元庶務掛）の少書記官が記録部の事務を兼任するのみとなり、「此時、往々記録部ヲ廃スルノ説アルヲ聴ケリ[22]」という状況でもあった。

内閣権少書記官小野正弘の建議案

明治一四年の政変後、政府は内閣制度構築に向けて官制改革を実施するが、こうしたなか、一八八一（明治一四）年一二月一日、内閣権少書記官小野正弘が「記録課ノ処務ニ関スル建議案[23]」を提出する。「小野は、一八七二（明治五）年以来一貫して太政官、内閣の記録畑を歩み、累進して記録局次長まで昇った〝記録のプロ〟とでもいうべき〝たたき上げ〟の官僚である」［中野目　一九八九：七］と紹介されている。建議案の概要は次のとおりである。

まず、参事院の設置について、法律規則を構案するのに「最モ其鄭重ヲ極メタル者ナリ」と賛辞し、今回の改革の聖旨を奉体して、本課（記録課——筆者注）も編纂方法の改正に着手したと述べる。しかし、完全無欠の記録法を整理することができても「其供用ノ便猶《なお》欠クル所」があれば、記録の効用をまっとうしたとはいえないとし、「此ニ幸ニ官制更革《こうかく》ノ事アルニ際シ、聊《いささ》カ其大略ヲ陳シテ以テ採択ニ備フル事、此ノ如シ」と建議の趣旨を述べ、「其本課ノ性質及ヒ効用ハ、嘗《かつ》テ録シテ課員ニ示セル者アリ、此ニ別冊ヲ作リテ之ヲ附呈ス、併セテ観覧ヲ賜ハラハ、幸甚ノ至ニ堪エス」と述べている。

附呈された別冊「記録課ノ性質及ヒ効用」では、「記録ナル一課ノ、必行政官庁ニ欠ク可カラス」、記録とは「官府ノ文書ヲ概括セル総称」、記録課とは「行法・施政・命官等、百般ノ公文ヲ管理スルノ所」、「政ヲ施ス者」と「政ヲ記スル者」の任を分け、その「記セル者」を管理する専任を設けることは「是、後世行政庁ニハ、必記録ナル一科ノ随帯セル所以《ゆえん》ナリ」と説明する。「況《いわん》ヤ我国ノ如キ（中略）文書ノ極メテ繁多《はんた》ナル政府ニ於テハ、苟《いやしく》モ記録ノ整理、其法ヲ得ルニ非サルヨリハ、官吏照準ニ迷ヒ、人民信憑《しんぴょう》ニ苦ムノ弊得テ、免カル可カラズ」、「以上ノ理由ヲ以テ、行政庁ニ於テハ、記録ノ必専任ノ課局ヲ要スル所以《ゆえん》ヲ知ルニ足ル可ク、而《しこうして》又記録ノ整理・最其方法ヲ要スル所以ヲ知ルニ足ルヘシ」と記録専任の組織の必要を述べる。また、記録課の現状について、名称の変更、規模の伸縮、管理者の交換が度重なり、「直言スレハ、記録ノ整理、完全ヲ得サル者ハ、主トシテ此更革《こうかく》ノ多キニ因リテ然ルト謂フヘシ」と指摘し、「要ハ、明治政府ノ記録ヲシテ、其政令ノ変換頻数《ひんすう》ナルニ拘《かか》ハラス、首尾貫通終始一ノ如ク以テ、其性質ト効用トヲ全フシ、後世ニ迄準則トナサシム可キ事、実ニ本課ノ当務ナルヘシ」と結ぶ。

この建言に書かれていることは現在にも通じる内容と思われるが、小野は、諸外国の事情にも通じていた様子がうかがえる。

この建議案の後に綴じられている書類から、当時の状況が把握できる。一つは、小野が部下に対して書いたメモで、「別冊意見書ハ、参事院某氏ヨリ谷松書記官へ出セル者ニシテ、其意見ノ当否ハ姑《しばら》ク置キ、外聞ニテ記録課ノ得失便否ヲ論議スル事ノ少カラザルハ、之ヲ以テ其一端ヲ知ルニ足レリ（後略）」と書き出され、末尾に「本文ノ事柄、内示ニ属シ、未タ之ヲ公議ニ付ス可カラス、各位宜《よろし》ク此意ヲ諒シ、切ニ漏洩《ろうえい》ヲ戒メ給へ」と記されている。添付された別冊意見書は「太政官中ニ図書局ヲ設置セラルルヲ要スルノ意見」と題するものであった。さらに、その後に、記録課員が書いたと思われる書類が綴じられている。ここには、「記録課ノ事務ヲ拡張スルノ目的」が六項目にわたり記載されている。そのなかに「此ノ如クシテ、漸次、本課ヲ変シテ記録局ト為シ、独立ノ地位ニ進マシメ度（後略）」という文章も見える。また、この書類の記述から「記録課ノ処務ニ関スル建議案」は、記録課長であった小野が参事院に提出したものであったことがわかる。

以上のことから、その所管庁である正院が廃止された記録課には、外部からもさまざまな意見が出されていたことがうかがえ、これに対する小野課長以下課員の奮闘ぶりもうかがえる。「記録課ノ処務ニ関スル建議案」もその一環と考えられる。

3　内閣制における文書管理

内閣制の創設

一八八五（明治一八）年一二月二二日、これまでの太政官制に変わって内閣制が創設された。同日、内閣制創設の達「太政大臣左右大臣参議各省卿ノ職制ヲ廃シ、内閣総理大臣及各省諸大臣ヲ置キ、内閣ヲ組織ス」（太政官達第六九号）と「内閣職権」[24]が官省院庁府県に達せられる。

この内閣制創設の経緯について「太政大臣奏議」では、太政官と諸省との隷属関係を改め、「内閣ヲ以テ宰臣会議御前ニ事ヲ奏スルノ所トシ、万機ノ政専ラ簡捷敏活《かんしょうびんかつ》ヲ主トシ、諸宰臣入テハ大政ニ参シ、出テハ各部ノ職ニ就キ」と各省大臣の宰臣会議への参加により、各省大臣に国政運営と行政各部の長としての責任とを兼任させ、「万機ノ政専ラ簡捷敏活」を図ろうとするもので、政務の能率化をめざそうとしたものであった[25]。

太政官制から内閣制への移行は、大日本帝国憲法（以下「帝国憲法」と記載）制定と国会開設を踏まえた大きな制度の転換であったが、議会を軽視した行政権優位の内閣制度は多くの統治構造上の矛盾も有していた[26]。その重要なものの一つに内閣総理大臣の職務権限の問題があった。

内閣職権は、内閣機構の運営基準、主として内閣総理大臣の職務権限を定めたものである。その第一条は、「内閣総理大臣ハ、各大臣ノ首班トシテ機務ヲ奏宣《そうせん》シ、旨ヲ承テ大政ノ方向ヲ指示シ、行政各部ヲ統《とう》督《とく》ス」（傍線は筆者）と規定され、このほか、行政各部の成績の説明を求め、検明することができる（第二条）、行政各部の処分、命令を停止し、親裁を待つことができる（第三条）、法律命令で、各省主任の事務は、内閣総理大臣及び主任大臣が副署する（第五条）等、内閣総理大臣の強い権限が規定された。

ところが、帝国憲法制定後の一八八九（明治二二）年一二月二四日、「内閣官制」（勅令第一三五号）が制定され、内閣職権は廃止される。内閣官制では、第一条で「内閣ハ国務各大臣ヲ以テ組織ス」、第二条で「内閣総理大臣ハ、各大臣ノ首班トシテ機務ヲ奏宣シ、旨ヲ承テ行政各部ノ統一ヲ保持ス」（傍線は筆者）と規定され、内閣総理大臣の権限は大幅に縮小された。いわゆる、大宰相主義から各省大臣分任主義への転換である。この内閣職権の廃止と内閣官制の制定は、行政機関の組織の基準を定めた「各省官制通則」にも影響をもたらした。そして、それは後に述べるように、文書管理についても大きく影響することになる。

「文書繁多の弊」と内閣記録局の試み

先の太政大臣奏議のなかでは「大宝ノ制ニ依リ、太政官ヲ以テ諸省ノ冠首トシ、諸省ヲ以テ隷属ノ分官トス、此レヨリノ後、諸省ハ専ラ指令ヲ太政官ニ仰キ、太政官ハ批ヲ下シテ施行セシメ、凡ソ文書ノ上奏スル者ハ、皆太政官ニ経由シ、往復ノ間、省ノ寮ニ於ケルニ均シ」と太政官における文書繁多の状況が述べられている。また、一八八五（明治一八）年一二月二六日、各省大臣に対して出された達「各省事務ヲ整理スルノ綱領」（以下「官紀五章」と記載[27]）でも、「繁文ヲ省ク事」が規定された。「維新ノ後、旧ヲ変シ

表2　明治19年公文編纂の概要

公　文	記録文書	編纂，謄写の有無等
第一類：法律規則の類	類聚：公文類聚	副本を謄写。謄写校合の後，原書，副書を各部門に分けて編纂。原書は書庫へ，日常の使用は謄本で
第二類：制規によって施行するものの類	編年：公文雑纂	各庁に分け，年月順に編纂。副本を謄写。編纂順序等は公文類聚に同じ
第三類：一時的なもので，他日の考拠とならないもの及び官吏身分に関する雑事の類	記帳：官吏雑件ほか	副本の謄写は不用。官吏雑件は本文と要旨を記録し，原書は整理合綴して保存

出典）「記録編纂仮規則」をもとに作成。

新ニ就クノ際、下司ノ上司ニ稟請《りんせい》シ、命ヲ得テ始メテ施行スルヲ例トシ、細大多端往復織ルカ如ク相因テ一ノ慣習ヲ成シ、一令出ルコトニ疑問百出、経伺ノ文簿積テ堆ヲ為シ、（中略）此レ従前、各省及太政官ノ事務繁劇、官吏冗多ナル所以ニシテ（後略）」（維新の後、古いものを変えて新しいものに取り組む際、下級官庁が上級官庁に伺いを立て、上級官庁の命令を受けて初めて施行することが例となり、細事や大事の多岐にわたる文書のやり取りが織るようになされ、それが一つの慣習をなし、一令が出るごとに疑問が百出し、上級官庁に対する伺いの書類がうずたかく積み重なった。これが今までの各省や太政官の事務が多忙となり、官吏が無駄に多すぎる理由であり）と「文書繁多ノ弊」を指摘、公文の停滞が施政の大弊であると述べている。改善策として、布告の法律に説明書を付すこと、府県庁長官や一局部の長が明文の法律命令を施行するときは経伺の必要のないこと等が指示された。さらに、公文を停滞させない方法の一つとして「文書ニ記録ノ要用ト不要トヲ分テ、其不要ナル者ハ件銘日時ヲ日記ニ登録スルニ止メ、原文ノ謄写ヲナササル事」と規定された。太政官正院でなされてきた類聚を編纂して記録を残すという方法は、見直されることとなる。

内閣制創設二日後の一八八五（明治一八）年一二月二四日に内閣記録局が設置された。先に述べた小野正弘が次長に昇格し、新たな業務が展開される。[28] 内閣記録局は、太政官制時代の各種編纂事業を引き継ぐことになるが、その編纂方法は、大きく改められる。記録局設置の翌月の一月四日には、「記録改良順序ノ梗概《こうがい》」[29]を定め、「官紀五章」を踏まえた編纂業務の見直しを行う。記録改良の順序によると、公文録は、「従前ノ法ヲ以テ編次スルハ、十八年十二月三十一日ヲ限リ、之ヲ廃止ス」、公文類聚は、「明治十六年ノ諸公文、則チ第七編迄ハ旧例則ニ拠リテ編纂スヘシ」、布令便覧は、「従前ノ例則ニ拠リテ編纂スルハ、十八年十二月三十一日ヲ限リ之ヲ廃止シ、追テ新タニ例則ヲ設ケテ更ニ之ヲ編成スベシ」とされた。一八八六（明治一九）年一月一九日、「記録編纂仮規則」[30]が定められ、表2のように、公文を三類に区別し、編纂方法も三区分にした。編纂部類を整理することにより、事務の効率化を図ろうとしたと考えられる。

「内閣記録局報告」によると同局では、このほか、公文原書の受領と保存、各省庁の閲覧への対応、記録貸出、不要文書の廃棄、記録目録の整頓等の業務を行っていた。各省から送付のある公文原書は、年平均五七〇〇冊を受け入れている。その内容は、内閣各局の文書と各省の法規関連の文書である。とくに、帝国憲法公布の一八八九（明治二二）年は、受領文書が多く、各省で憲法制定前後に法規が整備された様子がうかがえる。「この新内閣制度設立期には、明治一八年から二二年前後にかけて、膨大な官制が勅令として公布されていた」といわれている［赤木　一九九一：三七五］。

また、一八八五（明治一八）年、内閣記録局は、「記録需要者質問ノ大要」[31]を各局へ回示する。各局への文書には、質問の大要四点を掲げ、「当務官吏、其事実ヲ挙ゲテ質問アラバ、直ニ参考準拠トナルベキ文書ヲ検尋《けんじん》シ、務メテ其需用ニ応センコトヲ期ス」とし、機密の漏泄《ろうせつ》についても守秘は徹底しているので心配することはないと記されている。ここからは、総理大臣直轄局となった新たな体制のなかで、記録局の利用者に対してアピールしたいという気持ちが読み取れる。

一八八六（明治一九）年二月一五日には、「記録図書目録記載ノ区別」[32]の見解がまとめられ、公布できる書類は「図書目録」へ、公布できない書類は「記録目録」へ記載することになった。一八九二（明治二五）年一一月には、「法規分類大全」や「明治職官沿革表」が記録課から内閣文庫へ移管されている［内閣文庫百年史：一三］。ちなみに、内閣文庫は、一九〇七（明治四〇）年七月、限定的ではあるが、その所蔵資料が公開される［内閣文庫百年史：四四〇］。

さらに、一八八六（明治一九）年一二月一八日、「記録目録凡例」が制定される。[33]「記録目録凡例」は、目録を、公文・巡行録・日記・上書建白・職務進退・公文類聚・家記・年報報告・件名簿・単行書・記録材料・諸帳簿の一二類に分けたものである。「これ以降、同局によって編纂された内閣の文書は、この『記録目録』に順次書き加えられていった」とされている［中野目　二〇〇〇：一二八］。

4　各省官制通則の制定と文書管理

各省官制通則に規定された記録課の設置

一八八六（明治一九）年二月二六日、各省官制通則（勅令第二号）が制定された。各省官制通則は、行政整理の指針を示した「官紀五章」を具体化した各省の統一的な法規で、大臣の権限、職制・組織等、各省の共通事項が規定された。これまでに進められてきた行政組織の整備は、「各省官制の制定により、一応の完成を見る」とされている〔門松　二〇一〇：三四〕。

このとき制定された各省官制通則は、「内閣職権」に基づくものであったが、文書管理にとって重要な内容が規定されていた。それは、通則第三六条で「各省総務局ニ、文書課、往復課、報告課及記録課ヲ置キ、其事務ヲ分掌セシム」、第四〇条で「記録課ハ、其省及省中各局課一切ノ公文書類ヲ編纂保存ス、各省中記録局ノ設ケアルモノハ、別ニ記録課ヲ置カス」と規定し、第五三条では、「各省処務規程中公文ノ取扱順序ハ、左ノ条項ニ依ラシム」とし、以下第七〇条までの各条項において、文書取り扱いの条文を定め、第七一条で「各局課ノ文書、処分済ノモノハ、之ヲ記録局又ハ記録課ニ送付ス（後略）」と規定した。各省における記録課（局）の必置とその事務分掌を定め、文書の作成から処分済文書の処理までを統一的に規定して、これを勅令により制定したという点において、大きな意味のあるものであったといえる。

各省ではこの通則に基づき、処務順序、処務規程、文書保存規則等を定めることになった。各省でその省務を統轄する総務局の所管として、文書課（省中各局成案の回議を審議し諸文案の起草を分掌）、往復課（各省に到達する公文書類および成案文書の接受発送を分掌）、報告課（各局課について統計報告の材料を採輯し、統計報告を調整して大臣の査閲に供し、官報掲載の事項の官報局への送致を分掌）、記録課（其省および省中各局課一切の公文書類の編纂保存を分掌）が設置されることになる。同時に定められた各省官制の各則では、外務省、司法省、逓信省、大蔵省に記録局（課）について規定した条文が見え、また、陸軍省は総務局所管の第一課の所掌事務に「諸公文書ノ聚輯保存ノ事」が、海軍省は大臣官房の所掌事務に「通則ニ依リ各省総務局記録課ノ所掌ニ属スル事項」が規定されている。このほか、各省の諸規程のなかで、内務省、文部省に記録課の規定が見える。

　このように、各省庁の文書管理に関わる統一的な規程が設けられたのは初めてであり、内閣制への制度改革の時点で、「官紀五章」の制定とあわせて、このような勅令が出されたことは、以後の文書管理に大いに期待がもてるものであった。しかし、通則にこのような規定を設けることに反対の意見もあった。井上馨は、明治一九年二月二日付けで、内閣総理大臣伊藤博文に対し、「各省官制通則草案御送付熟読仕《つかまつり》候《そうろう》。（中略）〇公文取扱順序は此通則に並従するは余り子細に過ぎ可申に付、各省章程に付加する方穏当歟《か》と愚考仕《つかまつり》候《そうろう》。（後略）」という一文を寄せている[34]。にもかかわらず、通則にこの条文が盛り込まれたことは、「官紀五章」のなかで、「文書繁多の弊」を指摘したことと同様に、伊藤の文書管理に対する強い関心がうかがえるものでもあった。しかし、伊藤が総理大臣を退いた後、この通則は、内閣官制の制定とともに改正されることになる。

「各省官制通則」の改正と文書管理の条文削除

一八九〇（明治二三）年三月二七日、各省官制通則が全部改正（勅令第五〇号）される。記録局（課）の設置とその分掌を定めた条文、公文の取り扱いを定めた条文が削除された。何故に削除されたのか。それには、次のような要因があった。

「各省官制通則」は、帝国憲法公布後、二つの改正案が作成されている。一つは、黒田内閣で閣議決定された「各省官制通則改正案」[35]である。黒田首相が一八八九（明治二二）年二月下旬に、官制改正に関することを取り調べ、各省官制を審査するため、内閣に設置した「官制調査委員会」が作成したものであった。このときの委員会のメンバーは、法制局長官の井上毅を委員長とし、委員は、内閣書記官長の小牧昌業、法制局書記官の曾禰荒助、内閣総理大臣秘書官兼法制局参事官の牧野伸顕、内閣総理大臣秘書官の渡邊廉吉、法制局書記官の水野遵、内閣記録局長の股野琢である。この改正案では、第二九条に総務局所管の各課が規定されており、そのなかに記録課も含まれていた。閣議決定された「各省官制通則改正案」は、一八八九（明治二二）年七月、各省に回付され、各省はこれに基づいて其省の官制改革案を出すよう指示されている。このとき、官制調査委員会で内閣職権の改正を検討した形跡は見当たらない。「各省官制通則改正案」は、「内閣職権」のもと作成されたものと考えられる。また、官制調査委員会では、帝国憲法公布後も内閣職権の改正の必要を考えていなかったともとれる。「黒田首相や、その下で実質的な責任者として官制通則の改正を進めていた井上毅に、『内閣職権』を廃止して新たな内閣制度を創設する積極的な意思はなかった」［坂本　二〇〇五：一五二］とされている。以上のことから推測すれば、内閣職権が帝国憲法との整合性が問われるという見解は、当時の法制官僚において必ずしも一致した考え方ではなかったともいえる。

もう一つは、一八九〇（明治二三）年三月二七日、山県内閣のもとで全部改正された各省官制通則（勅令第五〇号）である。山県は、官制調査委員会のメンバーを、委員長に内閣書記官長の周布公平、委員に内閣書記官の谷森眞男、法制局参事官の平田東助、法制局書記官の曽禰荒助、内閣記録局長兼内閣官報局長の牧野伸顕、法制局書記官の水野遵に変更した(36)。周布公平は長州藩出身であり、平田東助は山県の側近といわれた人物であった。この委員会が作成した通則改正案には、記録局（課）の設置とその分掌を定めた条文、公文の取り扱いを定めた条文が削除されていた。

双方の改正案は、ともに帝国憲法公布後に作成されたものであり、法的な背景は変わらぬものであったが、異なるのは、山県が内閣制度の改革を強く望んだことである。山崎丹照によれば、山県は黒田内閣崩壊の原因を「内閣制度自体に内在する制度的欠陥より来るもの」だとし、「鋭意内閣制度の改革に関して考察をめぐらした結果」、制度改革に関する奏議がなされるに至ったという［山崎　一九四二：一一二］。また、坂本一登は、山県には、「『内閣職権』に規定されたような政治全般を指揮する総理大臣像を期待されることに抵抗があった」とし、「総理大臣の重責を緩和する内閣制度改革は避けて通れない措置」であったとする［坂本　二〇〇五：一五六―一五七］。

一八八九（明治二二）年、内閣職権が廃止され内閣官制が定められた。いわゆる大宰相主義から各省分任主義への移行である。内閣官制では、各省大臣の権限が大幅に強められたが、各省の行政長官が天皇輔《ほ》弼《ひつ》の大任を有する国務大臣であることは、「行政各省の地位は著しく向上したことになる。従って新制度の下に於いては、各省が国家公益の名の下に競って其の各箇の政策事務の拡張を図らんとする傾向に向かふことは、蓋《けだ》し容易に想像さるるところである」〔山崎　一九四二：九〇〕と指摘しているように、行政機関のセクショナリズムが生じる原因の一つでもあった。

そうしたなかで、官制委員会では、文書管理を所管する「総務局」の設置に関わる規定の取り扱いが検討されていた。総務局は各省中省務の全部を統轄するものとされ、次長が総務局長となっていた。当時、「総務局を置くとその勢力が各局を牽制して局長の権限を害する」という意見、「総務局を廃すれば大臣官房において統制をする事になり、秘書官、書記官の検制を強めることになる」という意見等が出されるなかで、一八九〇（明治二三）年三月二〇日、官制調査委員が「各省官制通則改正ノ理由」(37)を上申する。その概要は、次のようなものであった。

現行の官制通則では、各省に総務局をおくことを本則としているが、総務局をおかない変則を用いる省が多くなった場合は、「総務局ヲ置ク」の本則を改めて「総務局ヲ置クト否トハ各省ノ便宜ニカ任セ、其官制ニ就テ各之ヲ定ムルノ穏当《おんとう》ナルニ如《しか》ス」、また、各省中各課の分課についても、「各省中ノ各課ノ如クモ、今回ノ官制改革案テハ、各省事務ノ都合ヲ以テ自由ニ之ヲ廃置シ得ルニ由リ、其各課ノ処務綱領ヲシテ仍ホ官制通則中ニ存セシムルハ、徒法《とほう》タルヲ免レス」と結論した（傍線は筆者）。

このことにより、明治一九年の各省官制通則に規定された「各省総務局ニ、文書課往復課報告課及記録課ヲ置キ、其事務ヲ分掌セシム」（第二六条）、「記録課ハ、其省及省中各局課一切ノ公文書類ヲ編纂保存ス（後略）」（第四〇条）、各省の総務局への記録課の設置または記録局の設置と総務局におかれた各課の分掌、そして「各省処務規程中公文ノ取扱順序ハ、左ノ条項ニ依ラシム」（第五三条）として第七〇条まで規定した文書取り扱いの条文、「各局課ノ文書処分済ノモノハ、之ヲ記録局又ハ記録課ニ送付ス（後略）」（第七一条）の条文が削除された。ちなみに、同様に削除された会計事務に関わる条文は、一八八九（明治二二）年二月一一日に、会計法（法律第四号）が制定されたことによるものであった。

この結論を見る限り、官制調査委員会の官僚主義的な思考が目立つ。それは、「穏当ナルニ如ス」に表れている責任を曖昧にして組織の調和を図ろうとする考え方であり、「徒法タルヲ免レス」とした、通則中に規定することの趣旨を考えず、条文の解釈のみにこだわる官僚の負の論理である。全部削除された記録課や文書管理に関わる規定そのものについては何一つ議論されないままであった。この後、各省の文書管理に関わる統一的な規程が法律で定められるのは、約一三〇年後の公文書管理法を待たねばならなかった。

明治二三年に改正された各省官制通則（勅令第五〇号）では、第二一条で総務局の設置を規定し、その分掌として「一　各局ノ成案ヲ審査シ及公文ヲ起草スルコト、二　公文書類及成案文書ヲ接受発送スルコト、三　略、四　本省及省中各局課一切ノ公文書類ヲ編纂保存スルコト、五　略」が規定され、第二二条で、「各省ノ便宜ニ従ヒ総務局ヲ置カス、大臣官房ニ於テ其事務ヲ掌ルコトヲ得」とされたが、分課の規定はない。

記録局（課）の設置は、統一的な規程に基づくものではなく、各省の分担事務として、各省に任されたものとなった。文書管理の視点からすれば、記録局（課）は、各省での設置根拠を失ったことになる。これ以降、記録組織の存在基盤は希薄になり、大蔵省は記録局を廃止、外務省では記録局を記録課に、内務省では記録課を文書課記録掛とする。その機能は、記録組織の名称とともに縮小され消滅していくことになる。ちなみに、一八九三（明治二六）年一〇月三一日、内閣記録局は内閣書記官局記録課となり、一九四二（昭和一七）年、内閣官房総務課に吸収され、「記録課」という組織の名称は消滅する。

公文書管理の所管は、明治二四年の各省官制通則の一部改正（勅令第八一号）で総務局から大臣官房に移され、明治三三年の同通則一部改正（勅令第一六一号）で再び総務局へ、明治三六年の同通則一部改正（勅令第二〇八号）で大臣官房に移るという経過をたどり、公文書管理を所管する組織は、総務局と大臣官房の間を行き来することになる。

おわりに

近代の文書管理において、太政官や内閣および各省庁に設置された記録局や記録課等の記録組織の存在は大きな意味をもった。施行済文書を一手に引き受け、類聚の編纂と文書の保存を行い、行政機関の職員の閲覧利用にも対応した。文書の受付から施行、施行済文書の保存までの一貫した処理に関わった時期もあった。しかし、内閣制度創設後に大きく変化する。内閣制度創設のこの期は、文書管理の体系化について検討する絶好の機会であったと思われるが、文書繁多の弊を指摘しながら、政府はそうした各省を横断する総括的な検討の場を設置しようとはしなかった。諸外国のようにその専門家をおこうとはしなかった。日本ではそのような専門家が育っていなかった、育てる必要を考えなかったという状況にあった。かつておかれた記録課のような専任の組織と人材を欠いた状況のなかで、法規は細かく整備されても、その実態が伴わなかったといえる。文書管理の分掌は、組織の中枢機関にありながら、その実態は官制の片隅に追いやられた感がある。文書管理は、各省庁の官制のもと、国民の目が届かない、行政組織の奥深くに閉じ込められてしまうのである。

その後、行政機関の文書の管理と公開の問題が、全国的に注目されるようになるのは、一九八七(昭和六二)年の「公文書館法」(法律第一一五号)と一九九九(平成一一)年の「行政機関の保有する情報の公開に関する法律」(法律第四二号、以下「情報公開法」と略記)の制定であったが、文書管理を主導できる法律ではなかった。公文書館法の制定により、日本のアーカイブズ制度は、初めて法的な根拠を有することになったが、同法が対象とする公文書は、「現用のものを除く」とされており、行政機関が定めた保存年数が経過した文書である。行政執行のなかで活用されている現用の文書の管理には、立ち入っていない。また、専門職員の配置については規定されているが、附則で「当分の間(中略)置かないことが出来る」とされ、その状況は、現在までも続いている。一方、情報公開法では、「情報公開と文書管理は車の両輪」といわれながら、行政文書の管理については、「行政文書の管理」(同法三七条)で、政令に委任され、「行政文書の管理に関する定め」(同法施行令第一六条)で、行政機関の長がその満たさなければならない要件を規定したにとどまっている。この具体化は、「行政文書の管理方策に関するガイドラインについて」で、

「各省庁事務連絡会議申合せ」により取り決められたものであり、法的な効力は弱く、また、文書管理に国民が関与できるものではなかった。

情報公開制度は、国よりも地方公共団体が先行した。神奈川県は、一九七九年五月に県民部を中心に組織的な検討を開始している[38]。一九八二年に山形県の金山町が、日本で初の「公文書公開条例」を制定した。国では、一九八〇（昭和五五）年に、大平内閣が情報公開制度の整備を政策課題として掲げ、「情報提供に関する改善措置等について」の閣議了解がなされた。「この閣議了解は、各省庁の公文書の国立公文書館への移管を促進するとともに、公文書に記録された情報の公開施設として公文書館の性格を改めて方向づけるものであった」、「しかしながら、（中略）その後約三〇年もの間、公文書館制度は行政運営の周縁部に位置づけられることはあっても、新たな政策の形成・決定過程において決して大きな役割を期待されることはなかった」とされる［下重 二〇一四：三一四］。

二〇〇九年の公文書管理法を得て、初めて国民が関わる手段が確保されたといえる。「公文書等が、健全な民主主義の根幹を支える」ものであるならば、その公文書に国民がアクセスできる権利が保障されなければならない。そのためには、どのような文書が作成され、どのように管理・保存されているか、それは合法的なものか、についての透明性が確保される必要がある。国民が関心をもち、関わり続けていくことによって、「公文書等が、健全な民主主義の根幹を支える知的情報資源」になりうると考えられる。そして、その基盤となる制度が、公文書管理法[39]であり、情報公開法であり、公文書館制度（アーカイブズ）である[40]。

〔注〕

（1）本章が対象とした明治期は、「文書管理」という文言は使用されていなかったが、本章では文書に関わる事項を制度という視点からとらえ、「文書管理」と表記した。

（2）「総裁局ヲ置ク」、内閣記録局編『法規分類大全』第一編、官職門二、一八八九年、一一九頁。

（3）「弁事分課ヲ定ム」、前掲『法規分類大全』第一編、官職門二、一二五頁。

（4）前掲（3）に同じ。

（5）「記録局沿革」、日本史籍協会編『太政官沿革志』八、東京大学出版会、一九八七年覆刻、一五頁。

（6）「弁官ヲ廃ス」、前掲『法規分類大全』第一編、官職門二、一四三頁。『法令全書』明治四年七月一四日、太政官第三五六。

（7）『法令全書』、明治四年八月四日、太政官第三九二。

（8）「記録局沿革」、前掲『太政官沿革志』八、二七―二九頁。

（9）『法令全書』、明治三年四月五日、太政官布告第二六七―二七〇。

（10）「太政官職制章程」、前掲『法規分類大全』第一編、官職門二、一四五頁。『法令全書』明治四年七月二九日、太政官第三八九。

（11）「正院処務順序」、前掲『法規分類大全』第一編、官職門二、一五六頁。

（12）「外史官事務章程」、前掲『法規分類大全』第一編、官職門二、一七二頁。

（13）「正院分課ヲ定ム」、前掲『法規分類大全』第一編、官制二、一五八頁。

（14）「修史局沿革」、『太政官沿革志』九、二二六頁。

（15）「内史官事務章程」、前掲『法規分類大全』第一編、官職門二、一七一頁。

（16）「記録課章程並編纂処務順序」、国立公文書館所蔵『記録局諸則沿革録一』帳〇〇〇五二一〇〇。

（17）「太政官職制章程」、前掲『法規分類大全』第一編、官職門二、一五九頁。

（18）「太政官正院事務章程」、前掲『法規分類大全』第一編、官職門二、一六四頁。

(19)「正院ノ称及大少史主事法制官以下ヲ廃シ書記官属官ヲ置ク」、前掲『法規分類大全』第一編、官職門二、一八六頁。
(20)「公文類別ノ議上申」、国立公文書館所蔵『公文録』、明治一〇年第二巻、公〇二〇〇九一〇〇。
(21)内務省では、一八七五(明治八)年七月一二日制定の「第二局編纂処務順序」(『法規分類大全』第一編、官職門九、官制、内務省二、二〇二頁)、大蔵省では、明治一一年二月一六日制定の「編纂条例並部門分纂編入則」(『近代日本公文書管理制度史料集』[以下『史料集』と記載]六九三頁)、外務省では、明治一三年一二月制定の「記録局処務順序改正」(『史料集』四五二頁)で文書の類別の規定が見られる。
(22)「記録局沿革」、前掲『太政官沿革志』八、六九頁。
(23)「記録課ノ処務ニ関スル建議案」、国立公文書館所蔵『記録局諸則沿革録記録課之部四』、帳〇〇〇五五一〇〇。なお、「小野正弘の建議案」については、渡邉[二〇一三:三六―五六]に詳述した。
(24)「内閣職権ヲ定ム」、『公文類聚』第九編、明治一八年第一巻、国立公文書館所蔵、類〇〇二二六一〇〇。
(25)「官制改定ノ詔附太政大臣奏議」、『公文類聚』第九編、明治十八年第一巻、国立公文書館所蔵、類〇〇二二六一〇〇。
(26)辻清明はこの内閣制度を「形式的には近代的立憲性、本質的には封建的藩閥性という二重の性格の上に築かれた矛盾した存在」と位置づけている[辻 一九六九:八八]。
(27)「各省事務整理綱領」、前掲『法規分類大全』第一編、官職門二、七五頁。「各省事務整理綱領」、『公文類聚』第九編第一巻、国立公文書館所蔵、類〇〇二二六一〇〇。
(28)内閣記録局の法規や業務については、渡邉[二〇一三:三六―五八]に詳述した。
(29)「記録改良順序ノ梗概」、国立公文書館所蔵『諸帳簿・内閣記録局日記・自明治十八年十二月至同十九年十二月』「内閣記録局日記附録」、帳〇〇〇九二二〇〇。
(30)「記録編纂仮規則」、国立公文書館所蔵『規程例則原按簿』総〇〇六〇三一〇〇。
(31)「記録需要者質問ノ大要」、国立公文書館所蔵『諸帳簿・内閣記録局日記・自明治十八年十二月至同十九年十二月』、

「内閣記録局日記附録」、帳〇〇〇九二一〇〇。

(32)「記録図書目録記載ノ区別ヲ定ム」、国立公文書館所蔵『諸帳簿・記録局諸則沿革録六・自明治十九年至同二十年』、帳〇〇〇五七一〇〇。

(33)「記録目録凡例ヲ定ム」、国立公文書館所蔵『諸帳簿・記録局諸則沿革録六』帳〇〇五七一〇〇。

(34) 伊藤博文関係文書研究会編『伊藤博文関係文書 一』塙書房、一九七三年、二〇〇頁。

(35)「各省官制改正標準ヲ定ム」、前掲『法規分類大全』第二編、官職門一、二一一七頁。

(36) 前掲(35)に同じ。

(37) 前掲『法規分類大全』第二編、官職門一、一二頁。

(38)「〈鼎談〉情報公開法要綱案をめぐる基本的問題」『ジュリスト』一一〇七号、有斐閣、一九九七年、六頁。

(39) 公文書管理法の附則第一三条において、法律の施行後五年を目途として施行の状況について検討を行い、その結果、措置を必要とする事項があれば、その措置を講じる責務を政府に課している。その五年後は、二〇一六(平成二八)年となる。

(40) 本章では、太政官制と内閣制の創設期に視点をあて、近代における政府の公文書管理制度の構築過程について述べた。しかし、書きされなかった部分が多々ある。内務省、外務省、文部省等の各省でも文書管理の組織や法規、処理方法について検討がなされていたことを付け加えておきたい。

本章で取り上げた史料については、中野目・熊本編[二〇〇九]も参照した。大いに参考になったことを記しておきたい。

また、本文中に記述したもののほか、以下の文献を参考にした。高橋[一九八二:二三八—二六六]、内閣制度百年史編纂委員会[一九八五]、山中[一九八七:六一—八八]、吉井[一九八一:六三—一三七]。

〔文献一覧〕

赤木須留喜『〈官制〉の形成——日本官僚制の構造』日本評論社、一九九一年

門松秀樹「内閣制度の創設と帝国議会の成立」笠原英彦編『日本行政史』慶応義塾大学出版会、二〇一〇年
国立公文書館編『内閣文庫百年史』国立公文書館、一九八五年
坂本一登「明治二十二年の内閣官制についての一考察」犬塚孝明編『明治国家の政策と思想』吉川弘文館、二〇〇五年
下重直樹「内閣補助部局における記録管理の史的展開――政策形成とアーカイブズに関する試論として」『北の丸―国立公文書館報』第四六号、国立公文書館、二〇一四年
高橋喜太郎「明治前期を中心とした政府の記録組織の変遷等について」岩倉則夫・大久保利謙編『近代文書学への展開』柏書房、一九八二年
辻清明『新版　日本官僚制の研究』東京大学出版会、一九六九年
内閣制度百年史編纂委員会『内閣制度百年史』上・下巻、大蔵省印刷局、一九八五年
中野目徹「内閣記録局の公文編纂――初代次長小野正弘の『非職』まで」加藤周一ほか編『日本近代思想大系』二〇附録、岩波書店、一九八九年
中野目徹「内閣記録局小史――太政官・内閣文書の編纂と保存」『日本歴史』第六二八号、二〇〇〇年
中野目徹・熊本史雄編『近代日本公文書管理制度史料集　中央行政機関編』岩田書院、二〇〇九年
山﨑丹照『内閣制度の研究』高山書院、一九四二年
山中永之祐「内閣制度の形成と展開」日本行政学会編『内閣制度の研究』(年報行政研究二一)、一九八七年
吉井蒼生夫「中央権力機構の形成」福島正夫編『日本近代法体制の形成』上巻、日本評論社、一九八一年
渡邉佳子「明治期中央行政機関における文書管理制度の成立」安藤正人・青山英幸編『記録史料の管理と文書館』北海道大学図書刊行会、一九九六年
渡邉佳子「内閣制創設期における記録局設置についての一考察」『GCAS Report 学習院大学大学院人文科学研究科アーカイブズ学専攻研究年報』第二号、二〇一三年

第5章　戦前期日本における公文書管理制度の展開とその問題性

――「外務省記録」を中心に

千葉　功

はじめに

二〇一三年一二月に成立・公布され、一年後の二〇一四年一二月に施行された「特定秘密の保護に関する法律」（以下「特定秘密保護法」と略記）では、行政機関の長が「特定秘密として指定する」ことができる事項に、「外交に関する事項」が含まれている。特定秘密保護法の問題性はすでにさまざまな点から指摘・批判されているが、歴史学・アーカイブズ学の立場からは同法と公文書管理法・公文書管理制度との関係を不断に問い続けなければならない。

本章は以上の問題関心から、明治政府が江戸幕府の外交文書を接収してからアジア太平洋戦争にいたるいわゆる戦前期の、日本外務省における公文書管理制度の特質と問題性を、外交史料館所蔵の「外務省記録」を素材として考えようとするものである。現代の日本における公文書管理のあり方を大きく規定しているのが、実は戦前期に確立した制度や体制だからである。具体的には、戦前期の外務省が外交文書の処理のために作成した種々の文書規程とその実際の運用を分析することで、外務省における機密文書の取り扱いや外交文書の保存・管理などのあり方を見ていきたい。本章の分析で得られた知見が、単に戦前期の日本にのみあてはまるのではなく、きわめてアクチュアル、すなわち現代的な問題であることを示すことができたら、本章の目的は達成されるであろう。

1　公文書管理体制の基礎確定

江戸幕府の外交文書、すなわち嘉永六（一八五三）年[1]～慶応四（一八六八）年八月までの書類のうち、明治新政府へ原本のかたちで移管されたのは、文久元（一八六一）年～慶応四（一八六八）年八月（徳川亀之助が各国公使に「外国交際ノ事務」は朝廷に帰する旨を通告）のものに限定されていた[2]。明治二（一八六九）年七月八日に創設された外務省では、早くも幕府から引き継いだ書類ならびに新政府の外交記録の意義を認めて、明治二（一八六九）年一一月の省中掲示で「条約書入長持、外国往復ノ原文、諸懸御用留類」は大切な書類であるから、出火の際はすぐに持ち出すようにせよと告示している［外務省百年史編纂委員会編一九六九：一二九七］。

明治三（一八七〇）年四月制定の「外務省軌範」では、省中緊要の分課として書簡掛・編輯《へんしゅう》掛の二課に関する規定が設けられた。書簡掛における大少録の職掌は「御国書ヲ始《はじめ》少丞〔ママ〕ニ至ルマデ、都《すべ》テ外国江《え》附授スル文案ヲ勘署シ、是ヲ上官ニ出ス。但其書中ノ事件ニ付異見アレバ、直ニ弁論スル許可ヲ受」(3)、編輯掛の大少録の職掌は「外国往復ノ書簡ヲ始《はじめ》省中ノ諸書ヲ一括シ、事跡分明ニシテ後来撿閲《けんえつ》シ易ク編輯スルヲ司ル」というものであった〔中野目・熊本編 二〇〇九：四四一—四四二〕。

書簡掛・編輯掛は、明治四(一八七一)年八月にそれぞれ公書課・編輯課に改組された。編輯課は第一科と第二科の両科によって構成されており、第一科は「大政一新以前ヨリ初メ外交関係ノ旧記」、すなわち旧幕府から引き継いだ「続通信全覧」の編集業務を、第二科は「事ノ新旧ヲ問ハス今日ニ至リ未夕決議ニ至ラサル者ハ、其事由ノ源委ヲ詳《つまびらか》ニシ、コレヲ編成シテ簡閲ニ供スルノ事務」を担当した(4)。

記録局の成立

外務省は一八七三(明治六)年一月、省中分課改正を行い、弁事局内に編輯課が設置された。編輯課は「外交ニ関スル内外往復ノ書翰式例其他異日ノ参考ニ供スヘキ者ヲ類別編輯記録スル事ヲ掌《つかさ》トル」部局であった。「編輯課」は、「記録編輯課」への改称を経て、翌一八七四年六月二四日の分局課改正によって、「記録局」に昇格した(5)。これは、その職掌の重要性に対する当時の外務省の認識をうかがわせる。初代局長心得には、幕府外国方としての勤務経験をもつ田辺太一が就任した〔外務省百年史編纂委員会編 一九六九：一二八〇、黒沢 二〇一二：一九九〕。

記録局の管掌は、「各国条約本書及ヒ約定書、其他各国公使等ヨリ我政府へ呈スル国書委任状、各国帝王ヨリ我天皇陛下ニ奉スル親書ヲ始メ省中新旧ノ書類都《すべ》テ、予備参考ニ便ナラシムル為メ整理編纂シ、又和洋漢一切ノ書籍類及ヒ新旧記録編輯既ニ成ルモノヲ整理貯蔵シ、或ハ天下ニ公告スルガ為《ため》之ヲ刊刻シ、都テ散逸ナカラシメン事ヲ管掌ス」るというものであった〔中野目・熊本編 二〇〇九：四四四―四四五〕。

記録局は所管事務に関して、一八七七年一月一一日までの状況をまとめている。(6) このうち、いわば同時代外交文書にあたる慶応四年八月以降分の「新記」に関しては、①「内地各庁往復書束《しょかん》」、②「外国公使ノ往復書束」、③「在外我公使領事トノ往復書」、④「外務卿ト各国公使トノ対話」に大別されるが、これらを国ないし官庁別に分け、月日順にまとめたものが「編年」である。また、「編年」とは別に、事項別に編纂したものが「類輯」であり、これらは二七部門に分類された。

ただし、この「新記」の編纂は困難をきわめた。一八七八年三月一九日付で、渡辺増雄・堀江弘貞が記録局長（花房義質）へ提出した「記録新記課事務要領」(7) によると、「新記」のうち①②は謄写課へ、③は公信局へ、④は卿輔附書記へそれぞれ掛け合い、謄写・校合のうえ返付することとなっていたのであり、卿輔附書記等より臨時に不明書類（「当時秘密ニ渉ルヲ以テ記録局ニ来ラス、多クハ主任者ノ手ニ泯滅《びんめつ》セシモノ」）の探索を命じられても、その痕跡さえ残っていないことが十中八九であった。また、編纂の際、欠けている文書の補充のため各局課および主任者に問い合わせても、「此ハ密書ナリ、取ルベカラス。彼ハ秘件也《なり》、与フベカラス」と言下に断り、それでも強いて求めると眼を怒らして色を変えて、「編輯者ハ新聞社ノ探偵者ニアラサルトキハ、則讎敵《しゅうてき》ノ間諜者タルモノト同一視」したという。渡辺・堀江は、「是豈《これあに》卞和《べんか》ノ泣冤《きゅうえん》スルモノニ非スヤ」（これは楚の国の卞和《べんか》が泣いて無実の罪を訴えたのと同じようなものではないか）と悲痛な声を上げている。

このような記録局の現状に対して、川本清一（記録副長）は花房義質（記録局長）の命により記録局改良の立案にあたり、一八七九年一二月、「記録局改良之議案第一号」「記録局改良ノ議案第二号」「記録局改良案第三」を花房局長へ提出した。このなかで、川本記録副長は記録局改良の主意を「其一　出入スル書簡類ノ要領ヲ記留シ、日々直ニ之ヲ果ス事」「其二　混乱シテ整頓ニ時日ヲ費ヤス書類ノ記録局ニ入来ル路ヲ塞ク事」とした。具体的には、記録甲課が本省に出入する一切の公文書の大意や日付・姓名を記録し、乙課は甲課から回送された文書を編纂するのである。結局、川本は「コ、ニ改良ノ眼目トスヘキハ、本省ニ出入スル書簡一切ヲ先記録ノ手ニ受ケ要領ヲ帳簿ニ記スルノ一事ナリ（中略）蓋《けだし》此一事ナキ上ハ、記録脱漏ノ責ヲ記録局ニ負ハシムルハ無理ト謂フヘシ。然《しか》レハ此一事コソ真ノ改良ニシテ、其他ハ柳末《りゅうまつ》ナリ」と述べて、本省に出入する一切の書類を、まず記録局で受領すべきであることを結論とした(8)。

しかしながら、一八七七年九月五日制定の外務省各局事務課目で規定された「卿輔附書記」、すなわち外務卿・大輔・少輔直属の書記は、本来の規定（外務卿と外国公使の応接筆記の作成、本省官員の勤怠表の調製）を超えて、実際には「政府ヘ申牒ノ秘密書ヲ始メ、内外往復ノ私信、機密信、或ハ機密ニ属スル電信等」をすべて起草・浄書し、他局課、とくに記録局受付課を経由しないで直接文章を扱う事態となっていたようである(9)。

一八八〇年一一～一二月に、「外務省処務順序」「公信局事務章程」「記録局事務章程」「書記課事務章程」「記録局庶務順序」と、文書行政としての三過程（文書処理・施行・保存）をカバーする規定が相次いで制定され、外務省における職制と公文書管理体制の基礎がおおよそ固まった［中野目・熊本編　二〇〇九：一一八七〕。

「記録局事務章程」（一八八〇年一一月一〇日外務省内達）によると、記録局の職掌は「本局ハ内外諸信ノ受付及ヒ配達、各国君主ノ批準《ママ》国書、其他内外往復ノ公信、書籍、図画類ヲ保管シ、且ツ外交ノ始末ヲ歴覧スルニ足ル可キ史伝ヲ編纂シ、公文書冊ヲ印刷スルヲ掌ル」（第一章）と規定された。外務省の来往信はすべて記録局受付課で受付簿ないし各所管局ごとの件目簿に登記することとされた（第二・三章）。また、編輯課は各局課より帰納する内外一切の公信原書を類別（たとえば、国別）編纂することとされた（第四〜六章）。さらに、編輯課では、在外使臣または日本駐在外国使臣と外務卿との間で往復された外交書信で、「外交上ノ障害トナル可キモノ、外其《ほか》肝要ナルモノ」を収集した『外交始末』を一年に一度刊行することとされた（第一四章）〔中野目・熊本編　二〇〇九：四五〇―四五一〕。

ちなみに、一八八三年一〇月制定の「外務省記録局処務順序」では、機密文書の引き渡しに関して、総則第六条に「但機密文書未タ結局ニ至ラサル者ト雖《いえど》モ、主任者一閲ノ後ハ必ス記録局長ニ送リ、其要領ヲ採録セル上之ヲ返付スルモノトス」と規定されていたが、この但し書きは削除されてしまった[10]。

また、一八八〇年一一月に制定された「公信局事務章程」の旨趣に基づいて、一八八一年六月一三日に公信局長（中上川彦次郎）から通達された各課処務規程のうち、「機密信取扱規程」ならびに「機密電信取扱規程」によると、公信局長が直管する機密信・機密電信は「一時機密ヲ要スルモノ」と「恒久機密ヲ要スルモノ」とに区分されたうえで、前者に関しては事済の後、「秘書部員」に交付され、同部員が「月日記名信号要領」を簿記して記録局に送付するとされた[11]。しかし、機密信・機密電信のうち「恒久機密ヲ要スルモノ」の取り扱いについては判然としない。

以上述べてきたように、一八八〇年の改正によって、機密信を含む来往信とも記録局受付課を経由することが原則とされたのである。しかし、実際はその原則が完全に順守されることはなかったと思われる。

2　内閣制・明治憲法と公文書管理体制

一八八五（明治一八）年一二月、太政官制度が廃止され、新しく内閣制度が創設されたことは、当然ながら外務省の機構と文書行政にも影響することとなった［中野目・熊本編　二〇〇九：一一八八］。ただし、公文書管理体制に関しては、大幅に変更されたというよりも、内閣制度創設にあわせて細則を整備した側面が強い印象を受ける。一八八六年二月二四日付で記録局長より回達された「編輯課処務細則」では、機密漏洩に関して次のような規定が盛り込まれていた。

第十条　本省文書ハ、一トシテ外交上ニ関セザルハナシ。故ニ其文書ニ秘密ノ記号ナキモノト雖《いえ》トモ、総テ機密ノモノト心得、決テ其事項ヲ他ニ漏洩スヘカラス。若《も》シ漏洩スル者アルトキハ、局長ヨリ大臣次官ニ具稟シ、相当ノ処分アルモノトス［中野目・熊本編　二〇〇九：四五六－四五七］

問題になった「機密」濫用

しかしながら、外務省内では「機密」の濫用がすでに問題となっていた。前月の一月二八日付で、井上馨外相は在外各公使・領事官へ機密信の濫用について通牒を発している。それによると、すでに新聞紙に掲載され世人の公有となったもの、任国社会の近況を叙記したもの、機密ではない電報写を送付したもの、内外人叙勲請求や通常の官員進退など機密を要しないものまで、何でも機密信にすることは本省における事務取り扱い上きわめて煩雑なので、真実機密にわたるものに限定するよう注意している[12]。

明治憲法が発布され、帝国議会の開会を目前に控えた一八九〇年三月二七日に各省官制通則が改正された。それに伴い、外務省官制も六月二七日に改正され、一八七四年以来存続した「記録局」が廃止されて「総務局記録課」となった。外務省では、課への格下げ容認から局の存置へ、局の存置から課への格下げ容認へと二転三転して、結局は各省官制通則に準拠することとなったのである[13]。

さらに、一八九〇年一一月〜一八九一年一一月にかけて諸規定が相次いで制定され、明治憲法体制の成立に伴う文書行政全般の見直しが外務省においても図られた〔黒沢 二〇一二：二〇五〕。そのうちの一つである「総務局記録課処務規程」（一八九〇年一二月制定）によると、記録課には機密掛・編纂掛・保管掛・図書掛の四課がおかれる（第一条）。機密掛は記録課長の指揮により親書・図書・条約書を保管する（第三条）とともに、「機密文書ノ受付、発送、浄書、編纂、保管等諸般ノ務」に服する（第四条）と規定された。機密掛は「総テノ機密事件ノ終結ヲ告タル文書」を編纂し目録を付し、さらには保存期限を印記して保管する（第八条）が、その文書保存の期限終了のものは記録課長へ差し出し、「棄却」の手続きをすることになる（第一〇条）［中野目・熊本編　二〇〇九：四五八―四六一］。そして、「記録課長ノ直轄ニ属スル最機密文書」には「外務省記録文書編纂規則」（一八九〇年一二月一五日制定）は適用されなかった（第四条）［中野目・熊本編　二〇〇九：四六一―四七〇］。

この時期の文書行政整備においてとくに注目されるのが、「外務省記録課文書保存規程」（一八九〇年一二月一五日制定）の制定である。外務省記録課に保存する文書は永久・二〇年・一二年・七年・三年・一年の六類の保存期限が定められ、六類それぞれと類外（即時棄却）に該当する文書の種類が詳細に規定されている。ちなみに、永久保存文書の筆頭の二つは、「一、各国ト締結交換セル一切ノ条約書、覚書、宣言書、加盟書、承認書ノ類」「一、御国書、御親翰、信任状、認可状、領事委任状、全権委任状ノ類」となっており（第一条）、最終的に諸外国と締結した条約書原本のほうが、政策決定過程で作成された外交文書よりも上位におかれている。そして、保存期限を経過した文書は、記録課長の査閲と各主管局課長への協議のうえ、大臣または次官の決裁を経て「廃棄」するとされたのである（第四条）［中野目・熊本編　二〇〇九：四七〇―四七三］。

「機密」削減の提言

外務省官制通則は一九〇〇年五月の改正で、文書課が記録課から分課することとなった。これは、数年前に当時の記録課長が省議案[14]を提出して以来の懸案だったからである。省議案は文書課分立とともに、機密取扱文書数の削減も提言していた。この背景には、何ら機密を要しない文書でも「親展機密」ないし

「秘」等の記号がある来翰への回答書や照会書は記録課内の機密部が取り扱い、極端な例ではただちに新聞紙に掲載させるような在外公館の報告書も他官庁へ送付する際には機密扱いをする状況が存在していた。このような状況を受けて記録課長は「故ニ現今ノ有様ヨリ云ヘハ、機密ノ濫用殆《ほとん》ト其極ニ達シ、而《しか》シテ其弊ヤ延テ編纂ノ事務ニ及ヘリ」という。その理由として彼は、同一事件に関する書類も、機密部と通常部とで別々に往復・編纂・保管が行われるため、事件の根源・経過を通覧しえないことを指摘している。そして、根本的改革案以前に機密書類の数自体の削減を提言するのである。

一九〇八年一一月五日の省議決定によって、文書の出納に全責任を負う「文書取扱主任」が各局課に設置された。閲覧済み・処分済み書類は遅滞なく記録課に移送するとともに、各局課における仮編纂も廃止された。さらに、「特別秘密ノ取扱ヲ要ストノ理由ノ下ニ各局課ニ於テ重要書類ヲ保存スル風習ヲ全廃スルコト」も決定された[15]。逆にいえば、このような状況が広範に見られていたことを物語っている。

本多熊太郎（文書課長兼記録課長）は一九〇九年五月時点で、外交事務がますます多岐多端にわたり、昨一九〇八年で内外に発受した公文電信は前年比五〇〇〇通増の五万通であったと述べている［柳下　一九九三：九三］。また、明治末年時点で明治初年以来四〇余年間の記録が五棟の書庫に充満しており、一九一二年七月、瀬川浅之進（文書課長心得兼記録課長心得）の上申によって、翌八月から記録の整理事務が開始された。記録第一部・第二部に「整理方」が新設され、記録文書を初めて「洋綴」することとなった。ただし、とうていすべての書類を再編することはできないので、当面、最近数年間に発生した事項中、永久保存を要する重要書類を選んで着手した。詳細な内容目次を付し、黒のクロースで金文字製本されたものとして現在残っているのが、この頃の作業の成果である。[16]

しかしながら、二〇余年間存続した記録課も、一九一三（大正二）年、第一次山本権兵衛内閣の行政整理により廃止されて、ふたたび文書課に吸収されてしまった。

3　科学的記録管理としてのディシマル式

第一次世界大戦の休戦直後の一九一八（大正七）年一一月二二日、内田康哉外相は各在外公館・大公使・領事官・代理官へ宛てて、機密信発送に関して注意した。すなわち、在外公館からの情勢調査報告は事情の許す限り公表する方針のところ、機密を要しないか、一部のみが機密にわたるものまで機密信としているとして、本省事務簡捷上、機密にわたらないものは普通公信とするか、機密部分は赤色カッコないし赤線で表示するよう命じた。[17]

第一次世界大戦後のパリ講和会議で日本側全権団は東アジア以外の問題に対処する準備をしてこなかったため、欧米諸国からは「サイレントパートナー」と揶揄された。そのような状態に憤激した若手外交官を中心に、外務省革新同志会が結成された。「革新同志会経費事項改正要綱」の（乙）二二には「記録文書ノ整理ヲ科学的方法ニ依リテ完備シ、之《これ》カ為専門家ノ傭入及養成ヲ実行シ、且之ニ要スル費用ノ支出ヲ吝《おし》マサルコト」とあるように、科学的記録管理の導入が謳われたのも事務能率の増進の観点からであった。[18]

外務省革新同志会の運動に押されるかたちで、一九一九年一〇月、外務省内に制度取調委員会が設置された。第一〇回委員総会（一九二〇年五月一二日）[19]では、記録局新設や外交文書の編纂公表に関する第三部会案が議論された。第三部会案の「理由」では、前者の記録局新設に関しては第一次大戦以来の来電信・公信の激増が、また後者の外交文書の編纂公表に関しては「社会ノ外交的智識ヲ啓発スル」ことが、それぞれあげられていた。

ただし、記録局新設も、外交文書の編纂も、結局は実現しなかった。記録局新設には経常費一二万八四四〇円、臨時費四万円がかかり、また増局では地域局のそれが喫緊だったこともあって、後回しにされたのであろう。また外務省革新同志会が指摘した科学的方法による記録文書の整理に関しても、制度改正とは直接関係ないためか、制度取調委員会では議論の対象からいつのまにか抜け落ちてしまったのである。

パリ講和会議や、引き続いて開催された各種国際会議の記録は重要であるにもかかわらず、大規模な会議が立て続けで慌ただしかったため、管理が不徹底であった。そのため、一九二一年一月二九日、外務省は文書課長をはじめとする参事官・書記官を協議員として整理方針を定めさせるとともに、実務は事務官・副領事級一〜二名、属官・雇員数名にあたらせることを省議決定した[20]。

それにあわせて、一九二一年三月、本多記録課長時代（一九〇八年）以来分かれていた記録課内の記録第一部と記録第二部が合併した。極秘書類の取り扱いに関しては、あらためて「極秘書類ニシテ文書課長直轄ヲ必要トスルモノハ之ヲ直轄トスベキニ依リ、此ノ点ニ関シテモ局課ノ需《もとめ》ニ応スベシ。尚《なお》局課ニ於テ是非自ラ保管セントスル極秘綴込アラハ、尠《すくな》クモ其ノ表題丈《だ》ケニテモ文書課長之カ通知ヲ受ケ、之ヲ極秘『リスト』ニ取纏《とりまと》メ置ク様致度《よういたしたし》」と通知された[21]。

ただし、同時に、望ましいことではないとしながら、記録部とは「別異ノ綴込」を各局課が保有することを認めた。これは政策決定過程における課の地位の上昇を反映したものである［中野目・熊本編　二〇〇九：一一八九］が、記録管理の観点からいえば、各主管課が処理済文書を文書課へすぐに移送せず、一時的に保有するといった「各課保有文書」を公認してしまったことを意味する。

さらに、記録整理における分類表の検討も行われ、一九二一年一二月、「二十七門式記録類別表」をいわゆる「八門式類別表」に改正、翌一九二二年一月から実施した。ただし、この八門式は、大綱の門の下の類項は二七門式のそれをそのまま踏襲したり、換骨奪胎したりしたところが多い。そのため、二七門式の短所（何でも「――関係雑件」としてしまうことなど）をそのまま継承して終わった［柳下　一九九三：八四―八六］。

記録の十進法分類の試み

さて、一九二〇年代半ばとなると、従来後回しにされがちであった科学的記録管理の調査・実施問題が浮上してくることになる。「各局課ニ於テ尨〔ママ〕大ナル留置書類ヲ存スルモノアルニ至リ、省内各所ニ宛然《えんぜん》小記録課分立ノ情態ニ陥リ居《お》レリ」という状態を踏まえて、一九二四年三月二五日の省議決定により、澤田節蔵文書課長主宰のもと記録整理委員会が設置された。記録保存のエキスパート石川清理事官が叩き台として作成したと推測される「外国官庁等ニ於ケル記録事務研究事項」では、記録事務の簡略化の観点から「科学的記録分類法」の採用を提案していた(22)。

四、科学的記録分類法採用ト係官ノ能力程度関係
科学的「システイム」ヲ採行セハ、記録係員ハ勿論主任官ト雖《いえど》モ、特別ノ能力者ヲ人選スル必要ナキカ。所謂《いわゆる》記録事務ヲシテ、全然機械的ニ運用シ得《う》ルヤ。

澤田文書課長は、アメリカ国務省で採用されている「デシマル、システム」(decimal system, 十進法分類のこと)は「今日ニ於テハ最モ理想的ノモノト認メラルル処」として、実地調査のため淵時智領事をアメリカへ派遣した。その結果、淵の報告書を受けて、岩手嘉雄文書課長時代の一九二七(昭和二)年一月一日より新文書整理法が完全実施となった。[23]

しかし、このディシマル式はたちまち省内の各課からいろいろな非難を受けることになる。ディシマル式は、それまでの「一件一括主義」を改めて、一通一通の文書を約二〇〇〇のサブジェクト(それぞれに十進法を応用した数字を付す)にあてはめて分類し、それぞれのフォルダーに収容するものであるが、そもそも前もってサブジェクトを決めておくこと自体が困難であった。また、済南事件といった同一事件も、発端・出兵・在留民引揚・中央との外交交渉・撤兵関係といったぐあいに、それぞれの部門に他の同種の事件文書と一緒に分離収蔵されるため、後日調査する際に予想外の不便があることが予測された。[24]

さらに、以上の欠点がさらに各局課の留置書類増加を招くという悪循環もあった。

各課テハ従来ヨリモ一層文書ノ分散捜出ノ困難ヲ虞《おそ》レテ、ソレ程緊急ヲ要シナイ文書迄モ自身ノ手許《てもと》

ニ留置シ、各々仮綴込ヲ作ツテ執務スルト云フ傾向カ段々激シクナリ(25)

一九三〇年時点での栗原文書課長の説明によると、各課には数十冊〜数百冊という膨大な仮綴込があり、それも年末等に不必要な分を一度に文書課へ送るため、昨年（一九二九年）末などは文書課が各課から引き継いだ仮綴込が六〇〇冊に達したという。また、極端な例では、「現在ノ文書整理法ヲ改ムルニ非ンハ、各局課ハ自衛的ニ夫々《それぞれ》主管書類ヲ整理スルノ外《ほか》ナシ」と唱える者がいたり、ある課ではほとんど全ての書類に「懸案」の押印をする事例があったという(26)。

4　「一件一括主義」の復活

一九二九（昭和四）年四月一二日付で、松宮順文書課長が記録事務に関する一連の高裁案を作成、一五日省議決定した(27)。そのうちの「文書整理改善方ニ関スル件」は、前提として外務省の記録事務の困難性を次のように述べる。

外務省所管事務ハ渉外事項ノ全部ヲ掩有《えんゆう》スルヲ以テ、之ニ伴フ文書ノ数量尨〔ママ〕大ニシテ、其内容ノ複雑多岐ナルハ云フ迄モナク、而《しか》モ外交関係文書ハ精細ニ整理シテ永久保存ヲ要スルモノナルカ故《ゆえ》、外務省ノ記録事務ハ単純ナル他官庁ノ記録事務ニ比シ其難易ノ懸隔頗《すこぶ》ル大ナリにもかかわらず、現行分類法（ディシマル式）の採用とあわせて採用されるべき制度が実施されていないため、「所要文書ノ捜出屢々《しばしば》渋滞シ、時ニ或ハ所在不明ノ文書ヲスラ出スコトアリ。従テ各局課ニ於テハ収蔵文書捜出ノ困難ヲ疑惧シ、処分済文書ヲモ長ク手許《てもと》ニ留置スルノ風ヲ改ムルニ至ラズ」という状況であった。よって、専門職員の配属とともに、文書整理規程や文書保存規程の制定、さらには分類法の改正などを求めていた。また専門職員に関していえば、「記録官設置ニ関スル件」によると、記録官（奏任官）・録事（判任官）の設置を求めていた。

ちなみに、「不要記録廃棄処分方針ニ関スル件」は、文字どおり不要記録の廃棄に関するものである。この高裁案によると、当時所蔵の記録は三万余冊に及び、「其一半ハ今日之カ保存ノ価値ヲ認メサルモノ」であったが、実際は一回も廃棄処分をしたことがなく、すべて保存してきたという。すなわち、文書保存規程は、実際は実行されてこなかったのである。

これら高裁案は省議決定されたが、人事関係には予算増額が必要となるので、おそらくこの直後に緊縮財政を掲げる浜口雄幸内閣が成立したこともあって、実現しなかった。

松宮の後任の文書課長である栗原正は、一九二九年一二月以来、文書課内で文書整理事務改善談話会を開いて討議を行った。それにあわせて石川清理事官が一九三〇年二月に提出した「現行『文書分類目録』ノ本質及之カ運用実績」は前述のディシマル式分類の欠陥をあげて、「我外務省ノ文書整理法トシテハ適当ナラス」と結論していた。ただし、単純に旧記録に戻せばすむと考えていたわけではなく、「旧記録ノ欠陥ニ就テ」（二月一二日提出）は旧記録のさまざまな問題点を列挙していた。(28)

かたや、ディシマル式分類法を導入した責任者である淵領事は、この動きに強く抵抗する。一九三〇年一月作成の「書類分類及収蔵上ノ『デ』式整理法ノ便否」は、ディシマル式が最も体系的な分類法であり、問題があるにしてもそれは分類が適切でないからであって、ディシマル式自体の欠陥ではない。また、ディシマル式のような「論題分類」は歳月を重ねて完成すべきもので、一年や二年でできる性質のものではない、と弁明した(29)。

二月二七日の第二回文書主任会議においても、淵領事は同様の発言を繰り返したが、孤立無援の状態であり、結局、五月六日に新分類法を省議決定した。新分類法は「一件一括主義」を復活させたが、それは旧記録制度の「大福帳」時代に戻ることを意味しなかった。すなわち、「文書課テハ必スシモ現行方式ヲ根底カラ打毀シ旧制度其儘《そのまま》ニ復帰シ様《よう》」というのではなく、「文書課ノ目標ハ現行整理法ノ精神ヤ長所ヲ生カシテ、ソレニ旧記録制度ヤ英国外務省ノ制度其他ノ色々ノ方式ヲ参照シ、我外務省ノ文書整理ニ最モヨク適合スル様《よう》」にしたものであった(30)。

ちなみに、新分類法作成の際に参照したイギリス外務省の文書整理事務の状況は、日本のそれとは隔絶するほど進んでいた。外務省文書局には「ライブラリ」・「レジストリー」・中央索引課の三課がおかれ、人員は「レジストリー」だけで約一〇〇名（ほかにタイピスト四〇名）、文書局総勢で約三〇〇名であった。索引課ではあらゆる方向から文書を探し出せるようカード索引を調製していたが、その数は一年四〇〜五〇万枚にのぼっていたという(31)。

記録のABC式分類

新分類法に関する研究が続けられ、一九三〇年七月、決定案ができた。これが「ABC式」分類表であり、九月から実施されることとなった。

各局課で抵抗・反発の大きかったディシマル式から、かつて慣れ親しんだ「一件一括主義」へ復帰したことは、各課保有文書の量を減少させ、文書課が各課から引き継ぐ文書数は従前に倍加して、一日に七〇〇〜八〇〇通から一〇〇〇通以上に達した[32]。一方で、「ABC式」分類は大枠で「一件一括主義」に復帰するものであったため、「――関係雑件」の濫用と、「――関係一件」との混在などの弊害も同時に復活したのである〔柳下 一九九三：九〇―九二〕。

この新しい分類表に伴い、一九三一年五月一八日、「外務省文書編纂規程」・「外務省文書編纂規程施行細則」・「外務省記録保管、保存及廃棄規程」が制定された。

「外務省記録保管、保存及廃棄規程」は、各局課高等官文書主任に送付した案の段階では、記録文書の保存期限は①永久、②二〇年、③一〇年、④五年の四種とされ（第八条）、その指定は主管課長が行うとされた（第一〇条）が、実際に施行された規程では、「記録文書（処理済文書のこと）ハ原則トシテ永久保存トス。但五年以上ヲ経過シ保存ノ要ナキニ至リタルモノハ、廃棄スルコトヲ得《う》」（第八条）と変更された。とくに「外務省記録保管、保存及廃棄規程」第八条以下の記録文書廃棄規定が重視されたが、それは、五月一八日付の高裁案への書き込みに「右ハ雑記録ノ廃棄ヲ適当ニ行ヒ、重要記録ノ整理保管ヲ完備セムトスル趣旨ナリ」とあるとおり、記録文書の廃棄を弾力的に行うためであったと推測される[33]。しかしながら、保存年限を厳密に規定しないことは、逆に、結果として廃棄できないことを意味したのである。

5 「防諜戦」下の公文書管理

日本が、一九三一（昭和六）年に満洲事変へ、一九三七年に日中戦争へ、そして一九四一年にアジア太平洋戦争へ突入すると、「防諜戦」、すなわち外交機密を含む機密文書の漏洩防止という認識が、外務省における公文書管理でも前面に出てくる。

おそらく一九三四～三七年のある年の一月二九日に、「外務省総動員関係軍機文書取扱規程」が施行された[34]。この規程は、外務次官が「軍機文書」（「総動員計画ニ関係アル軍事上ノ機密事項ヲ包含スル文書」）の管理者として主任官を指名し、大臣官房文書課および調査部に設置する（第三条）。そして、主任官による軍機文書の取り扱いを厳格に定めていた（第四条―第二五条）。調査部は、白鳥敏夫をはじめとする外務省革新派が提唱した外交参謀本部ないし考査部が外務省主流派との妥協の末、一九三三年一二月に設置されたもので、以後、「皇道外交」を唱える外務省革新派の牙城となっていた［戸部 二〇一〇］。本規程の主任官は、第四・二二条に文書課の主任官が出てくる以外はすべて調査部に設置された主任官を指しており、調査部が「軍機文書」を集中管理する規程であった。

また、軍用資源秘密保護法の施行（一九三九年六月二六日）に伴い、外務省調査部第二課は「外務省軍用資源秘密文書取扱規程（案）[35]」を五月一二日付で作成した。本規程は「軍用資源秘密文書」（軍資秘文書、

「軍用資源秘密」に属する文書のこと）の外務省内における取り扱いを定めたものである。本規程は、「外務省総動員関係軍機文書取扱規程」と同様に、外務次官が指名した主任官を調査部第二課に、また必要に応じて各局課にも係官をおくとされた（第四条）。「外務省総動員関係軍機文書取扱規程」とは異なって、各局部課が「軍資秘文書」を保管することになっていたが、その情報は調査部長―主任官の系統が集中管理する規定となっていた（第五条―第一六条）。

何が秘密かも秘密

ちなみに、「何が秘密なのかも秘密」ということを当局者が自明視していたことは、次の記述からもうかがわれる。外務省が作成した「軍用資源秘密文書取扱規程ニ就テ[36]」は、「軍用資源秘密」の指定が官報に公告されることに関して、次のように述べる。

秘密ノ種類ニヨツテハ何処《どこ》ニドンナ秘密ガアルカヲ知ラレテハ具合ノ悪イモノモ勿論アルノデ、コノ種ノ秘密ニ付テハ指定ノ代リニ其ノ関係者ノミニ通知ヲ出シテ、軍用資源秘密トシテ秘密ヲ守ル義務ヲ課スルモノモアル

さらに、一九四〇年二月八日には「外務省総動員機密文書取扱規程[37]」を施行した。本規程は、「機密文書」（「国家総動員法第四十四条ノ適用ヲ受クヘキ官庁機密事項ヲ包含スル文書」）の取り扱いを定めたものであ

る。本規程でも、次官が機密文書管理者として主任官と、各局部課では係官を指名するとされ（第三条）、調査部長―主任官の系統が機密文書の情報を集中管理することになっていた（第四条―第一九条）。

その後、「外務省防諜委員会規定《ママ》案」（一九四〇年五月一八日）、「機密書類保管措置方法」（五月二一日決定）、「防諜委員会ノ省内機密文書保管状況検査実施要領」（六月一〇日）が作成され、防諜委員会（委員長：外務次官、委員：人事課長・儀典課長・文書課長・会計課長・電信課長・情報部第三課長・各局部書記官）が設置された[38]。そして、防諜委員会が七月一〇日に文書課・電信課等の機密書類保管状況検査を行ったところ、前回検査のように機密電信写を机の引き出しに入れていたとか、キャビネットの鍵をかけ忘れていたとかいった重大な事故はなかったが、依然として遺憾な点が少なくなかったという[39]。

戦時対応の「機密」取扱い強化

さて、これまで三つの規程により取り扱いを定めた「軍機書類」「軍用資源秘密書類」「総動員機密書類」とは別に、外務省作成書類に直接関係する規程整備を行うこととなった。企画院は一九四〇年五月一〇日付で「機秘密書類ニ関スル協定」（第四案）を作成、外務省へ照会してきた。この「協定」は、各庁間の機秘密文書の取り扱いに関するものだが、協定付属の機秘密書類区分表には新たに外務省関係分として「外交機密書類」（標記「外機」）が設定された。この「外機」は、「外務省調製ノ書類ノミニ附スルモノトス」とされた。企画院は同年六月末までに機秘密書類取扱規程を整備するよう求めたが、外務省は多数の在外公館を擁するなど他官庁と異なるため遷延した。

結局、「外務省機密文書取扱規程」が施行されたのは翌一九四一年五月一〇日のことであった。「外務省機密文書取扱規程[40]」は、①「軍機文書」、②「軍用資源秘密文書」、③「総動員機密文書」、④「外交機密文書」、⑤「一般機密文書」からなる「機密文書」（第二条）の取り扱いを定めたものである。従来①②③をそれぞれ規定していた「外務省総動員関係軍機文書取扱規程」「外務省軍用資源秘密文書取扱規程」「外務省総動員機密文書取扱規程」は、本規程実施日に廃止となった。本規程が従来と大きく異なることは、「機密文書取扱責任者」として機密文書の取り扱いを管掌する者が各局部課長とされたことである（第一〇条）。すなわち、調査部（とくに第二課）に設置された主任官による集中管理方式が廃止され、代わって機密文書の省外との送付・接受や処理済みの機密文書の保管は基本的に文書課が担当するようになるなど、文書課の比重が増したのである（第一一条–第三九条）。これは、松岡洋右外相期に外務本省内における革新派の影響力が低下したことと関係しているように思われる［戸部　二〇一〇］。

この「外務省機密文書取扱規程」の実施にあたって、外務省は従来のように、何でも機密に指定する傾向があった。「防諜」策の観点から各庁における機密文書取扱規程の整備を強く要請してきた企画院でさえ、「外務省ヨリ余リニ頻繁《ひんぱん》且多数ノ機密文書ヲ送付スルガ為《ため》ニ反《かえっ》テ疑ヲ抱キ、果《はた》シテ之等全部ガ機密文書ナリヤ否ヤ判断セントシ、且規定ノ取扱ヲ躊躇シ居ルモノナリ」という状況であった[41]。

さらに、「外務省機密文書取扱規程」と同日の五月一〇日に国防保安法が施行されたことに伴い、外務省においても国家機密の取扱準則を設ける必要に迫られ、五月一七日に「外務省国家機密取扱規程[42]」が省議決定となった。国防保安法は、外国の「秘密戦」活動の防止破砕、すなわち防諜に関する統一法規であり、国家機密漏泄罪と秘密戦活動罪に大別された。そのうち、前者に関して、国家機密とは国防上外国に対して秘匿を要する外交・財政・経済など重要な国務に関わる事項で、御前会議・枢密院会議・閣議・帝国議会秘密会議などの会議に付せられたもの、ないしそれを表示する「図書物件」を指していた(43)。これを受けて、外務省内における国家機密の取り扱いを定めたものが「外務省国家機密取扱規程」であり、「外務省機密文書取扱規程」と同じく、外務省内における国家機密取扱事務の主担当者は文書課長とされていた（第一条）。

ちなみに、外務省においても、国防保安法のもと「国家機密」の範囲が不必要に拡大していく危険性を認識していた。

> 然し右の〔国家機密〕概念丈《だけ》では、実際の場合に於ける具体的国家機密を正確に把握することは頗る困難なことであり、殊《こと》に本法〔国防保安法〕は其漏泄に対し厳刑を以て臨んで居ること故、実際の取扱に於て国家機密の範囲が必要以上に拡大せられる危険もあり、国務遂行上尠《すくな》からぬ不安と支障を来たすことが懸念せられる。そこで実務の実際に於ては、本法施行に関する勅令の定むる所に依り国家機密として指示せられた事項、及之を表示する図書物件丈《だけ》を国家機密として取扱ふこととならう(44)。

「国家機密」の不必要な拡大と、それに伴う事務上の不便（もちろん、人権上の懸念ではない）という認識は、明治以来このかた、何でも機密扱いする傾向にあったがために事務渋滞を招きがちであった外務省の、偽らざる本心であろう。

おわりに

以上、一九世紀後半期に明治新政府が旧幕府の外交文書を引き継いだときから、二〇世紀半ばのアジア太平洋戦争が始まる時期にかけての外務省における公文書管理体制の変遷、ならびにその問題性を、「外務省記録」から見てきた。

ここからわかることとは、まずは外務省が他官省よりも公文書の「保存」に積極的であったという事実である。確かに、外務省では記録関係部局を早くから課レベルではなく局レベルでおいており（「記録局」）、一八九〇年になってようやく、他官省と合わせるかたちで課レベルに引き下げた。また、公文書管理規程も早くからかなり詳細なものが制定されていたことも、見てのとおりである。

しかしながら、外務省における外交文書の「保存」は、現在のアーカイブズ学に見られるような、公開を前提として記憶を伝えるために記録を守るというものではなかった。一九三三年一一月、外務大臣や駐米大使などを歴任した外交官出身で、当時枢密顧問官であった石井菊次郎は、外務省考査部に関する枢密院審査委員会の席上で、「書類整備の完否は結局、外交の勝敗を決するものである」と述べ、記録事務の重要性に関して警告したという［外務省百年史編纂委員会編　一九六九：一三〇〇］。このように、外交文書の「保存」は、あくまでも「外交の勝敗を決するもの」、言い換えれば有効な外交政策の発動という国家利益の観点から行われたものであった。

よって、外交文書の保存規程において、「永久保存」の筆頭には条約書の原本がおかれた。すなわち、国家と国家の契約にあたる条約書のほうが、外交政策の決定過程に関わる文書よりも重要視されたのである。実際、アジア太平洋戦争の敗色が濃厚となってきた一九四四年三月、外務省はいち早く条約・協定・議定書等の原本を日本銀行本店地下室金庫へ「疎開」させたのである。

有効な外交政策の発動という国家利益の観点から外交文書の「保存」がなされたことは、廃棄の規定がありながら、実際にはアジア太平洋戦争にいたるまでほとんど廃棄されなかったこととも関係していよう。記録収容量約五万冊といわれる、鉄筋コンクリート・煉瓦造りの記録倉庫が一九二三年に新築された〔外務省百年史編纂委員会編　一九六九：一二八九〕こともあって、明治以来の外交文書・外務省記録がほとんど廃棄されることなく、アジア太平洋戦争期にいたったのである。

しかしながら、ほとんど廃棄することなく「保存」してきた外交文書は、有効な外交政策の発動という以上の国家利益が現れた途端、一気に廃棄されることとなる。アメリカ軍の本土上陸と外交文書の接収という事態が現実味を帯びてきた一九四五年五〜八月、外務省は計画的に外務省記録六六九八冊（ただし、この冊数は五月の戦災時とあわせての数である）を「非常焼却」したのである〔吉村　一九八八：七五〕。

また、外務省の公文書、すなわち外交文書は広範な「機密」指定がなされ、さらに戦前期においては外交文書の原本そのものの公開を考えていなかった点が特徴である（後者は他官省も共通するが）。文書作成者は何でも機密扱いにしておいたほうが安全かつ容易だとして、一部でも機密があれば全部を機密扱いにしてしまう。そのため、早くも明治中期には外務本省がやみくもな機密文書指定を注意したことは本文で見たとおりであるが、もちろんそれはあくまで事務が渋滞することへの懸念からである。そして、外務省が定期的に注意を行ったということは、何でも機密扱いにしてしまう傾向を自助努力で改めることがいかに困難であったかを逆に示していると思われる。

私たちは今こそ、戦前期日本の外務省における公文書管理の歴史から、多くを学ばなければならないのではなかろうか。

〔注〕
(1) 本章では西暦表記を原則としたが、一八七三(明治六)年の改暦以前に関しては、西暦と和暦で月日がずれるので、和暦を主として西暦を併記した。
(2)「外務省記録所管事務明治十年一月十一日マデノ実況」、外務省記録「本省記録関係雑件」(N・一・四・〇・一)一巻(外務省外交史料館所蔵)。以下、外務省記録は、件名・分類番号・巻数のみを記した。
(3) 引用史料には、適宜、句読点を補い、ルビを付した。
(4)「諸課事務章程幷分課人名」、「外務省諸官制沿革　本省分課規程」(六・一・二・一―三)。
(5)「外務省諸官制沿革　本省分課規程」(六・一・二・一―三)。中野目・熊本編［二〇〇九：四四三―四四四］も参照。
(6)「外務省記録所管事務明治十年一月十一日マデノ実況」、「本省記録関係雑件」(N・一・四・〇・一)一巻。
(7)「記録新記課事務要領」、「本省記録関係雑件」(N・一・四・〇・一)一巻。［外務省百年史編纂委員会編　一九六九：一二八一―一二八二］も参照。この文章は一・二枚目と三・四枚目との間に空白行があるため、別の史料とも考えられるが、筆跡が同じであることから、同一史料の前後であると判断した。

（8）「記録局改良之議案第一号」「記録局改良ノ議案第二号」「記録局改良案第三」、「本省記録関係雑件」（N・一・四・〇・一）一巻。［外務省百年史編纂委員会編　一九六九：一二八二］も参照。
（9）「外務省諸官制沿革　本省分課規程」（六・一・二・一―三）。
（10）「外務省記録局処務順序」、「本省記録関係雑件」（N・一・四・〇・一）一巻。「外務省記録局処務順序」、「外務省諸官制沿革　本省分課規程」（六・一・二・一―三）。
（11）「公信局処務規程」、「外務省諸官制沿革　本省分課規程」（六・一・二・一―三）。
（12）「文章取扱規則及慣例」「本省在外公館往復文書取扱ニ関スル訓令集」、「文書取扱雑件　文書取扱規則及慣例（昭和四年、昭和十年調）」（N・一・二・一・二―二）。
（13）「外務省諸官制沿革　本省官制」（六・一・二・一―二）。「外務省諸官制沿革　本省分課規程」（六・一・二・一―三）。
（14）「外務省諸官制沿革　本省分課規程」（六・一・二・一―三）。この省議案の草稿が「本省記録関係雑件」（N・一・四・〇・一）一巻に綴じ込まれている。
（15）「本省記録関係雑件　旧記録ニ於ケル整理問題」（N・一・四・〇・一―五）。中野目・熊本編［二〇〇九：四七五］も参照。
（16）「外務省文書記録局課沿革提要」、「本省文書事務関係雑件　文書事務処務参考」（M・一・二・一・一―三）一巻。外務省百年史編纂委員会［一九六九：一二八八］も参照。
（17）「文章取扱規則及慣例」「本省在外公館往復文書取扱ニ関スル訓令集」、「文書取扱雑件　文書取扱規則及慣例（昭和四年、昭和十年調）」（N・一・二・一・二―二）。
（18）「外務省制度改正ニ関スル参考書類」、外務省記録「外務省官制及内規関係雑件」第一五巻（M・一・二・〇・二）。
（19）「制度取調委員会関係雑件」第一巻（六・一・一・一七）。
（20）「本省記録関係雑件　記録整理法改正関係」（N・一・四・〇・一―一）一巻。中野目・熊本編［二〇〇九：四七八］も参照。

(21)「本省文書事務関係雑件　文書事務処務参考」一巻（M・一・二・一・一一―三）。中野目・熊本編［二〇〇九：四七九―四八〇］も参照。
(22)「本省記録関係雑件　記録整理法改正関係」（N・一・四・〇・一―一）一巻。
(23)「本省記録関係雑件　記録整理法改正関係」（N・一・四・〇・一―一）一巻。
(24)「文書整理方改善ニ関スル栗原文書課長ノ説明」・「文書整理法運用方改正要項」・石川理事官「現行「文書分類目録」ノ本質及之カ運用実績」、「本省記録関係雑件　記録整理法改正関係」（N・一・四・〇・一―一）一巻。
(25)「文書整理方改善ニ関スル栗原文書課長ノ説明」、「本省記録関係雑件　記録整理法改正関係」（N・一・四・〇・一―一）一巻。
(26)斎藤事務官「現行文書整理法ニ対スル考察」、「本省記録関係雑件　記録整理法改正関係」（N・一・四・〇・一―一）一巻。
(27)「本省記録関係雑件　記録整理法改正関係」（N・一・四・〇・一―一）一巻。
(28)「本省記録関係雑件　記録整理法改正関係」（N・一・四・〇・一―一）一巻。
(29)「本省記録関係雑件　記録整理法改正関係」（N・一・四・〇・一―一）一巻。
(30)「本省記録関係雑件　記録整理法改正関係」（N・一・四・〇・一―一）一・二巻。
(31)「英国外務省ニ於ケル文書整理事務概要」、「本省記録関係雑件　記録整理法改正関係」（N・一・四・〇・一―一）一巻。
(32)「文書整理事務ノ現況」（一九三〇年一二月二三日栗原文書課長提出）、「本省記録関係雑件　記録整理法改正関係」（N・一・四・〇・一―一）二巻。
(33)「本省記録関係雑件　記録整理法改正関係」（N・一・四・〇・一―一）二巻。中野目・熊本編［二〇〇九：四八九―四九二］も参照。
(34)「本省文書事務関係雑件　外務省機密文書取扱規程」（M・一・二・一・一一―一）。中野目・熊本編［二〇〇九：四九二―四九四］も参照。この取扱規程には「昭和七年一月廿九日ヨリ実施」と書かれていて、中野目・熊本編

［二〇〇九］もそのまま従っている。ただし、本規程には、一九三三年一二月に設置される「調査部」（中野目・熊本編［二〇〇九：四九二］の第三条にある「調査本部」は「調査部」の間違いである）や、一九三七年一〇月まで存続した内閣「資源局」が出てくるところから、本規程の施行は一九三四〜三七年のある年の一月二九日と推測した。

(35)「本省文書事務関係雑件　外務省機密文書取扱規程」（M・一・二・一・一一―一）。

(36)「本省文書事務関係雑件　外務省機密文書取扱規程」（M・一・二・一・一一―一）。

(37)「本省文書事務関係雑件　外務省機密文書取扱規程」（M・一・二・一・一一―一）。中野目・熊本編［二〇〇九：四九四―四九六］も参照。

(38)「本省記録関係雑件」（N・一・四・〇・一）第三巻。

(39) 一九四〇年七月一一日付谷次官宛門脇人事課長報告「防諜委員会機密書類保管状況検査報告」、「本省文書事務関係雑件　外務省機密文書取扱規程」（M・一・二・一・一一―一）。

(40)「本省文書事務関係雑件　外務省機密文書取扱規程」（M・一・二・一・一一―一）。中野目・熊本編［二〇〇九：四九六―五〇〇］も参照。

(41) 一九四一年七月一五日各局部課長宛文書課長通知「外務省機密文書取扱規程実施ニ関スル件」、「本省文書事務関係雑件　外務省機密文書取扱規程」（M・一・二・一・一一―一）。

(42)「本省文書事務関係雑件　外務省国家機密取扱規程」（M・一・二・一・一一―二）。

(43) 条約局第二課「国防保安法説明」（一九四一年五月）、「本省文書事務関係雑件　外務省国家機密取扱規程」（M・一・二・一・一一―二）。

(44) 条約局第二課「国防保安法説明」（一九四一年五月）、「本省文書事務関係雑件　外務省国家機密取扱規程」（M・一・二・一・一一―二）。

〔文献一覧〕

外務省百年史編纂委員会編『外務省の百年』下巻、原書房、一九六九年
黒沢文貴「日本外務省の文書行政――占領期までの管理・分類・編纂・保存」小名康之編『近世・近代における文書行政――その比較史的研究』有志舎、二〇一二年
戸部良一『外務省革新派――世界新秩序の幻影』中央公論新社、二〇一〇年
中野目徹・熊本史雄編『近代日本公文書管理制度史料集　中央行政機関編』岩田書院、二〇〇九年
柳下宙子「（史料紹介）『外務省文書分類表の変遷』について」『外交史料館報』第六号、一九九三年
吉村道男「外交文書編纂事業の経緯について」『外交史料館報』第一号、一九八八年

第6章　日本の官僚制と文書管理制度

加藤聖文

はじめに

公文書を考えるうえでまず理解しておかなければならないことは、公文書も含めて組織文書[1]はすべて業務上の必要性に応じて作成される。また、業務上、必要なものだけが残され、不要なものは廃棄されるということである[2]。

文書はあくまでも組織内の人間が使うのであって、組織外の人間が使うことは想定されていない。歴史研究などでは、文書を一次資料として重視し使用するが、その一方で文書を作成・保管する側は、歴史研究のために文書を作成し保管するわけではない。歴史研究者はしばしばこのようなギャップに気づかず、歴史研究にとって重要と見なされる文書は必ず作成されているはずだと考える。そのため、目的とする文書が存在しない場合は、作成した側が、意図的に隠蔽もしくは廃棄したと見なしがちである。

しかし、このような見方は多くの場合、思い過ごしである。歴史研究者が重要と見なす文書は、それが作成される現場においても重要であるとは限らない。また、現場が重要視する文書は、歴史研究において必ずしも一級資料といえるものではない。むしろ、両者の間では、重要と見なす内容の概念が異なることが多い。

このような見方に対しては、歴史研究の立場から批判することも可能である。たとえば、外交省が作成する文書には、相手国との詳細な交渉過程や諸外国の機密情報が豊富であり、外交以外でも軍事や警察関係の文書にも重要度の高いものは大量に存在する。このような情報は、文書を作成・保管する側のみならず、研究者にとっても重要な一次資料ではないかといった批判が考えられる。

しかし、このような批判は、そもそも文書を作成する組織が、それぞれ特性をもっており、その特性に応じて文書は発生するという原則を理解していないことを表している。

政策を立案し、実行するに際して発生する公文書は、無秩序に生成と消滅を繰り返しているのではなく、規則・規程などで定められたルールによって作成され、保存され、廃棄されている。官僚組織は、組織的特性に応じて意思決定を行い、その決定はすべて文書という「紙」に必ず記録され、それに従って組織は動くのである。すなわち、省庁の行政行為を知るうえで、文書はきわめて重要な情報源なのである。したがって、文書管理規程などで定められたルールによって作成され、文書上に残された痕跡——日付、関係部局、印やサイン、綴られ方、保存期限など——からその文書によって表された行政行為が、組織にとってどのような意味をもっていたのかが理解できるのである。

本章では、このような官僚組織の特性を踏まえて、どのような文書が作成され、保存されるのか、そして保存されない文書とはいかなるものであるのか、さらに、公文書が私文書化する意味について明らかにしていくことで、公文書管理のあり方を問い直したい。

1　公文書はどのようなものなのか

行政機関は、一定の基準に従って公文書を作成し、保管する。まずその流れを押さえつつ、文書を作成する側の論理を明らかにしていこう。

日本に限らず、あらゆる近代国家において、その国家運営の基盤となるのが官僚制である。官僚制は、人材の登用・育成から組織業務の中核となる政策の立案・決裁・施行のプロセスにいたるまでシステム化されており、システム全体が法令や規則によって根拠づけられている。また、政策の立案・決裁・施行から許認可権の行使など、組織としての行為は、担当者が集まり口頭によって進められるのではなく、必ず記録された文書によって進められる。もちろん、さまざまな政治集団の利害が衝突する政策過程では、最も重要な部分は、関係者間だけの内談で決定されることが多く、それらの非公式な場面に関しては、文書として記録されない。

すなわち、公文書とは公式の立案・決裁・施行過程を記録したものであって、非公式の過程までを網羅したものではない。いわば、政策の立案から決裁を経て施行にいたる過程の骨組みを示すにすぎず、肉づけとなる非公式な部分に関しては、関係者個人の私文書に依拠するしかない。
このような政策過程の骨組みだけを示す公文書の基本は、事案が決定されたことを示す決裁文書と事案を発生させた文書、そして決定した内容を示す文書から構成される。

国家総動員法の事例

たとえば、国家総動員法を最終的に決定した文書では、鑑となる閣議決定書には、文書番号（閣甲第二六号）・起案日（昭和十三年三月二十四日）・閣議決定日（昭和十三年三月二十五日）・裁可日（昭和十三年三月二十七日）・施行日（昭和十三年四月一日）・近衛文麿内閣の総理以下各省大臣と内閣書記官長ならびに内閣書記官の花押・捺印という基本情報と、「別紙両院ノ議決ヲ経タル国家総動員法案ヲ審査スルニ右ハ貴族院議長上奏ノ通裁可ヲ奏請セラレ可然ト認ム」の文言および上諭案（「朕帝国議会ノ協賛ヲ経タル国家総動員法ヲ裁可シ茲ニ之ヲ公布セシム　御名　御璽　昭和十三年三月三十一日　内閣総理大臣　各省大臣　法律第五十五号」）が記されているのみである（図1）。
さらにこの閣議決定という事案を発生させた貴族院議長の上奏文（昭和十三年三月二十四日　貴族院議長伯爵松平頼寿）と国家総動員法全文および法案理由書が続き、閣議決定書とあわせて一件書類となっている。[3]
国家総動員法という戦時期の歴史に重要な影響を与えた法案が、政府において最終決定されたことを示す文書はこれだけである。ここには、誰がどのような理由で国家総動員法を立案し、原案から確定案にいたるまでどのような修正が行われたのか、またその修正には誰が関わったのか、決定にいたる過程でどの組織（または個人）の意向が強く働いたのかなど、歴史研究が最も重要視する内容を含む文書は一切見当たらず、存在するのは誰もが知っている情報（閣僚の名前、公布の日付、法律の中身）だけである。さらに、大日本帝国の最高意思決定である天皇の裁可文書（御署名原本）にいたっては、閣議決定書にある上諭案どおりの内容でしかない(4)。

ただし、閣議決定や天皇の裁可は形式的なものであって、実質的には主務官庁においてほぼ内容が決定していたため、閣議決定書は歴史研究からするとあまり重要ではなく、むしろ、主務官庁である企画院の文書が重要であるとの見方も一理ある。

しかし、官僚組織は国の最高意思決定に基づいて次の活動（国家総動員法に基づく関連法規の制定など）を開始する以上、決定の事実を示して新たな活動の根拠となる裁可書・閣議決定書が最も重要な文書と位置づけられる。各省庁の公文書の残存状況が不完全なことに比して、御署名原本がほぼ完全に残されているのはこのような理由による。さらに、決定した事実が重要であるということは、決定の過程で修正された原案や会議で誰が何を発言したかといった決定前に派生した文書は、重要ではないということを意味する。

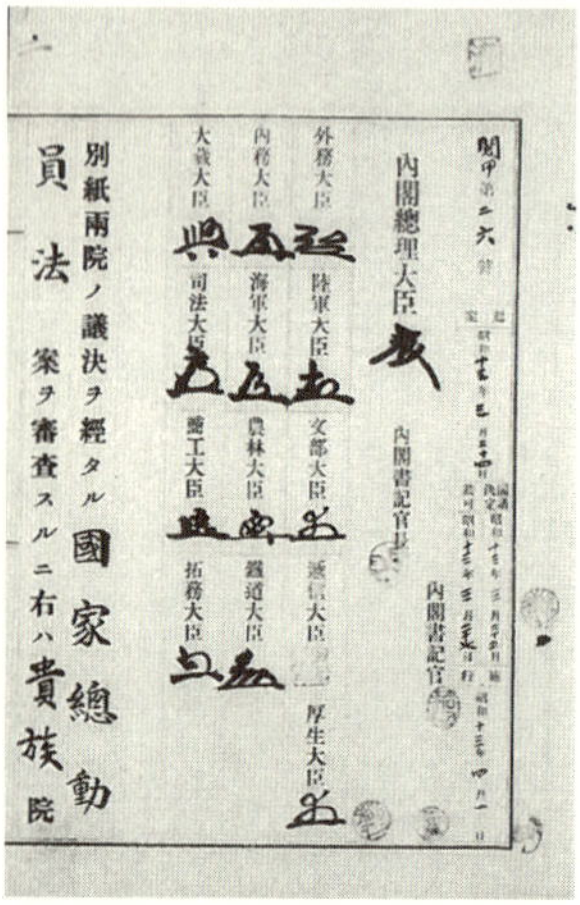

図1　国家総動員法の閣議決定書

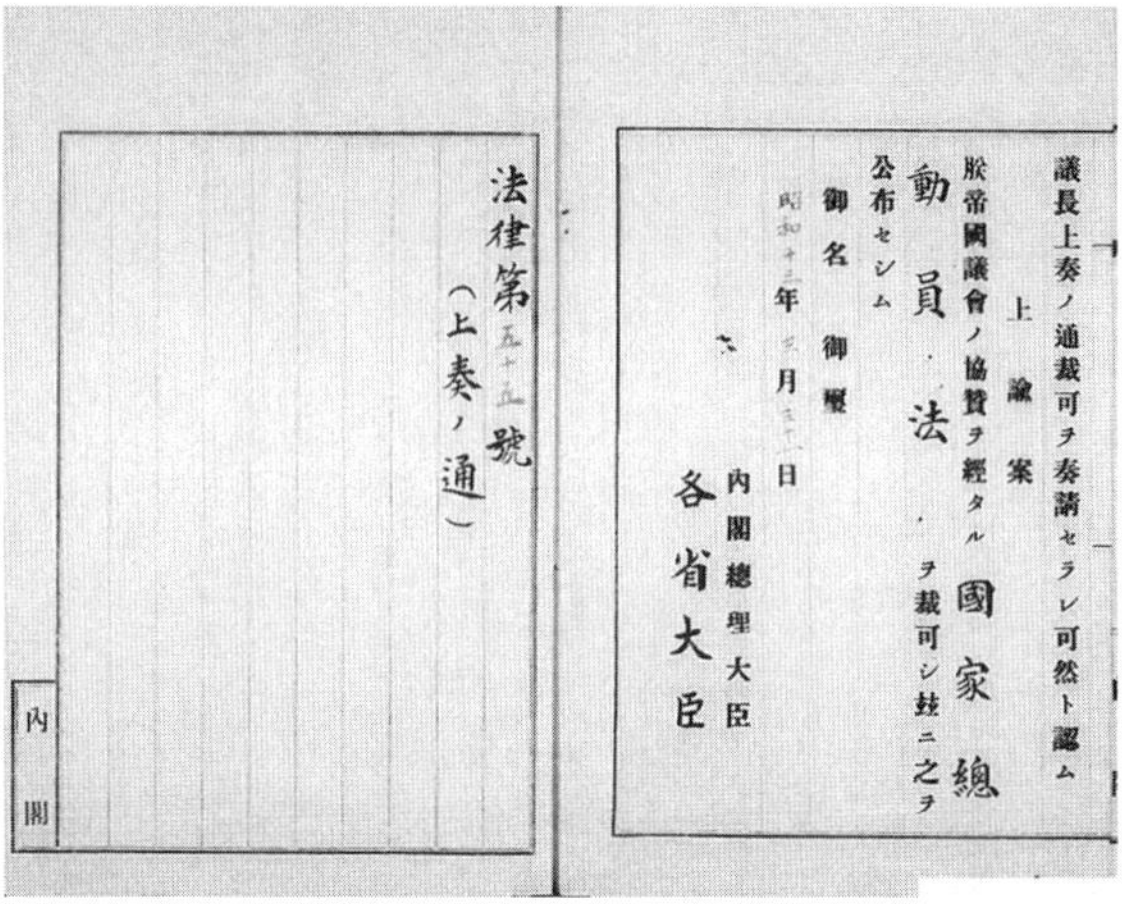
法律第五十五號
（上奏ノ通）
内閣

議長上奏ノ通裁可ヲ奏請セラレ可然ト認ム
上諭案
朕帝國議會ノ協贊ヲ經タル國家總動員法ヲ裁可シ玆ニ之ヲ公布セシム
御名　御璽
昭和十三年三月三十一日
内閣總理大臣
各省大臣

ちなみに、国家総動員法立案を実質的に担ったのは企画院であるが、閣議決定の前年（昭和一二年一一月八日付）に企画院は、内閣に対して「国家総動員法制定ニ関スル方針案」を提出して閣議決定を求めていた。この方針案も閣議決定されたので文書として残っており、閣議決定書のほかに企画院が提出した方針案・理由書・法案要綱も同綴されている。[5]

さらに、この閣議決定を受けて企画院では、国家総動員法案要綱を立案上申し（昭和一二年一二月二四日付）、同日に閣議決定が行われた[6]。これらが国家総動員法の出発点となるが、そこでも方針案を作成する理由を知ることはできても、いつどこで誰が方針案を作成したのか、また作成にいたる歴史的背景や決定過程でどのような政治力学が働いたのかを知ることはできない。

以上の流れをまとめると、次のようになる。①企画院内部で国家総動員法立案が検討される→②政府に対して公式に立案作業取りかかりの許可を求める（「国家総動員法制定ニ関スル方針案」の閣議提出）↓③方針案が閣議決定される↓④閣議決定を受けて企画院で立案作業が開始され法案要綱が作成される↓⑤法案要綱の閣議提出↓⑥法案要綱が閣議決定される↓⑦閣議決定を受けて企画院で法案が作成される↓⑧法案が帝国議会に提出される↓⑨帝国議会で審議のうえ可決される↓⑩政府が御裁可奏請を閣議決定↓⑪天皇が裁可↓⑫国家総動員法公布

これらの流れから、節目節目で方向性を定める決定が行われ、最終的な決定にいたることが理解されよう。このうち、立案を担当する企画院にとっては、③がなければ④以降、⑥がなければ⑦以降の行動は起こせない。したがって、活動の根拠として③と⑥は重要となる。

一方、ここで取り上げた文書は内閣の文書であり、企画院内部では①の立案段階での文書や④・⑦の段階での文書が作成されている。たとえば、①の段階では、①担当課内で方針案の原案立案↓②担当課長から部長へ提案↓③各部間での調整↓④部長から次長へ提出↓⑤次長から総裁へ提出↓⑥総裁による決定（決裁）↓⑦閣議提出という過程があり、それぞれの段階で文書（調査報告書・立案参考資料・会議メモ・議事録・担当者の意見など）が派生している。また、企画院内部にとどまらず、各省庁との意見調整も行われている場合は、他省庁と協議した際の参考資料、打合会議の記録なども派生していると考えられる。

しかし、これらのうちで組織の公式な文書として重視されるのは、最後の⑥の段階の総裁による決裁文書であって、この文書が「公文書」として管理されるのである。

2　公文書はどのように位置づけられているのか

多くの研究者は、このような決裁文書中心の公文書を見て、落胆すると同時に、本来はもっと重要な文書があったのではないか、存在しないのは意図的に廃棄されたのではないか、敗戦時に焼却されたことも考えられる、などと疑念を抱きがちである。

しかし、国家総動員法に関わる文書を作成した内閣官房にとっては、現存する文書が最も重要な公文書として位置づけられて残されたのであって、それ以外の文書は存在しない。もしくは、作成されていたとしてもそれらは重要度の低いものと位置づけていたのである。また、立案を担当した企画院においても同様である。(7)

官僚組織の特徴と法令制定

その理由を考えるうえで、まず官僚組織の特徴を整理しておこう。国家運営とは何らかの決定を行い、それを実施することであるが、その運営を担う官僚組織にとっては、政策を実施するための権限を獲得し、実際に行使することを意味する。すなわち、行使できる権限をいかに多く獲得しているかが、組織の大きさ、ひいては政治権力の強さにも比例する。その結果として、官僚組織は、行使できる権限の拡大を組織目的化し、権限縮小に対して本能的に強く抵抗する特性をもつようになる。しかも、活動型官僚制と呼ばれる日本の官僚制は、権限拡大指向がより強烈である[8]。

ただし、権限といっても勝手に主張するのでは、誰もその指示に従おうとはしない。どのような状況にあっても、誰もが納得し従う正当性がなければならない。その正当性を保障するのが法令（本章では規則・規程など特定の組織内だけに適用されるものも含める）であり、近代国家が法治国家を前提とし、多くの政策が法令に基づいているのも、そこに理由がある。すなわち、政策決定といわれる政治行為の大半は、法令制定なのである。

官僚組織が、権限を獲得して行使するためには、それを裏づける法令が必要であり、その結果、法令制定が組織業務の中心となる。これは中央省庁も地方自治体も法令のレベルが異なるだけであって本質的には同じである。建前では、法令をつくるのは立法府である国会であるが、実質的には行政府に属する中央省庁が法令を立案しており、中央省庁は法令制定を主務とする組織となっている。その結果、中央省庁で作成される公文書は、法令制定（改廃も含む）に関わるものが中心となる。

この傾向は、明治から現代まで大きく変わっておらず、公文書の多くは、法令の立案から決定を経て実施にいたる過程を記録したものである。そのなかでも重要なものは、決定されたことを示す文書、すなわち決裁文書となる。決裁文書とは、政策実施の根拠となる法令等が組織内でいつ誰によって決定（決裁）され、その内容はいかなるものかを表す文書であり、担当部局（主務部局）が、政策実施権限を行使する根拠となる。そして、常に活動を続ける組織にとっては、今回決定された事項に基づいて新しい政策を立案するなど、新しい活動の出発点になるものである。

その結果、担当部局では、このような決裁文書が最も重視される。しかし、決裁文書のなかでも重要度の高い法令制定に関わる文書については、決定の事実とその条文が官報で公示されるため、誰もが知っている内容となっている。

その一方、決裁文書が作成される過程で派生していたはずの文書（立案の参考にされた各種資料、原案、関係部局から寄せられた意見、会議記録など）は重視されない。なぜなら、ある案件が決定された以上、すでに過去のものとなった決定されるまでに派生した文書は、組織のこれからの活動にとって、何の根拠にもならない不要なものだからである。基本的に、官僚組織では決めることが重要で、決まった後は、次の新しい活動へと関心が移る。すなわち、常に現在からその先を見て活動を続けており、過去の事象を検証し、現在の政策立案に活かすといった、過去から未来を見て行動するという習性はない。しかも、他国と比較して活動型官僚制である日本は、過去を検証する時間的な余裕もないため、その傾向がより顕著となる。

官僚組織と許認可権、人事記録

この他、官僚組織にとっては、許認可権も権限の広さと強さを証明するものであり、また国民生活に密接に関わるものである。したがって、許認可権に関わる文書も重要である。ただし、ここでも許認可を与える過程に関わる文書は重要ではなく、許認可を与えたことを示す文書（何年何月何日に誰にどのような認可を与えたか）のみが重要視される。

さらに、官僚組織内の人事関係文書（任免官・賞罰などの記録）は、彼ら自身の生活（現職時の加俸増給・退官時の退職金・退職後の恩給）に直結するものであるので重要視される。官僚組織は、能力主義をとっていないため、個々人の人事記録は重要である。どこの省庁・地方自治体の公文書のなかでも、人事関係文書が占める割合は大きく、ほぼ完璧に残されているのは、このような理由があるからである。

このように、官僚組織において重要視されるのは、法令・許認可・人事関係であって、省庁において保管されている公文書の多くは、このようなものである。

これに対して、外交・軍事・警察に関わる省庁で作成される文書は、性格が大きく異なる。なかでも外務省は行政官庁と違って、国内行政に関わらないため許認可権が非常に少ない。また、諸外国との条約締結は担当するが、国内法である法令制定にも関与しない。

外務省の場合、諸外国を相手とするため事態は常に流動的であって、行政官庁のように決裁によってこれまでの業務を完結し、次の行動に移るという節目が明確ではないため、官僚組織特有の行動パターンは見られない。このことは、いったん完結するとこれまでの活動は重要性を失い、過去に派生した文書の有用性も低下するのとは異なり、完結しないためいつまでも過去の行動で派生した文書も業務上、必要なものとされる。しかも、外交交渉過程では、過去に相手国がどのような行動・発言をしたのかが、重要な判断材料となる。したがって、相手国の動向などの情報や外交政策判断の基礎となる資料、外交担当者の意見など、他の行政官庁では公文書と認識されずに、ほとんど残されない文書についても有用性が低下しない。

このような理由から、外務省には大量かつ内容もさまざまな文書が蓄積することになり、研究者にとっても、外交文書は研究素材の宝庫となる。そして、多くの研究者は、このような外交文書から公文書を理解しがちである。

しかし、外務省は、国内行政官庁とは根本的に異なる組織機能をもっているために、外交文書も他の公文書とは異なる構造となるのである。また、法令制定や許認可とは無関係の参謀本部や司令部などの軍令機関（陸軍省など軍政機関の一般業務は除く）、犯罪取り締まりを行う治安機関（一般警察業務は除く）なども行政官庁と異なり、それぞれの組織機能に応じた特異な文書が蓄積されるのである。

3　公文書の管理はどのようになされているのか

官僚組織において、活動（立案・決裁・施行）の痕跡は、文書として表される。また、すべての行動は文書に依拠し、文書の裏づけがないまま組織（そこに属する職員）が動くことはない。これは文書主義と呼ばれるが、官僚制が肥大化するにつれ、それが顕著となり、結果として膨大な文書が発生するようになった。

フランス革命の結果、王公族が保有していた諸記録や政府の公文書は公有とされて、新たに設置された公文書館において管理されることになった。公文書は、国民のものとされるとともに、作成から保存・利用にいたるまで体系的に管理されたことから、近代的な公文書館の起源は、フランス革命に遡るといわれている。しかし、二〇世紀以降、公文書をめぐる環境は、大きく変わった。とくに、国民生活の隅々にいたるまで行政が関わるようになり、世界各国において、官僚制が強固となり肥大化していった。その結果、各国では日々作成される文書量が、日常業務に支障が起きるまで増大したため、適切な文書管理の必要性が認識されるようになった。とくに、二度の世界大戦を通じて政府組織は巨大化し、文書量も激増したが、第二次世界大戦後は、政府内での文書管理のみならず、国民への積極的な情報公開も含めた総合的なシステム構築という課題も浮上し、公文書館の果たす役割が、より強く求められるようになったのである。世界の大多数の国は、第二次世界大戦後になって、現代文書管理システムの動きが始まったといえる(9)。

日本でも、各官庁内での文書管理は、明治初期から構築されてきた。明治中期までは政府組織の規模も小さかったので、公文書の管理も行いやすく、さまざまな内容の文書が保管されてきた。しかし、日露戦争以後、官僚組織の活動領域が拡大するに比例して、文書量が激増、さらに、タイプの登場や複製印刷技術の発展などによる記録媒体の多様化が加わったことで、文書管理システムにさまざまな問題が起きた。なかでも、増え続ける文書を残すものと棄てるものに分別する評価選別が大きな課題となり、現在にいたっている(10)。

公文書の保存規定の策定

そもそも、公文書は何でも無制限に保管できるものではない。組織がある限り日々大量に生み出される文書に対して、保管スペースには限界があるという物理的制約に加えて、文書を雑多に残すと、本当に必要な文書へのアクセスが困難になり、通常業務に支障が生じるからでもある。

そのような理由から、各省庁では、文書保存規程のような基準を策定し、ある案件が決裁を受けた段階で、完結文書として一括されると同時に、保存年限を決めている。そして、これら文書は、作成担当課から文書課へ移管されて保存され、保存期限が過ぎると廃棄される。すなわち、公文書は当初から「寿命」が定められているのである。

しかし、公文書は、期限が過ぎると廃棄される有期限保存文書のほかに、廃棄されずに保管され続ける無期限保存文書もある。[11] その線引きも文書保存規程において定められているが、選別基準が抽象的で具体性に乏しいという問題を抱えていた。

また、二〇一一年四月の「公文書等の管理に関する法律」（以下「公文書管理法」と略記）施行まで、各省庁間の文書管理は統一されていなかったため、各省庁によって有期限文書の保存年限の種類は異なっている。たとえば、大蔵省の場合、永久保存と一五年保存の二種類しかなかった（「大蔵省文書取扱規程」昭和八年九月二五日）。

一方、関東州の統治機関であった関東都督府の場合は、第一種（永久）・第二種（十五年）・第三種（七年）・第四種（一年）であり、選別基準は「永久ノ例規トナリ又ハ歴史ノ徴考ニ資スヘキモノハ之ヲ第一種文書トス。命令、上申、通牒、回答、調査報告、復命書、会計書類等ニシテ第一種ニ次キ保存スヘキモノハ其ノ必要ニ応シ之ヲ第二種文書又ハ第三種文書、一時ノ処弁ヲ了リ将来参照ノ必要ナシト認ムルモノハ之ヲ第四種文書トス」とされていた。[12] ここでは法令による例規が最重要に位置づけられていたが、「歴史ノ徴考」は抽象的であって具体性に乏しい。また、第二種か第三種かの選別基準は明確ではない。

また、商工省の場合も、商工省処務規程（大正一四年四月一日）では、永久保存（法規ノ制定、改廃ニ関スル文書其ノ他例規徴証ニ供スヘキ重要文書）・二十箇年保存（法規ノ執行ニ関スル訓令、指令、通牒等ニシテ特ニ重要ナル文書）・十箇年保存（五年以上十年以内参照ノ必要アリト認ムル文書）・五箇年保存（一年以上五年以内参照ノ必要アリト認ムル文書）・一箇年保存（一時ノ措弁ニ係ル文書）となっている。ここからは、法規の制定・改廃は永久保存であるのに対して、法規の執行に関わるものは有期限保存であることがうかがわれる［中野目・熊本編　二〇〇九：一〇六七］。

どこの省庁でも、規程で定められた選別基準は抽象的であって具体的ではないが、内務省の場合は、比較的具体性をもったものとなっている。内務省文書保存規程（昭和七年四月三〇日）によると、永久・三〇年・二〇年・一〇年・五年・一年の五類別が制定されているが、そのうち永久保存の基準は次のとおり［中野目・熊本編　二〇〇九：五六六—五六八］。

第一類　永久保存

一、法律、勅令、省令又ハ特ニ重要ナル訓令、通牒、告示、公告、内規

二、閣議ニ提出シタルモノニシテ重要ナルモノ

三、例規ノ基礎又ハ歴史ノ徴考トナルへキモノ

四、原簿台帳等ノ簿冊ニシテ重要ナルモノ

五、諮問ニシテ重要ナルモノ
六、報告、復命又ハ調査ニシテ特ニ重要ナルモノ
七、許可、認可、特許、登録又ハ契約等ニシテ特ニ重要ナルモノ
八、帝国議会ノ質疑ニ対スル応答ニシテ重要ナルモノ
九、公益法人ノ設立ノ許可又ハ許可ノ取消其ノ他監督上重要ナル事項ニ関スルモノ
一〇、訴願裁決其ノ他内務大臣ノ裁定又ハ行政訴訟若ハ民事訴訟ニ関スルモノニシテ重要ナルモノ
一一、国際会議ニ於ケル政府代表ニ対スル訓令
一二、国際条約ニ関スルモノニシテ重要ナルモノ
一三、本省調整各種統計年報等
一四、特別叙位若ハ特別叙勲又ハ褒章条例ニ依ル重要ナル表彰
一五、定期及定例ノ賞与ヲ除クノ外官吏又ハ待遇官吏ノ進退、身分又ハ賞罰ニ関スルモノ
一六、恩給ニ関スルモノ
一七、各種委員会委員幹事等ノ命免
一八、官吏、待遇官吏又ハ各種委員会委員幹事等ノ履歴書
一九、予算、決算又ハ出納ニ関スルモノニシテ特ニ重要ナルモノ
二〇、会計検査院ニ対スル弁明ニシテ重要ナルモノ
二一、右ノ外永久保存ヲ必要ト認ムルモノ

永久保存の範囲は、具体的であるが、三〇年保存以下の有期限文書の範囲は、「重要ナモノ」や「重要ナラサルモノ」など末尾に付く言葉が違うだけで、抽象的になっている。

具体性に乏しいなかで、省庁間で共通するのは、法規の制定改廃が最重要であり、許認可や人事もこれに続いて重視されていることと、決まった内容（帝国議会の質疑に対する応答）やできあがったもの（復命書）が重視されており、決定にいたる過程で派生した文書（質疑に対する応答案を決めるまでの議論、復命書を作成する際に参考とした資料など）については、どこにも触れられていないということである。

有期限保存文書の事例、満蒙国境交渉

また、有期限保存文書の基準も抽象的であるが、官僚組織において廃棄を前提とされる有期限保存文書が、歴史研究の視点からは重要なものが含まれる事例をあげてみよう。

「満蒙国境会議ノ件」という文書が、陸軍省の「昭和十五年　陸満密大日記　第一冊」に編綴されている。これは、昭和一五年一月一七日付で関東軍参謀長から陸軍次官宛に送られてきた秘電報（関参満電第四九号）に対する回答（「異存ナシ」）を決定した文書であり、ノモンハン事件後に行われた満洲国とモンゴルとの国境画定交渉において「アルシヤン」地域を確保するために「三角地帯」を放棄することの同意を求めたものである。[13]

この文書は、歴史研究からすると国境画定交渉の一端を示す重要な文書であるが、作成した陸軍省では、保存年限は一〇年となっている。実際には、敗戦によって米軍が接収したために現在に残されたが、本来

ならば、文書作成の翌年から起算して一九五〇（昭和二五）年度には保存年限が満了し廃棄される文書であった。

この時期の「陸軍省処務規程」（昭和一二年五月二〇日改正）では、文書保存は第一から第三類までの三つに区分されていた。各類の詳細は次のとおり。[14]

第一類　永久保存
軍令原本、御裁可書、法規ノ制定改廃ニ関スル文書、例規徴証ニ供スヘキ資料、戦役又ハ事変ニ関スル書類、契約ニ関スル文書、指令回答ニ関スル文書、諸報告、復命書、調査書、軍法会議ニ関スル記録等ニシテ十年以上参照ニ資スヘキモノト認ムル文書及簿冊
第二類　十年間保存
普通ノ文書ニシテ数年間ノ参考ニ供スヘキモノト認ムル文書帳簿
第三類　三年間保存
一時ノ措弁ニ関スル書類

陸軍でも、選別基準は抽象的であり、永久保存は対象文書が広すぎ、有期限保存は具体性が欠けている。そのため、「満蒙国境会議ノ件」が一〇年保存とされた判断理由を外部からうかがうことは難しい。考えられる理由は、この案件（国境交渉）は、軍務課が主体となって取り組んでいるのではなく、関東軍が案

件の主体であって、その意見に同意するという内容にすぎないからであろう。すなわち、内容よりも自課が責任をもつ案件であるか否かが重要なのである[15]。

作成文書と収受文書

公文書は大きく分けると、作成文書と収受文書の二種類から構成される。このうち作成文書は、主務課で作成されたもので、これまで述べてきた決裁文書が該当する。これに対して、同じ組織内である他課や他省庁などから回付されてくる文書が、収受文書と呼ばれる。こちらは、単に受け取って確認するものであり、オリジナルは、回付元の主務課が作成文書として保管している。つまり、公文書は何枚も複製がつくられて、関係各課に回付されているのが一般的である。そして、オリジナルは主務課が作成文書として重要視するが、他課では収受文書であるため、同じ内容のものであっても重要度が低くなる。

また、文書の保存管理を定めた規程では、原則として組織内の各課が作成収受した文書は、文書課へ移管されて管理されることになっている。しかし、実態は現在も業務に使用しているという名目で、各課が管理している文書が多く、必ずしも同じ組織内で統一された文書管理のもとに情報の共有がなされているわけではない。

そのため、保存年限が過ぎても、そのまま現課で放置されていたり、そもそも保存年限が付与されていない文書も多い。とくに収受文書の場合は、容易に廃棄されるか、保存年限が付与されずに放置されやすい。さらに、日本では明治から昭和戦後期まで、複数の一件文書を一冊の簿冊に編綴していたが、この場合、一冊のなかに無期限保存文書と有期限保存文書が混在するケースもあった。編綴してしまうと、開綴するのは容易でないため、結果的に有期限保存文書が残って、実質的に無期限保存になっていた[16]。

公文書管理を考える際、省庁から公文書館への移管が問題となるが、それ以前の問題として、組織内の文書課が強い移管権限をもっていないため、各省庁内部で文書の集中管理ができていないという現実を認識する必要があろう。

このような、曖昧な評価選別基準、各省バラバラな文書管理、文書課の管理権限の弱さなど、明治以降の日本官僚制が抱えている文書管理の問題は、公文書管理法施行後は大きく変わりつつある。とくに各省庁バラバラであった文書管理が統一され、法的にも規程から規則へと格上げされ、評価選別基準が個別具体的になったことは大きな進歩といえよう。

しかし、出先機関や地方庁などでは、旧来どおりの文書管理が行われている。また、職員の意識が転換したわけではなく、「公文書」のイメージも相変らず決裁文書中心である。

たとえば、東日本大震災で、政府の原子力災害対策本部の議事録が作成されていなかった事例が象徴的である[17]。公文書管理法では、会議録や会議メモなども公文書と位置づけられており、また、歴史的にも東日本大震災に関わる重要な記録であると誰もが思っているにもかかわらず、記録が作成されていなかった。このことは、職員の怠慢や無知というレベルではなく、職員がそもそも議事録を公文書として認識していなかった、または認識されていたとしても重要度が低いと見なしていたことが原因であろう[18]。

なお、公文書には大きく分けて、普通文書と機密文書の二種類ある。これまで触れてきた公文書は普通文書であって、機密文書に関しては、各組織が独自の規程を設けている。機密文書は、国家総動員法に基づく総動員機密文書、軍用資源秘密保護法に基づく軍用資源秘密文書、それ以外の普通機密文書の三種類がある。(19) しかし、これらは主に情報に属するものであって、政策決定過程で派生する文書とは異なるのである。

4　公文書の私文書化

これまで述べてきたように、公文書とは、そもそもすべての情報を網羅しているわけではなく、むしろ抜け落ちている情報が多いものである。歴史研究では、このように抜け落ちた情報が重要な資料となることが多い。たとえば、調査報告書・会議記録・草稿・職員のメモなどである。これらは官僚組織に残されていることは少なく、むしろ個人の私文書として残されているケースが多い。

事例一　朝鮮総督府の「上海情報」

具体例として、「上海情報」という朝鮮総督府警務局が、一九二二（大正一一）年八月七日付で作成した文書をあげてみよう。(20) これは、当時上海で活動していた朝鮮人独立運動団体の内情を調査したもので、朝鮮総督府警務局長から警視総監・拓殖局長・内務省警保局長・関東庁警務局長・奉天総領事・吉林総領事・間島総領事・哈爾賓《ハルビン》総領事・天津総領事・安東領事・長春領事・鉄嶺領事・各道知事・各派遣員に宛てて発送された。すなわち、この情報は、発信先の警務局と発送先の各機関を合わせると三〇部近く作成されたことになる。しかし、この現存する文書は一部しかない。しかも、私文書としてである。公的機関が作成し、公的機関に配布された文書であるにもかかわらず、そのようになったのは、何故であろうか（図2）。

　この文書の旧蔵者は、朝鮮総督府の上海派遣員であった人物である。朝鮮総督府警務局長名で出された情報の送付先の最後に「各派遣員」とあるが、朝鮮総督府は、ハルビンや上海など在外朝鮮人が多数居住する地域に派遣員を送り、動向調査などを行っていた[21]。

図2　「上海情報」（1922年8月7日）

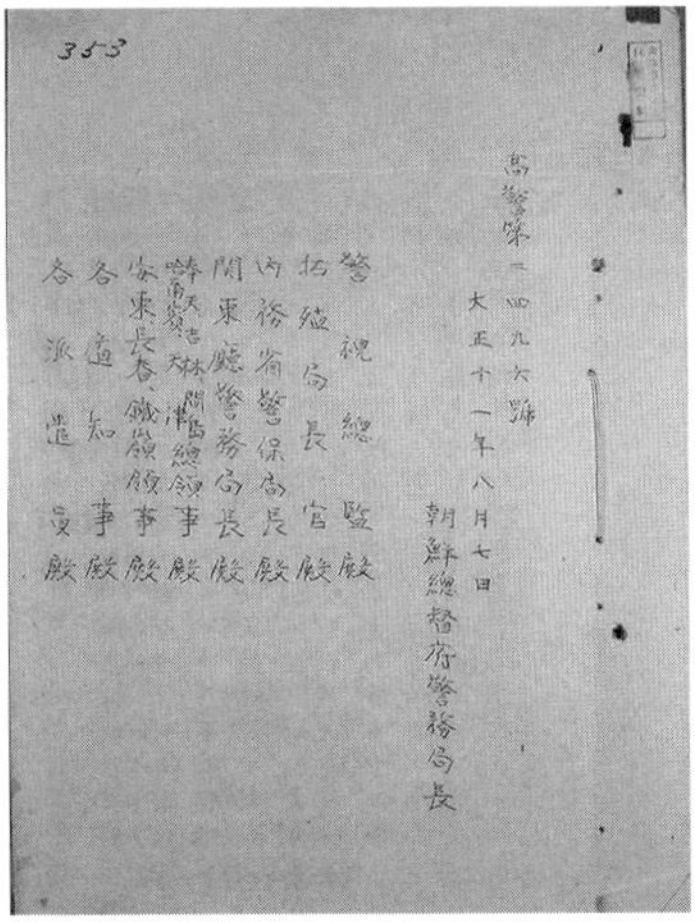
353

高警第二四九六號

大正十一年八月七日

朝鮮總督府警務局長

警視總監殿

拓殖局長官殿

内務省警保局長殿

関東廳警務局長殿

哈爾賓・吉林・間島總領事殿

安東・長春・鐵嶺領事殿

各道知事殿

各派遣員殿

　派遣員は外務省嘱託として総領事館など外務省出先機関とも強い関係をもっていたが、業務は独立した事務所（室）で行っていたため、業務で派生した文書は、事務所で管理されることになる。派遣員は数年で交替するため、これらの文書は後任派遣員に引き継がれるのが一般的である。しかし、小規模組織の場合、文書の作成から管理まで一人の個人が担うケースが多く、結果的に公私の分別が曖昧になって、公文書の私文書化が起きることになる。

　この文書の所蔵者は、一九三〇年五月に上海に着任して、一九三八年八月にハルビンに転任している。文書は、一九二二年に作成されたものなので、上海着任時に本人が前任者から引き継いだものであろう。しかし、その後、本人がハルビンへ転任する際、後任者へは引き継がず、私物として持ち出したのである。

このような事態が起きたのは、本人が文書管理にルーズであったというのではなく、本人の総督府内で持ち続けている専門性（朝鮮人の取り締り）が変わらない限り、上海時代に得た情報が、転任しても本人の活動業務の参考資料として必要であると判断されれば、新任者へ引き継がずに持ち出しても問題ないという認識があったからであろう。[22]

結果として、組織内で厳重な文書管理がなされていない場合、本来は組織に属すべき文書が、人に属するようになるケースが多発し、時には、機密に属する文書も容易に外部へ流出することになる。

事例二　陣中日誌と戦闘詳報

全国各地の陸上自衛隊駐屯地には、敷地内に資料館がある。ここには地元出身の元兵士から寄贈された軍服や写真など、さまざまな資料が展示されており、文書も存在する。多くは、軍隊手帳や従軍証明書、感状などであるが、時折、陣中日誌や戦闘詳報のような部隊の行動記録が混在している。しかも、これらは旧連隊が公文書として所蔵していたものではなく、個人が私文書として所蔵していたものである[23]（図3）。

陣中日誌（動員から解除までの毎日の部隊記録）や戦闘詳報（実際の戦闘行動記録）は、中隊レベルで作成

図3　私文書とされた陣中日誌

され、大隊に報告される。大隊は各中隊からの情報をまとめて連隊へ、連隊は各大隊からの情報をまとめて師団へ、師団は各連隊からの情報をまとめて方面軍へと上部組織へ情報を集約し、最後は参謀本部へ情報が集められる。しかし、その過程で、中隊レベルで記録された日々の詳細な情報は簡略化されていく。上部組織へ行けば行くほど情報は広範囲になるが、逆に現場の詳細な情報は省略されるので、むしろ、戦闘や戦場の記録としては、中隊レベルで作成された記録が、最も情報が豊富ということになる。

しかし、こうした記録の多くは廃棄される。まず、中隊から大隊へ情報が伝達された時点で、これまで中隊が作成していた記録は、役割を終えて不要となる。さらに、作戦部隊である中隊は、常に戦場を移動しており、しかも作戦部隊には、日々作成・収受される文書を管理する機能も場所ももっていない。いわば、作戦部隊では文書を残すことは非現実的であって、棄てることが現実的なのである。これは、連隊、師団のような大きな組織でも、内地を離れて戦場にあれば同じである。その結果、陣中日誌など日々作成される記録については、用済みとなれば廃棄されるのが基本となる。

だが、そもそも文書管理機能をもたない作戦部隊において、廃棄が厳重に行われるわけではない。その結果、陣中日誌などの作成や一時的保管に関わっていた将校や兵士の所有するところとなり、故郷へ郵送、または持ち帰られ、結果的に私文書となるのである。

もっとも、このような行為は、軍機保持の観点から許されることではなく、取り締まりの対象でもあった。事実、憲兵隊による通信検閲では、兵士が陣中日誌などを戦場土産として故郷へ郵送しようとして、差し押さえられる事例も散見される。しかし、文書管理システムが構築されないままであれば、このような私文書化を完全に防止することは不可能である。

以上の二つの事例のように、最も機密性が要求される警察や軍においても、このような状態であるから、一般行政組織における公文書の私文書化はより常態化しているといえよう。たとえば、国立国会図書館憲政資料室に所蔵される私文書には、本来ならば公文書であるものが大量に含まれている。佐藤栄作が沖縄返還にまつわる日米密約文書を私邸に保管していた事実も、事の大きさは異なるが、本質的にはこれまで触れた事例と同じである。

ただし、このような公私未分化は、日本特有の現象ではない。アメリカでも、大統領を中心としたホワイトハウスの文書は長い間、私文書であった。一九三九年にフランクリン・ローズベルトが自身の文書を連邦政府に寄贈したのが、大統領図書館の嚆矢となり、トルーマンもこれに倣ったことから、歴代大統領は自身の文書を政府に寄贈するのが慣習となった。しかし、この段階では、まだ元大統領の文書は個人所有の私文書であった。これが、ウォーターゲート事件をきっかけに一九七八年に「大統領記録法」が成立し、レーガン大統領以降の大統領文書は連邦政府の公文書として扱われることになったのである。

また、日本と同じ議会制民主主義をとっているイギリスでも、首相の文書は私文書である。チャーチルやサッチャーの私文書には、本来は公文書として位置づけられるべきものが大量に含まれているが、これが公私混同だといって非難されることはない[24]。

人間は、社会的動物であって、何らかのかたちで社会と関わっている。その関わり方の多くは、社会のある組織に属して仕事に従事することである。そして、その仕事に従事するなかで、誰もが文書を作成し、保持した結果、一定の文書が個人の所有になる。このようになるのは、故意または感傷的な理由から意識的に私物化されたからではなく、通常の仕事の延長で、いつの間にか自宅に保管されていたという偶然性に左右された結果である。人間の活動のなかで公私の分別の境目は実に曖昧なのである。

したがって、公文書と私文書を完全に分けることは不可能である。また、公文書の私文書化を防止することは、旧ソ連のように完全な情報コントロールが行われる国家でない限り困難である[25]。むしろ、公文書は私文書化することを前提として、公文書以外にも私文書を適切に受け入れる仕掛けをつくり、適切な管理のもとで一般公開するシステムの構築を考えることが必要であろう。

おわりに

　医者が患者を治療する際、現れた症状だけを除去するだけでは、一時的な治療にはなりえても根本的な治療にはならない。ましてや、患者に対して、健康を心掛けよといった精神論を吹き込むとか、仮病だとして患者を追い返すというのは論外である。

　公文書管理が問題ならば、なぜそのような問題が発生するのかを考えなければならない。しかし、日本の議論では、官僚組織は隠蔽体質だからこれを改めねばという精神論か、役人は責任逃れのために情報を隠蔽・廃棄するものだといった先入観で語られ双方の対話が成り立たないことが多い。これでは、患者に対して病気になったお前が悪いといっているのと同じで、何の解決策にもつながらない。

　公文書管理を議論するためには、まず、公文書を作成する側の習性や特性を理解する必要がある。そのうえで、問題点を抽出することが最も重要ではなかろうか。

　本章では、公文書を作成する側である官僚組織の特性を論じてきた。公文書管理のシステムは、現在にいたってもまだ課題は多い。現在の官僚組織の論理からは、いくら公文書管理法が定められても、残される公文書の範囲は旧来どおり決裁文書が中心であり、組織内ですら文書管理を完璧にコントロールすることは難しい。

　高度な情報化社会となった現代の文書管理は、情報管理と言い換えるべきであるが、日本社会では「情報」の概念がきわめて薄いため、そのような発想の転換は、まだまだ先のことになろう。常に将来を見て活動する官僚組織では、過去に比重がおかれる文書管理に関心をもつ職員は限られ、文書管理は閑職扱いになりがちである。

「情報」とは、新しければよいわけではない。現在を分析するためには、過去から現在までの情報の「厚み」が必要であるが、日本では鮮度だけが重視されて、過去の情報は無価値とされがちである。この考えが、情報の厚みを重視する英米との差であり、国立公文書館の充実度の違いにつながっているといえよう。

こうしたなかで、現職員に対して、公文書は大切だから作成したものはきちんと管理しなければならないと訴えても、誰がそれをやるのかといった問題が浮上してくる。日々膨大な文書が生み出される現場において、文書管理は現職員が片手間にできるものではない。

もちろん、現職員に文書管理のスキルを身につけさせて、それを担当させたほうがよいという考えもあり、地方自治体ではそうした実例もある。確かに、新たな人件費を必要とせず経済的であるが、配属された職員は、退職まで文書管理を行うわけではないので、後任者への引き継ぎが課題となる。また、文書管理に配属されるとその後は他部署への移動が不可能になるとしたら、通常の人事システムから外れた（と認識する）職員のモチベーションは低下するであろう。

結局、文書管理の専門官を配置することが、短期的には人件費の増加になるものの、長期的には最も合理的であって、組織にとっても業務の効率化につながるのである。もちろん、その際には文書管理専門官の権限や身分をどうするかが大きな課題となり、現行の公務員人事制度の改正も必要になる。

公文書を利用する立場にある歴史研究者も、このような問題を含め、公文書をいかにコントロールするかについて、もっと積極的かつ具体的な発言を行い、建設的な議論に加わるべきではなかろうか。研究者も社会に対して何らかの貢献が求められているのである。

〔注〕

（1）本章で使用する「文書」とは、単なる紙媒体の記録にとどまらず、電子記録や写真・図なども含めた広義の意味を含む。

（2）組織にとって公文書を廃棄することの意味については、加藤［二〇〇五］参照のこと。なお、必要なものが作成され残されるのは、組織文書に限らず私文書にもあてはまる。違いは組織文書に比べて個人文書は、作成・保存の基準が不明確であるという点である。

（3）国家総動員法の閣議決定書はアジア歴史資料センター（ＪＡＣＡＲ）のウェブサイトにおいて閲覧可能である。ＪＡＣＡＲ　Ref.A02030075800、公文類聚・第六十二編・昭和十三年・第七十一巻・軍事・陸軍・海軍・国家総動員・雑載（国立公文書館）。

（4）ＪＡＣＡＲ　Ref.A03022164500、御署名原本・昭和十三年・法律第五五号・国家総動員法制定軍需工業動員法及昭和十二年法律第八十八号（軍需工業動員法ノ適用ニ関スル件）廃止（勅令第三百十五号参看）（国立公文書館）。

（5）ＪＡＣＡＲ　Ref.A14100600200、公文類聚・第六十一編・昭和十二年・第七十二巻・軍事・陸軍・海軍・防空・戒厳・雑載（国立公文書館）。

（6）ＪＡＣＡＲ　Ref.A14100600300、公文類聚・第六十二編・昭和十二年・第七十二巻・軍事・陸軍・海軍・防空・戒厳・雑載（国立公文書館）。

（7）なお、国家総動員法に基づいて総動員機密文書が特別に管理されることになるが（「企画院総動員機密取扱規程」

昭和一四年一二月二〇日)、対象は総動員計画・生産力拡充計画に関わる事項、関連会議の重要議事、その他である。ここでも設定方針や基本計画など決まったことが中心であって、決定過程で派生した文書ではない(総動員機密取扱規程は、中野目・熊本編[二〇〇九:三〇四-三〇五]参照)。

(8)日本の官僚制は、限られた資源を最大限に活用して活動領域を拡大する活動型官僚制であり、また専門性の高い職員が与えられた範囲で活動する専門指向型の英米に対して、総合性を重視し、所属する組織全体で活動する個別組織指向型である。これら日本の官僚組織の特性については、村松[一九九四]参照。

(9)アメリカを例にあげると、米国立公文書館が設置されたのは一九三四年であるが、これは第一次世界大戦後の文書量の増大と杜撰な記録管理(出征軍人の年金問題)が背景にある。そして一九四一年の第二次世界大戦参戦後はさらに文書量が激増したため、これまで受け身の存在であった国立公文書館が、不要文書の迅速廃棄を中心とした評価選別の観点から各省庁の現用文書管理に能動的に関わり始め、戦後の一九四九年になって現在の国立公文書館の機能に近いものに脱皮した。このように、アメリカでも強い権限をもつ公文書館になったのは戦後である。

(10)明治期の公文書と大正・昭和期の公文書を見比べるとその違いは歴然である。比較的系統的・体系的に文書がまとめられている明治期の公文書に対して、大正期以降の公文書は雑然としており、系統性・体系性を把握することが難しい。これは業務の拡大による文書量の激増に対して文書管理システムが追いついていないことを表している。

(11)無期限保存文書は組織によって「永年保存」か「永久保存」のどちらかが使われている。「永年保存」はいつかは保存期間満了扱いとなって廃棄される可能性を含んでいる一方、「永久保存」は文字どおり廃棄されずに半永久的に保存するという位置づけである。

(12)「官房並民政部記録規則」(明治四二年一月一四日訓令第一号、関東都督府官房文書課編『明治四十三年十一月一日現行　関東都督府法規提要』一九一〇年収録)。

(13)文書作成の主務課は軍務課、主務課提出は一月一八日、大臣官房決裁(高級副官)は一月二二日である。JACAR　Ref.C01005957400、昭和十五年「陸満密大日記第1冊」(防衛省防衛研究所)。

(14)JACAR　Ref.C01005039800、昭和十二年「陸普綴記室」(防衛省防衛研究所)。

(15) 案件の主体である関東軍側には国境交渉での妥協を立案・決裁した文書とその妥協案への同意を陸軍省に求めることを決裁した文書、さらに陸軍省から同意するとの回答文書が保存され、これらはおそらく一〇年保存ではなく永年保存に位置づけられていたと思われる。

(16) たとえば、陸軍省の密大日記などを見ると一冊の簿冊のなかに無期限保存と有期限保存が混在しているのを確認できる。なお、このような混乱は、脱着可能なファイルが使われるようになった平成以降でも見られる。

(17) NHKニュース(二〇一一年一月二二日)。

(18) ちなみに、会議では担当職員がボイスレコーダなどで録音をしていた可能性が高い。通常では、次回会議ではまず前回会議の議事確認が行われる。その際、資料として出される前回会議議事録は個別の詳細な発言記録ではなく、会議全体を簡単な箇条書きでまとめたものであることが多い。しかし、議事録作成の担当職員は、議事録作成の参考・確認のために会議をボイスレコーダなどで録音しているのが一般的である。したがって、問題となった議事録未作成の一方で、何らかの録音データが存在する可能性が高い。しかし、このような職員の業務の参考資料は、公文書管理法では紙記録のみならず電子記録も含むとされているにもかかわらず公文書とは認識されていないので、そのまま職員のデスクまたはパソコン内に「放置」されていると考えられる。

(19) 注7と同じ。

(20) 「林利治朝鮮総督府史料」(山口県文書館所蔵)。

(21) 朝鮮総督府派遣員は内務局系統と警務局系統の二つあり、大正一一年三月時点ではウラジオストク・北京・ハルビン・吉林・奉天・通化・間島・安東・上海に派遣員が駐在していた。JACAR Ref.B03041601800、朝鮮人ニ対スル施政関係雑件/一般ノ部第一巻(1-5-3-15_1_001)(外務省外交史料館)。

(22) この文書群には「上海情報」以外にも、上海派遣員時代に作成した特秘扱いの「報告綴」やハルビン転任時に前任者から引き継いだ「朝鮮革命軍ノ状況」など私文書化した多くの公文書が残されている。

(23) 本章で参考としたケースは、陸上自衛隊国分駐屯地内にある薩摩隼人記念館所蔵の歩兵第四五連隊第二中隊の陣中日誌および戦闘詳報である。なお、同資料館にはこのほかにも歩兵第四七連隊が作成した「白半峪西方長城附近戦闘詳報」や第二〇師団参謀部が作成した「機密作戦日誌」なども寄贈されている。

(24) チャーチル文書およびサッチャー文書は、ケンブリッジ大学チャーチルカレッジのアーカイブズセンターで公開されている。なお、同センターにはこのほかにも英国政財界の個人文書が大量に保管されている。URLは以下のとおり。https://www.chu.cam.ac.uk/archives/

(25) ソ連の公文書管理システムは世界的に見てもほぼ完璧なものとなっている。また、公私の活動が一体化しているため、スターリンやモロトフなどが所持していた文書は国家、というよりもソ連共産党の所有となっている。

〔文献一覧〕

加藤聖文「喪われた記録——戦時下の公文書廃棄」『国文学研究資料館紀要　アーカイブズ研究篇』第一号、二〇〇五年

中野目徹・熊本史雄編『近代日本公文書管理制度史料集　中央行政機関編』岩田書院、二〇〇九年

村松岐夫『日本の行政——活動型官僚制の変貌』中央公論社、一九九四年

第7章　地方自治体における公文書管理とアーカイブズ

青木祐一

はじめに

本章では、地方自治体における公文書管理とアーカイブズの問題について、歴史的経緯、法制度面での位置づけ、アーカイブズ機関の形態と具体的事例の検討という観点から述べる。地方自治体における公文書管理およびアーカイブズ制度の課題を提示し、歴史学との関係、住民にとって有用な情報資源としての公開と活用への道筋を示したい。

本章で述べる、「アーカイブズ」（Archives）とは、次の三つの意味をもつ。

①歴史（記録）資料、資料群＝資料そのもの
②歴史資料を保存・公開する機関・施設＝歴史資料保存利用機関
③歴史資料を保存・公開するための機能

そして、筆者が現在所属するアーカイブズ学とは、歴史資料としてのアーカイブズを適切に収集・保存・公開するための科学的方法を考える学問ということになる。

また、日本には以前から「文書館」「公文書館」「資料館」といった名前をもつ機関・施設が存在する。これらは歴史資料を、①組織的・経営上の資源として、②歴史的・文化的資源として収集・保存し、一般の利用に供するための機関である。これらを総称して、本章においては「アーカイブズ機関」と呼ぶことにする。

それではなぜ、公文書をはじめとする記録は残されなければならないのか。そしてまた、アーカイブズはなぜ必要なのだろうか。それは、記録とは、団体・組織、地域、個人にとって必要かつ有用な情報資源であり、知的基盤となるものだからである。たとえば、自らの出自や歩み、沿革を知ること、証拠や記憶をたどること、過去の経緯を知り、現在と未来に活かすこと。つまり、資料としての公文書とアーカイブズは、現在、未来の社会に役立つ情報資源、知的資源なのである。以上のような意味において、公文書やアーカイブズは、単なる歴史学研究の研究素材としてのみ存在するわけではない。社会にとって共有の情報資源、知的資源なのである。まずはじめにその点を確認しておきたい。

本章の課題は、地方における文書館、公文書館、資料館などさまざまな名称をもつアーカイブズ機関について、歴史的経緯と現状における課題、今後の展望について検討することにある。日本における「アーカイブズ運動」とは、まさに地方から始まったものである［高橋　一九九七］。地方の公文書管理とアーカイブズを論じることは、まさに日本の公文書管理とアーカイブズを論じることにつながるはずである。

1　日本における公文書管理、アーカイブズの歩み

戦前の公文書管理制度

明治以降、現代にいたるまでの国の公文書管理制度については、瀬畑［二〇一一］に詳しい。周知のとおり、戦前の日本にアーカイブズ制度は存在しなかった。そして、官僚は天皇に対してのみ職務上の責任を負うこととなっていた。そうした体制下では当然、公文書が国民の目に触れることはない。国民が公文書を目にすることができるようになるのは戦後、かなり経った後のことである。

地方においても状況は同様であった。とくに戦前の「地方自治」とは、「自治」という言葉があてられているものの、知事は中央からの任命であり、市町村長および市役所、町村役場の業務は内務省と府県の強い監督下にあった。ただ、その状況がかえって厳密な文書管理を生み出した側面もあると思われる。たとえば、一九〇八（明治四一）年から始まった地方改良運動では、内務省による講習内容の一つに文書事務の改善があげられていた。国家統治の基礎的行政機関として位置づけられた市町村では、国政委任事務が増大し、文書事務の合理化と効率化は、政府の意思を末端にまで貫徹するために必要な措置だったのである。

とはいえ、地方における公文書管理に国レベルの制度がどの程度反映されていたのか、また実態はどのようになっていたのかを明らかにした研究は少ない。

戦前の静岡市における公文書管理

静岡市には、一八八九（明治二二）年の市制施行以降の市参事会および市会の記録や事務報告などの公文書が体系的に保存されている（図1）。一九二一年段階での同市処務規程では、第三章で処務順序として文書の作成と処理方法、第五章で文書の編纂と保存について定めている。文書の保存期限については表1のように、永久保存、七年保存、三年保存、一年保存の四種類に類別されていた。

また、各課保存文書は目録を作成して市長の認可を受けること（三九条）、完結文書は直ちに編綴し索引を付すこと（四〇条）、「当時使用ノ要ナキモノ」は第一課に引き継ぎ、台帳登録のうえで文庫へ保管すること（四三条）、第一課は毎年一回文庫内の期限満了文書を調査して廃棄の措置をとること（四七条）など、文書管理に関する具体的な手続きについて定められている。

市参事会と市会の原議・議案、決議録、議事録などが系統的に残されているため、市の意思決定過程がわかる。また事務報告も毎年分あり、市政や市役所内で

図1　静岡市所蔵「参事会決議録」（明治24年）

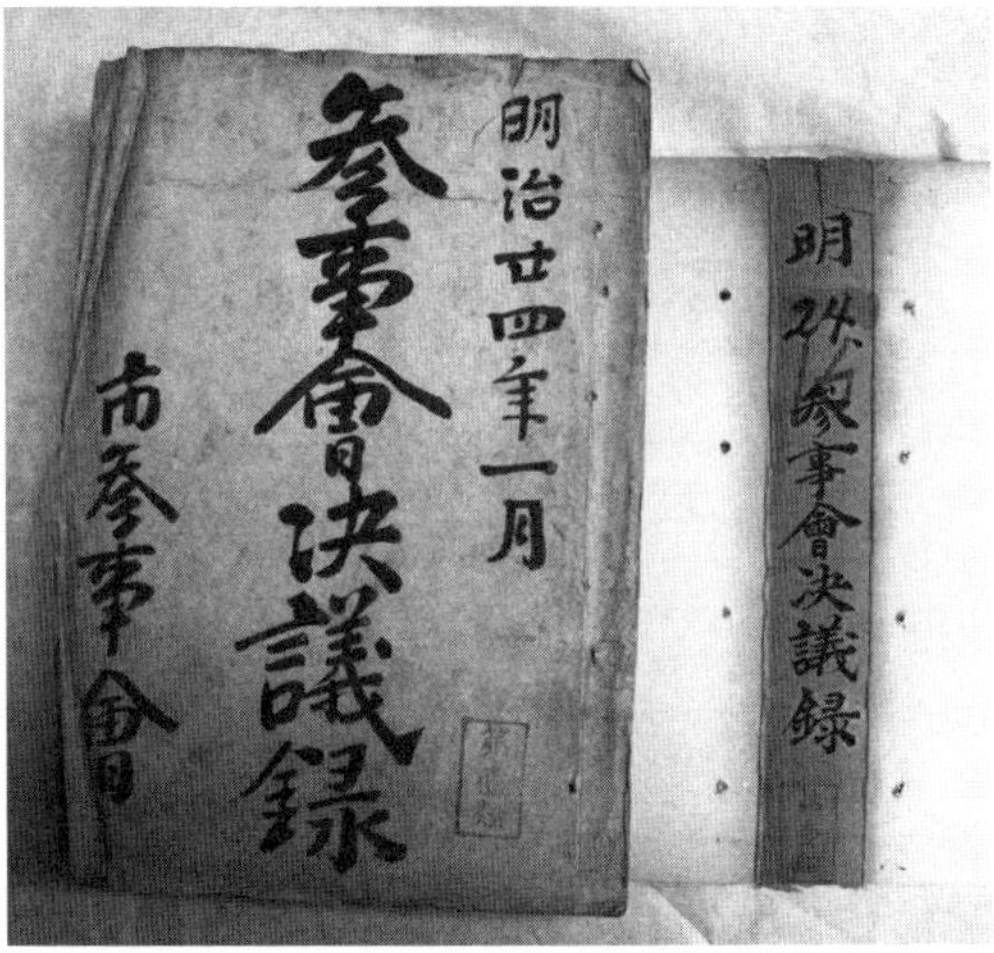

表1　静岡市処務規程（1921年）

第五章　文書編纂及保存 第三十八条　公文書ハ左ノ種別ニ依リ整理保存スヘシ，但法令又ハ契約ニ依リ期限アルモノハ其ノ期限ニ従フ 第一類　永久保存 一　法規令達ノ類 二　職員ノ進退賞罰ニ関スル書類 三　市条例諸規定指令達之類 四　事務ノ興廃弛張成績ニ関シ市政沿革ノ徴考及事ノ証憑トナルヘキ書類及各種ノ台帳類 五　会計簿記冊子及決算書類 六　各官衙ノ訓令照会通牒等ニシテ将来ノ例規トナルヘキモノ 七　市参事会及市会ノ決議ニ関スル書類 八　右ノ外永久保存ノ必要アリト認ムル書類 第二類　七年間保存 一　各官衙ノ照会通牒及人民ノ諸願又ハ諸帳簿等ノ内永久保存ノ要ナキモ，五年以上保存ノ必要アリト認ムルモノ 第三類　三年間保存 一　人民諸願届又ハ受付簿等ニシテ前項ノ年限間保存ヲ要セサルモ，二ケ年以上保存ノ必要アリト認ムルモノ 第四類　一年間保存 一　一時ノ処弁ニ属スル文書及一年限リノ使用ニ止リ後年ノ参照又ハ使用ノ要ナキ諸帳簿類

の事務処理の状況についても知ることができる。これらの文書は永久保存文書として保存されてきたものである。

その一方、静岡市にはアーカイブズ機関は設置されていない。現在これらの古い公文書を閲覧する制度は整備されておらず、残念ながら誰もが自由に利用できる状況にはなってはいない。静岡市に限ったことではないが、公文書が保存されていても、それが公開され、利用できる状況になければアーカイブズとはいえない。アーカイブズにとって最も重要な問題の一つがアクセスであり、保存と公開の仕組みが必要なのである。この点については後述する。

地域資料（民間資料）の保存

明治以降に作成された公文書に対し、近世に作成された村や町の文書の多くは公的組織に引き継がれることなく、そのまま共同体や個人の家に残された。これらの文書は、「古文書」や「私文書」として公文書とは区別され、廃棄・散逸の危機にさらされ続けた。戦災、天災、社会変動といったことに伴い、多くの文書が歴史的な資料としての価値を見いだされないまま失われ、廃棄されていった。

これら民間資料の価値が見直されたのは敗戦後のことである。一九四〇年代後半には国の事業として民間資料の所在調査が行われ、その結果として、一九五一年に国立史料館（現在の国文学研究資料館）が設立された。しかし、これだけでは日本中に散在する資料をカバーするにはとうてい不十分であった。

一方、地方では一九五九年の山口県文書館を最初として、地方にアーカイブズ機関が設立されるようになった。また、各地で実施された自治体史編纂事業も、民間資料の調査を促進する大きな原動力となった。しかしその反面、自治体の歴史編纂事業が、地方アーカイブズ機関の設立や民間資料の保存体制を確立する方向には必ずしも結びついてはいかなかった。これら民間レベルに残された資料は、地域の歴史や記憶を伝える地域資料として位置づけられるものである。

現在、地方アーカイブズ機関は、都道府県レベルで三六、市町村レベルでは三二しかない（二〇一五年一月現在）。日本のアーカイブズ機関は、数も少なく、その法的位置づけの脆弱さから、活動人員や予算を非常に制限されている。また、収蔵施設はいずれも余裕がなく、新規に資料を受け入れることができない機関も多い。したがって、多くの地域資料が現在でも共同体や個人の家に残されたままであり、公的な保護を十分に受けられない状況にある。

2　法制度面での位置づけ

公文書館法

地方におけるアーカイブズ機関設立を後押しした要素として、一九八七年に制定された公文書館法がある。公文書館法は、国および地方自治体が「歴史資料として重要な公文書等の保存及び利用に関し、適切な措置を講じる責務を有する」（第三条）ことを明記し、公文書館の設置を促したものである。ここに、「公文書等」が重要な歴史資料であることが法律上で初めて位置づけられた。そして、公文書館は「公文書等」を保存し、閲覧に供する施設であり、附則による条件つきとはいえ「専門職員」の配置も義務づけている。この法律に基づいて多くの自治体でアーカイブズ機関が設置された。

公文書管理法

公文書館法は地方におけるアーカイブズ機関設置の第一の契機となった。第二の契機が、二〇〇九年に制定された「公文書等の管理に関する法律」（以下「公文書管理法」と略記）である。この法律は、「国及び独立行政法人等の諸活動や歴史的事実の記録である公文書等が、健全な民主主義の根幹を支える国民共有の知的資源として、主権者である国民が主体的に利用し得るもの」（第一条）とあるように、「公文書等」

を「国民共有の知的資源」として位置づけ、日本で初めて公文書の保存・管理について定めた基本法である。同法によって、国レベルの機関では、統一的な基準に基づいた文書の作成、管理・保存、「国立公文書館等」のアーカイブズ機関への移管・公開が行われることとなった。

また、同法は地方自治体における公文書管理について、第三四条で「地方公共団体は、この法律の趣旨にのっとり、その保有する文書の適正な管理に関して必要な施策を策定し、及びこれを実施するよう努めなければならない」と、地方自治体に対し公文書管理に適切な措置をとるよう、努力義務を課している。

附帯決議と歴史学研究会などによる要望

公文書管理法制定時に、参議院、衆議院でそれぞれ附帯決議が可決されている。

参議院では二一の項目があげられているが、一五項目で地方自治体における公文書管理のあり方の見直しの支援、国立公文書館と地方公文書館との連携強化を求めている。また、一六項目で多くの地方自治体で公文書館と図書館が併設されている実態を指摘し、このような実態を踏まえてより多くの公文書館が設置されるような環境を整備するよう促している。この点は衆議院で可決された一五の附帯決議のうちの一四項目でも同様のことが述べられている。

つまり、地方においてアーカイブズ機関と図書館の併置や、図書館にアーカイブズ的な機能が付加されている現状を踏まえて、地方自治体にアーカイブズ機関の設立を求める内容となっている。

上記の附帯決議に関連して、歴史学研究会ほか歴史学関係一六団体は、二〇〇九年一二月に八つの項目にわたる「公文書管理法施行に関する要望書」を政府に提出している。このなかで地方におけるアーカイブズ機関の設置について、八項目で以下のように要望している。

公文書管理法第三十四条には、地方公共団体が、文書の適正な管理への施策を策定し実施するよう務めなければならないと規定されている。現在、地方公共団体に設置された公文書館の数は、都道府県三〇館、政令指定都市七館、市区町村一六館にすぎない。このままでは、多くの地方公共団体の歴史的公文書が散逸する危険性が高いといわざるをえない。そのため、地方公共団体に対して、公文書管理制度の導入を奨励するために、財政的支援を行うことを要望する。

このように、地方における歴史的公文書の散逸の危険性について指摘し、国に対して地方自治体の公文書管理制度に対する財政的支援を求める内容となっている。

公文書管理条例の制定

公文書管理法によって、少なくとも国レベルの公文書については、作成、保存・管理、廃棄またはアーカイブズ機関への移管・公開までの一連の過程が法律で定められたことになる。

この法律に刺激されて、公文書管理条例を定める自治体が近年増えている。情報公開制度の導入については地方が先行し、国が遅れをとるかたちとなったが、二〇〇九年以前に公文書管理条例を定めていた自治体は、熊本県宇土市（二〇〇一年）、北海道ニセコ町（二〇〇四年）、大阪市（二〇〇六年）にすぎなかった。一方、二〇〇九年以後は、札幌市、秋田市、埼玉県志木市、神奈川県相模原市、島根県、鳥取県、熊本県……、と続々と地方において制定の動きが見られる。こうした動向は国で公文書管理法が制定された影響とみられる。公文書をはじめとする歴史資料が国民・住民共有の知的資源として、公共財として位置づけられたのである。これに伴って、地方自治体によるアーカイブズ機関設置の動きも活発になってきた。これについては後述する。

3　アーカイブズの諸形態

都道府県アーカイブズ機関の諸類型

一九五九年の山口県以降、二〇一四年四月の三重県まで、この五〇年余りの間に三六の都道府県でアーカイブズ機関が設置されている。それを表2にまとめた。設立年代に着目してみると一九七〇年代以前に設立された館が七館、八〇年代が九館、九〇年代が一〇館、二〇〇〇年代以降が一〇館となっている。これは一九八七年の公文書館法制定期に第一の波が、二〇〇〇年以降に第二の波があることがうかがえる。とくに、公文書管理法が制定された二〇〇九年以降の設置が四館ある。

ここではアーカイブズ機関の形態について、（1）設置の契機、（2）組織・設置形態、（3）所蔵資料、という三点から見てみたい。

表2　都道府県アーカイブズ機関一覧

名称	設立年月日	組織	所蔵資料	設置形態
北海道立文書館	1985年7月15日	総務部	公文書／地域資料	
宮城県公文書館	2001年4月1日	総務部	公文書(＋地域資料)	図書館併設
秋田県公文書館	1993年11月2日	総務部	公文書／地域資料	
福島県歴史資料館	1970年7月31日	財団法人	公文書／地域資料	
茨城県立歴史館	1973年4月1日	財団法人	公文書／地域資料	博物館併設
栃木県立文書館	1986年4月1日	教育委員会	公文書／地域資料	
群馬県立文書館	1982年4月1日	教育委員会	公文書／地域資料	
埼玉県立文書館	1969年4月1日	教育局	公文書／地域資料	
千葉県文書館	1988年6月15日	総務部	公文書／地域資料	
東京都公文書館	1968年10月1日	総務局	公文書／地域資料	
神奈川県立公文書館	1993年11月1日	政策局	公文書／地域資料	
新潟県立文書館	1992年4月1日	教育庁	公文書／地域資料	図書館併設
富山県公文書館	1987年4月1日	経営管理部	公文書／地域資料	
福井県文書館	2003年2月1日	教育委員会	公文書／地域資料	図書館併設
長野県立歴史館	1994年11月3日	教育委員会	公文書／地域資料	博物館併設
岐阜県歴史資料館	1977年4月1日	教育委員会	公文書／地域資料	
愛知県公文書館	1986年7月1日	総務部	公文書(＋地域資料)	
三重県総合博物館	2014年4月19日	環境生活部	公文書(＋地域資料)	博物館併設
滋賀県県政史料室	2008年6月17日	総合政策部	公文書	県民情報室内
京都府立総合資料館	1963年10月28日	文化環境部	公文書／地域資料	
大阪府公文書館	1985年11月11日	府民文化部	公文書(＋地域資料)	公文書総合センター内
兵庫県公館県政資料館	1985年4月17日	企画県民部	公文書(＋地域資料)	
奈良県立図書情報館	2005年11月3日	地域振興部	公文書／地域資料	図書館併設
和歌山県立文書館	1993年4月1日	企画部	公文書／地域資料	図書館併設
鳥取県立公文書館	1990年10月1日	総務部	公文書(＋地域資料)	
島根県公文書センター	2011年11月1日	総務部	公文書	
岡山県立記録資料館	2005年4月1日	総務部	公文書／地域資料	
広島県立文書館	1988年10月1日	総務局	公文書／地域資料	
山口県文書館	1959年4月1日	教育委員会	公文書／地域資料	
徳島県立文書館	1990年4月1日	教育委員会	公文書／地域資料	
香川県立文書館	1994年3月28日	総務部	公文書／地域資料	
福岡共同公文書館	2012年4月1日	総務部	公文書	県・市町村共同設置
佐賀県公文書館	2012年4月1日	経営支援本部	公文書	
大分県公文書館	1995年2月28日	総務部	公文書	
宮崎県文書センター	2002年7月1日	総務部	公文書(＋地域資料)	
沖縄県公文書館	1995年4月1日	財団法人	公文書／地域資料	

注）所蔵資料の「(＋地域資料)」は，県史編纂等で収集した地域資料を所蔵しているが，現在は新規の収集を行っていないとみられることを示す。

出典）国立公文書館HP「関連リンク」／「全国公文書館」，および各機関HPより作成。

設置契機

設置の契機から見た場合、以下の三つの類型が想定される。

①自治体史編纂事業の発展形として

②行政管理、公文書管理上の必要性から

③市民の要望によって

まず、自治体史編纂事業の発展形として、つまり自治体史編纂事業で収集した資料を核としてアーカイブズ機関が設置される場合である。これが日本において最も一般的にアーカイブズ機関が設置される契機であった。編纂事業で収集した資料を保存する施設として計画され、それに公文書の収集機能を付け加えたかたちである。自治体史編纂で収集される資料の多くは古文書を含む地域資料であり、地域資料の比重が高く、公文書収集については後づけになる傾向がある。つまり、「地域資料＋公文書」というかたちになる。

次いで、最近設置される機関に多く見られる契機が②である。市町村合併に伴って行き場を失った旧役場文書を保存する必要性から、永年保存の廃止に伴って大量に発生する非現用文書の受け皿として、また行政効率化の観点からアーカイブズ機関を設置する自治体が増えている。本来であればこれがアーカイブズ機関設置の最も基本的な契機となるはずである。また、収集対象は公文書に限定し、地域資料を対象外とする自治体も増えている。つまり、「公文書＋地域資料」「公文書（＋地域資料）」のように表せるだろうか。

三つめは少数ではあるが、住民の声や要望によってアーカイブズ機関が設置される例である。第4節で取り上げる栃木県小山市や静岡県磐田市の例があげられる。地域住民からの歴史資料の保存を要望する声に応えるかたちで設置されたものである。ここには、公文書や地域資料といった資料の種別にかかわらず、地域の歴史を伝える記録を保存するという視点が見られる。その一方、実態としては収集対象は地域資料に偏り、公文書の収集機能についてはやや弱い印象を受ける。

組織・設置形態

次に組織や設置形態から見てみると、①総務・企画・経営系、②教育・文化系の二つに類型化できる。まず、総務系など、現用文書を管理する部署において、文書管理の一環として歴史的な公文書を扱う形態である。情報公開窓口が併置されている場合もある。公文書管理を担当する部署なので、現用から非現用までの一貫した文書管理が可能であり、アーカイブズ機関への移管の仕組みも整備されている場合が多い。したがって、公文書に基軸をおく機関が多く、地域資料を収集対象外としている機関もある。

教育・文化系は、教育委員会や文化教育系の財団法人などが所管する機関であり、社会教育施設としての位置づけになる。地域の歴史資料を保存することに目的がおかれ、基本的に公文書と地域資料の双方ともに収集対象とする機関が多い。その一方、現用文書の管理部署と切り離されているため、公文書の移管について権限が弱い場合も多い。

所蔵資料

アーカイブズ機関を所蔵資料の点から見てみると、以下の三タイプに類型化できる。まず、①公文書／地域資料並立型であるが、公文書、地域資料ともに収集対象とするあり方であり、日本では伝統的かつ一般的なアーカイブズ機関の形態だろう。次に、②公文書中心型は、近年増えているタイプである。公文書の移管・収集を重視する。自治体史編纂時の収集資料は所蔵してはいるものの、地域資料は収集の対象外として新規での受け入れを行っていない機関もある。③地域資料中心型は、古文書を中心とする地域資料を所蔵資料の核とする機関である。必然的に公文書の移管についての権限は強くなく、公文書も歴史資料の一種として収集する位置づけになる。

以上のように、所蔵資料のあり方は、上記の設置契機、組織・設置形態と密接に関連していることがわかる。

静岡県における歴史的文書の公開制度

近年注目されるのは、「機能としてのアーカイブズ」のあり方である。たとえば静岡県にアーカイブズ機関は設置されていないが、文書法制課において歴史的文書の公開制度を設けている。これは情報公開制度とは別に、永年保存文書のうちから歴史的な価値をもつ文書を選別し、目録を整備したうえで一般の利用に提供するという仕組みで、現用文書を管理する部署が歴史的文書の公開までを行っている事例である。また、県史編纂時に収集した複製資料は県立中央図書館の一部門として設けられた歴史資料情報センターで公開されている。この文書管理部門と図書館部門との連携により、館としてのアーカイブズがなくても、公開の仕組みさえ整えられれば、公文書を含む歴史資料の利用が可能となる。また、図書館に公文書館機能を付け加えるかたちでのアーカイブズ機関設置につなげていくことも可能となる。

その一方、静岡県における歴史的文書の公開制度は、条例等に基づかない要綱レベルでの制度であり、あくまでも任意で提供される行政サービスの一環という位置づけである点には注意が必要である。

全史料協ガイドライン「公文書館機能の自己点検・評価指標」

この「機能としてのアーカイブズ」という考え方は、全国歴史資料保存利用連絡協議会（全史料協）でも提唱されている。二〇一一年に発表された「公文書館機能の自己点検・評価指標」では、地方自治体が備えるべき最低限の公文書館機能の要件を「ミニマムモデル」として提示し、必ずしも館によらなくても、公文書館機能をもつことが可能であることを提唱した。また、公文書館をもつ自治体に対しては、理想的な要件として「ゴールドモデル」を提示する。これは、自治体ごとの事情やさまざまな形態をもつアーカイブズ機関のあり方を肯定的に捉えた考え方である。ただ、ここで述べられているのはあくまでも公文書の管理・公開に関する機能のみであり、地域資料に対する視点はない。

アーカイブズの機能

本節の最後に、アーカイブズのもつべき機能についてまとめておきたい。アーカイブズ機関は、①文書の移管・収集と評価選別、②目録の整備と公開、③一般への利用提供、という一連の仕組みと機能をもつ必要がある。

アーカイブズ機関を見るうえでの最も重要な点は、文書の移管・収集の仕組みの有無とアクセスの問題であると考える。単に古文書や古い公文書を所蔵しているだけではアーカイブズ機関と呼ぶことはできない。公文書なり、地域資料なり、資料を収集する基準と仕組みが必要である。とくに公文書の場合、廃棄文書のなかから重要そうな文書を収集するというかたちではなく、保存期限満了文書がきちんと移管され、アーカイブズ機関が評価選別するシステムが条例・規則で保証されているかが大きなポイントとなる。アーカイブズは単なる書庫や文書倉庫ではない以上、移管・収集の仕組みは非常に重要である。

もう一点は、アクセスの問題である。収集した資料について目録が整備・公開され、一般の閲覧利用に提供されること、公開制限が必要最低限なものになっていることが重要である。保存と利用の両立こそがアーカイブズにとって必要不可欠である。

そして、公文書を移管・評価選別する視点、地域の歴史を伝える資料を収集・保存する視点、この両方の視点をもち、情報へのアクセスを最大限保証する専門職、つまりそれがアーキビストである。このようなアーキビストの存在がアーカイブズ機関には欠かせないのである。

4　地方アーカイブズ機関の具体的事例

最近の地方アーカイブズ機関設立の動き

市町村が設置したアーカイブズ機関を一覧にしたのが表3である。二〇一五年一月現在、三二のアーカイブズ機関が設置されている。公文書管理法の制定以降、市町村レベルでアーカイブズ機関を設置する例が増加傾向にある。一九九〇年代までは一四館であったが、二〇〇〇年代に入ると急増し、二〇〇九年以降は一〇館と、市町村合併や法律施行の影響が感じられる。これ以外に、第3節で見たようなかたちで、文書管理部署や図書館・博物館にアーカイブズ機能をもたせている自治体も相当数あるのではないかと考えられる。市町村のアーカイブズ機関でも、自治体史編纂事業を継承するものが多い一方、図書館・博物館との複合館や、情報公開窓口との併置が多く見られるのも特徴的である。以下、具体的なアーカイブズ機関の事例として、筆者が実際に訪問して話を聞いた、熊本県天草市立天草アーカイブズ、栃木県小山市文書館、静岡県磐田市歴史文書館、茨城県常陸大宮市文書館を対象として取り上げ、移管の仕組みとアクセスの面を中心に検討したい。

天草市立天草アーカイブズ

二〇〇二年四月開館。二〇〇六年三月に二市八町が合併して天草市が成立し、現在は旧五和町庁舎を転

表3　市町村アーカイブズ機関一覧

名称	設立年月日	組織	所蔵資料	設置形態
札幌市公文書館	2013年7月1日	総務局行政部	公文書／地域資料	市史継承
川崎市公文書館	1984年10月1日	総務局情報管理部	公文書(＋地域資料)	情報公開併設
相模原市立公文書館	2014年10月1日	総務部情報公開課	公文書	情報公開併設
名古屋市市政資料館	1989年10月11日	総務局行政改革推進部	公文書(＋地域資料)	市史継承
大阪市公文書館	1988年7月1日	総務局行政部	公文書	
神戸市文書館	1989年6月19日	財団法人	(＋地域資料)	市史継承
広島市公文書館	1977年4月1日	総務企画局	公文書／地域資料	市史継承／情報公開併設
北九州市立文書館	1989年11月1日	総務企画局総務部	公文書／地域資料	情報公開併設
福岡市総合図書館	1996年6月29日	総合図書館文書資料室	公文書／地域資料	図書館併設
常陸大宮市文書館	2014年10月10日	教育委員会	公文書／地域資料	
小山市文書館	2007年4月11日	総務部行政経営課	公文書／地域資料	
芳賀町総合情報館	2008年10月3日	教育委員会生涯学習課		図書館，博物館併設
久喜市公文書館	1993年10月1日	総務部	公文書	情報公開併設
八潮市立資料館	1989年11月23日	教育総務部文化財保護課	公文書／地域資料	博物館併設
板橋区公文書館	2000年4月1日	政策経営部区政情報課	公文書(＋地域資料)	区史継承
ふるさと府中歴史館	2011年4月1日	文化スポーツ部ふるさと文化財課	公文書(＋地域資料)	市史継承，博物館併設
藤沢市文書館	1974年7月1日	市民自治部	公文書／地域資料	市史継承
寒川文書館	2006年11月1日	総務部総務課	公文書／地域資料	町史継承，図書館併設
上越市公文書センター	2011年4月1日	総務管理部	公文書／地域資料	市史継承
富山市公文書館	2010年4月1日	企画管理部	公文書	
長野市公文書館	2007年11月20日	総務部庶務課	公文書／地域資料	市史継承
松本市文書館	1998年10月1日	総務部行政管理課	公文書／地域資料	市史継承
小布施町文書館	2013年4月24日	教育委員会生涯学習グループ	公文書／地域資料	
高山市公文書館	2010年8月10日	企画管理部総務課	公文書	
磐田市歴史文書館	2008年4月1日	教育委員会文化財課	公文書／地域資料	市史継承
守山市公文書館	2000年4月1日	総務部	公文書	
尼崎市立地域研究史料館	1975年1月10日	総務局	公文書／地域資料	総合文化センター内
三豊市文書館	2011年6月26日	総務部	公文書／地域資料	
西予市城川文書館	1999年4月21日	教育委員会	地域資料	
太宰府市公文書館	2014年4月1日	総務部文書情報課	公文書／地域資料	市史継承
天草市立天草アーカイブズ	2002年4月1日	総務部総務課	公文書／地域資料	
北谷町公文書館	1992年4月1日	総務部	公文書／地域資料	

注）所蔵資料の「(＋地域資料)」は，市町村史編纂等で収集した地域資料を所蔵しているが，現在は新規の収集を行っていないとみられることを示す。

出典）国立公文書館HP「関連リンク」／「全国公文書館」，および各機関HPより作成。

図2　天草アーカイブズ

図3　天草アーカイブズ・旧市保存文書

用して使用している。合併前の二市八町が保管していた公文書を全量収集し、評価選別を行っている。情報公開制度の導入に伴ってアーカイブズ機関の設置が企図されたものであるが、収集対象を公文書のみに限定せず、地域資料と併せて収集対象としていることも特徴的である。

天草アーカイブズ条例の第一条では、①市民による地域文化の創造、②より開かれた市政の運営、③情報資源を活かした高度な行政の実現という基本理念を掲げている。条例第八条では、保存期限が満了した公文書は速やかにアーカイブズに移管しなければならないと定める。また第一〇条では、「地域史料等」として、「市以外の団体、法人、個人等が所有する記録等の史料」のうち、歴史資料として重要な価値をもつものを収集するとある。

以上のように、天草市の場合、公文書、地域資料ともに地域を形成するうえで重要な行政的、文化的資源であるという、行政的価値と文化的価値の双方を重視しているのである。その一方、大量の文書を受け入れたために選別作業は困難を極め、閲覧利用のための目録についても十分に整備されているとはいえない状況にある。

小山市文書館

二〇〇七年四月開館。総務部行政経営課の所管である。昭和初期に旧栃木区裁判所小山出張所として建てられた国登録有形文化財の建物を転用して使用している。小山市文書館の特徴はなんといってもその設置契機にある。当時編纂中であった市史の編纂委員や婦人問題研究会小山支部、古文書愛好会といった諸団体が「文書館設置を進める会」として結集し、市に対して文書館の設置を要望する運動を展開した。駅前での署名活動などを行った結果、一九九六年九月には第一回目分として一五〇〇名分、最終的には七〇〇〇名分の署名を集め、市に要望書を提出したのである。一九九六年一一月に提出された「公文書の管理についての要望書」には、郷土・小山が「記憶喪失」にならないように、過去に学び、公文書など歴史文書の保存を進めるべきと記されている。この活動は当時の文化財保存活動とリンクするかたちで盛り上がりを見せ、文書館設置へとつながったとのことである。

所蔵資料については、市史編纂収集資料を核としつつも、一九六五年合併前の旧役場文書、移管公文書に加え、個人や地域団体、企業からの収集も行っている。

一方、問題もある。文書館へ公文書を移管するシステムが規定化されていないことである。文書館設置

図4　小山市文書館

条例にも、同市の文書取扱規程にも、文書館への公文書移管に関する規定は見られない。加えて小山市には保存年限に永年があるため、永年保存文書は文書館へは移管されず、各部署で保存している。文書館では有期限文書のなかからのみ収集文書を選別しているとのことである。歴史的公文書の中核をなす永年保存文書の移管権限が文書館になければ、公文書の体系的な収集・保存は不可能になる。永年保存を廃止するなり、永年のまま移管を受けられる制度をつくるなり、文書館への文書移管システムを確立する必要がある。

また、資料へのアクセスという面では、公文書についてはウェブ上で目録を公開している一方、諸家文書（地域資料）の目録は公開されていない。個人情報保護の観点から諸家文書は一般に公開しておらず、研究目的に限って利用に供しているとのことであるが、市民の強い要望によって設置された文書館である以上、広くアクセスが可能となるような改善が望まれる。

磐田市歴史文書館

二〇〇八年四月開館。教育委員会文化財課の所管である。磐田市の場合も小山市と同様、市民の要望によって設置されたアーカイブズ機関である。当該地域の歴史ある有力な郷土史団体である「磐南《ばんなん》文化協会」の要望や、さまざまな人々の働きかけが実現するかたちとなった。それに加えて、二〇〇五年の磐田市と三町一村との合併を契機とした旧役場文書保存問題の解決と、自治体史編纂事業の継承も設置の目的とされていた。これは、昭和三〇年代の合併時に、引き継がれた文書以外の旧役場文書がすべて廃棄されてしまった教訓からとのことである。館名に「歴史」という言葉をあえて入れたのも、住民からの要望と、自治体史編纂の流れを引き継ぐ意味合いからとのことである。

図5　磐田市歴史文書館・選別中の公文書

歴史文書館条例の第一条で、「歴史資料として重要な市の公文書、刊行物、地域資料その他の記録」とされているとおり、公文書と地域資料の収集は並立して位置づけられている。行政の情報センターであるとともに、旧市町の歴史と文化を継承する役割を期待されている。つまり、公文書も地域資料も地域の歴史を形成するうえで同等の価値を有する資料として位置づけられているのである。また、同館は合併前の旧竜洋町庁舎を使用しているが、合併協議の段階で歴史文書館の設置と同庁舎の転用が決まっていたとのことである。

同市の処務規程では第五一条で、保存期限が経過した文書を歴史文書館へ移管すると規定している。しかし、磐田市の場合も移管対象は有期限文書のみとなっており、永年保存文書が移管される仕組みにはなっていない。また、合併前の公文書については目録が作成されておらず、現在作業を進めているという。所蔵資料の目録も一般には公開されてはおらず、直接来館したうえでレファレンスを重ねて必要な文書にたどり着くというかたちをとっている。

小山市も磐田市も住民の要望によるアーカイブズ機関の設立契機をもつ一方、移管とアクセスの問題をともに抱えている。

常陸大宮市文書館

二〇一四年一〇月開館。教育委員会生涯学習課の所管で、最も新しくオープンしたアーカイブズ機関である。二〇一〇年三月に閉校した旧塩田小学校を改装して使用している。常陸大宮市は二〇〇四年一〇月の二町三村による合併によって成立した市で、合併時に各町村の公文書の保存問題が浮上した。加えて、現市長が文書館設立を公約に掲げて当選したこともあり、文書館が設置された。そのため、昭和の合併以前からの旧役場文書が相当量残されているとのことである。設置条例では磐田市同様、「歴史資料として重要な公文書、刊行物、地域資料その他の記録」（第二条）と、公文書と地域資料の両方を収集対象としている。

公文書の移管については、二〇一四年度に永年保存を廃止し、文書管理規程第五七条に基づいて、三〇年、一〇年保存文書はすべて文書館へ移管のうえで評価選別することになっており、現在は開館時に移管を受けた公文書の評価選別作業に追われている。現用文書を文書館へと移管する仕組みはできたが、受け入れる側の体制整備が必要となっている。

地域資料については区有文書が豊富に残されており、区長が持ち回りで保存する「区長箪笥」（図6）といったものまで収集されている。また、二〇一五年度より新市史編纂事業が開始される予定である。開館したばかりであり、市民の理解と利用の拡大が課題とのことである。

図6　常陸大宮市文書館・区長箪笥

実際に訪れてみると、地方には古い公文書がかなり残されているというのが印象である。しかし、その整理と公開制度が追いついていないというのが現状である。また、現用段階の公文書をアーカイブズ機関へと適切に移管する仕組みも十分に整備されていない。本節で見てきたように、各自治体においてアーカイブズ機関が設立され、さまざまな取り組みが行われている一方、公文書の移管システムとアクセスの確立はまだ途上であることがあらためてわかるだろう。

おわりに

以上、地方自治体における公文書管理とアーカイブズをめぐる現状と課題について述べてきた。一九五九年の山口県文書館の設置以来、日本の地方アーカイブズには五〇年余りの歴史がある。その間、自治体ごとにさまざまな形態のアーカイブズ機関が設立されてきたことを本章では見てきた。第3節で述べたように、アーカイブズ機関の設立契機には大きく、自治体史編纂事業と、公文書管理の二つの流れがある。時期的な変遷を見れば、前者から後者への移行傾向が見られ、従来型の自治体史編纂からの展開、つまり古文書をはじめとする地域資料から公文書管理へと視点を移す必要がある。

ただし、現用段階での文書管理制度が確立していなければ、アーカイブズ機関をつくっても効果は薄い。文書の作成から、管理・保存、アーカイブズへの移管・公開という一連の仕組みを構築しなければ、アーカイブズ制度は十分に機能しないのである。この意味で、近年の公文書管理条例の制定とアーカイブズ機関の設置をセットで考える動きには、現用から非現用まで文書を一体的に管理することを可能とする点で期待がもてる。

公文書管理法の制定が地方におけるアーカイブズ機関の設置を後押ししているのは事実であろう。その一方、本章で見てきたように、地方には独自のあり方でアーカイブズ機関を設置する流れが存在した。そうした流れを否定する必要はない。つまり、自治体史編纂からアーカイブズへという、日本型のアーカイブズの構築モデルも見直されてよいはずである。

その理由は、地域の歴史をトータルに残すという観点からは、公文書と地域資料の双方が欠かせないからである。公文書は行政の説明責任を果たす証拠となるものではあるが、それだけでは地域の歴史、地域の記憶を継承することはできない。残念ながら、日本に歴史的な資料を広く保護するための基本的な法律は存在しない。公文書管理法の対象は、あくまでも公文書だけである。しかし、アーカイブズの機能には、組織記録としての公文書だけではなく、地域の記録、市民の生活記録としての地域資料を収集・保存・公開するという役割がある。地方にはその地方のあり方を反映したアーカイブズが必要であり、それは公文書だけで構成されるものではない。地方の特徴を示すもの、つまり地域資料の位置づけが重要である。その意味では、現在の国のあり方に倣う必要はなく、各自治体独自のアーカイブズのあり方を考えていくべきである。その際にポイントとなるのは、資料を守り、次世代へ伝えていく人材と体制をどのように整えていくかという問題である。地方における公文書管理とアーカイブズ制度の確立、充実のためには、公文書館関係者やアーカイブズ学関係者だけでなく、歴史学研究はもちろん、その他の学問領域、研究者の協力が欠かせない。

〔文献一覧〕

安藤正人・青山英幸編著『記録史料の管理と文書館』北海道大学図書刊行会、一九九六年
太田富康『近代地方行政体の記録と情報』岩田書院、二〇一〇年
瀬畑源『公文書をつかう――公文書管理制度と歴史研究』青弓社、二〇一一年
高橋実『自治体史編纂と史料保存』岩田書院、一九九七年
独立行政法人国立公文書館『全国公文書館関係資料集』国立公文書館、二〇一四年

第Ⅲ部

世界で進む公文書の管理と公開

第8章　情報重視の伝統に基づく公文書の管理と公開

――イギリスの場合

後藤春美

1　公文書館法（一八三八年）制定の背景

イギリスでは一八三八年に公文書館法（Public Record Office Act）が制定され、当初の本部は現在のロンドン大学政経学院（ＬＳＥ）にほど近いチャンスリー・レイン（Chancery Lane）に置かれた。まず、この法律制定にいたる背景を考えてみよう。

開かれた知

一六八八年の名誉革命からナポレオン戦争終結までの時代は、イギリス史においては「長い一八世紀」と呼ばれるが、この時代の大前提として「全ヨーロッパ的な啓蒙、商業社会、学知」があった。啓蒙とは、「大航海と人文主義と科学革命によって拡大した世界のすべてを理解したいという野心」であった。すでに一七世紀半ばにはロンドンとオクスフォードで学者たちが集まり、王立協会（Royal Society）がつくられ、一六六五年からは『学術紀要』（Transactions）が発行されていた［近藤 二〇一三：一六四―一六五］。

一八世紀には新聞や雑誌も発行されるようになった。出版物は個人で購入しなくても、回し読みしたり、コーヒーハウスなどに置いてあるものを読んだり、朗読を聞くこともできた。コーヒーハウスとは、酒を出さず、オスマン帝国から輸入されたコーヒーなどを提供する店であり、一七世紀半ばに開店されるや大人気を博し、人々（ただし当時は男性のみ）が集まって会話を楽しんだり、議論を戦わせたりする場となった。天下国家という完全に公的な空間と私的な空間の間を公共圏（public sphere）というが、新聞雑誌とコーヒーハウスは「市民的公共性という車の両輪」とされる［近藤 二〇一三：一六七―一六八］。

そして新聞雑誌が扱い、コーヒーハウスで論じられたのは、純粋に知的、学問的な事柄ばかりではなかった。いかにして、まさにコーヒーのような海外の物産を手に入れ、売買し、儲けるかといった商業活動の話題もあった。資本主義の母国イギリスでは、金儲けは悪いこととはまったく考えられていなかった。そして、正確な情報は商業活動の基本でもあった。

同時代の日本でも学者が集って切磋琢磨したり、出版物が出されたりということはさかんに行われたであろう。日本とやや異なるように思われるのは、この時期イギリスでは博物館や美術館が出現したことである。一八世紀には、文化遺産や動植物の標本を収集して研究するだけでなく、それらを公共博物館に展示して市民に見てもらおうという動きが起こった。本格的な代表例は、一七五九年に開館したブリティッシュ・ミュージアムである［近藤 二〇一三：一六九―一七〇］。一八一〇年には入場料は無料となった。

一八二四年には、ブリティッシュ・ミュージアムの絵画部門を分離・独立させて、ナショナル・ギャラリーが設立された。ナショナル・ギャラリーも無料で一般公開され、労働者階級を含め誰でも入館できる開かれた空間が提供された〔松本　二〇〇九：一九三〕。

このような情報重視の姿勢、開かれた知、公共圏の存在は、イギリスで公文書館法が生み出された土壌として忘れてはならないであろう。

改革の一八三〇年代

長い一八世紀のイギリスは、フランスとの間で第二次英仏百年戦争を戦った。今日の日本からは想像しにくいが、人口も多く、土地も肥沃なフランスという隣国はイギリスにとって長く脅威であった。イギリス西南海岸からフランス軍が上陸してイギリスの奥深くまで攻め込む可能性は悪夢と考えられた。

このフランスとの戦いの必要から一八世紀のイギリスは強力な「財政軍事国家」（fiscal military state）となっていった。ヨーロッパ諸国と比較して重税を課し、「国家歳出の約八〇％は軍事費や戦時に膨らんだ債務の返済に向けられ、平時でも国家支出の五分の四近くは軍事関係の出費であった」〔坂下　二〇一〇：一一〇〕。それでも、当時のイギリス人は自分たちから吸い上げられた税がとくに海軍に投資され、フランスとの戦いの勝利となって結実することを受け入れていたのである。

イギリスは、フランスとの戦いに勝ち続け、一八世紀半ばからは次第に脅威感も薄らいでいった。そしてナポレオン戦争が終結すると、むしろ財政軍事国家のひずみのほうが意識されるようになった。ウィーン会議後も国債の償還が歳出の半分以上を占めていたのである［近藤　二〇一三：二〇一］。

公文書館法が制定された一八三〇年代には旧来の秩序は立ちゆかなくなり、次々と改革が行われていた。一八三二年の選挙法改正、一八三三年の奴隷制廃止、工場法や東インド会社法の成立、一八三四年の救貧法改正などである。このような改革は、議会の調査委員会報告書と統計に支えられていた［近藤　二〇一三：二〇八］。改革においても正確な情報の重要性は明らかであった。

2　公文書館の発展

二〇世紀半ばまで

一八三八年の公文書館法で、文書長官（Master of Rolls）は人々が文書記録を閲覧する規則を設け、必要な場合は費用を徴収する権限を与えられた(1)。

私的な記憶で恐縮ではあるが、筆者は一九八七年にオクスフォード大学に初めて留学した際指導教員に勧められて、文書室、文書館を見学する授業に参加した。主としてオクスフォード大学内にある文書室を見、使い方の説明を受けたのだが、最後の一回は参加者全員でロンドンにまで出向いた。その際、全面的移転（後述）前のチャンスリー・レインの公文書館（Public Record Office、以下ＰＲＯと省略）も見学した。印象に残っているのは、羊皮紙に書かれた巨大な巻物状の文書を見せてもらったことである。まさにrollsであり、いうまでもなくここからMaster of Rollsという役職名になったのである。

さて一九世紀に戻ると、PROで当初収集されたのは法律文書のみであったが、一八四〇年代には各省庁の文書も受け入れられるようになった。一八五一年にはこの目的のための収蔵庫の建設が始まった。一八六二年には政府関係書類館の文書や職員が加わるなど、複数の部局がチャンスリー・レインに集まり、収蔵庫は一八六八年、一九〇〇年に拡張された。

ただし、政府省庁からPROに文書を移管させ、公開に供させるといっても、それに関する詳細な規則がなかったため限界が存在した。一八七七年と一八九八年の公文書館法までは、保存のために選ばれなかった文書の破棄に関する規定もなかった。このような状況に対する懸念から、一九一〇―一九年にかけては王立公文書委員会が任命されて調査を行った。しかし、改革が始まったのは、一九五二年に新たな委員会が任命されて以降であった。

グリッグ委員会の勧告

一九五二年、財務大臣と文書長官が省庁の文書に関する委員会を任命した。委員長は陸軍省（War Office）の有能な元事務次官で第二次世界大戦中には陸軍大臣を務めるにいたったサー・ジェイムズ・グリッグ（Sir James Grigg）であった。報告書は一九五四年に出され、勧告の主要な点は以下のようであった。

- 永久保存すべき文書の選別とPROへの移管の責任は各省庁にある。
- PROはこの過程を指導、監督する。

• 記録の選別は二段階でなされる。第一次選別では、各省庁にとって重要で第二次選別まで保管すべきものを選び、第二次では各省庁のためもあるが、歴史的重要性も考えて、永久に保存すべきものを選ぶ。
• 記録は三〇年経つ時点までにPROに移され、特別な理由がない限り五〇年経った時点で公開される。
• 映像、写真、音声なども公文書として扱われる。

政府はこの勧告を受け入れ、一九五八年には公文書法（Public Records Act）が制定された。この法律によって公文書およびPROの責任者は大法官（Lord Chancellor, 英国最高位の裁判官。国璽の保管者、上院議長でもある）となり、PROの運営は公文書管理官（Keeper of Public Records）に任された。なお、通常第一次選抜は記録がつくられてから五年後に行われ、第二次選抜は一五年から二五年後に行われる。

公開までの期間の短縮

一九六七年には、公開までの年限を五〇年から三〇年に短縮することが決定された。そして一九七二年には第二次世界大戦関連の記録が公開されたが、特別な理由のあるものや軍務についた者の記録などは未公開である。ちなみに、この時期、一九二〇年代から三〇年代の文書が一挙に公開され、一九三〇年代が第二次世界大戦にいたる時期ということで注目を集めたため、一九二〇年代の外交史研究はやや遅れをとった。

二一世紀の現在、二〇〇〇年の情報自由法（Freedom of Information Act）に基づき、文書公開までの期間はさらに短縮される傾向にある。この法律は二〇〇五年に発効して重要な変化をもたらしつつあり、三〇年規則は廃止され、二〇一三年には二〇年を経ただけの文書も公開され始めた。

旧植民地から移された文書の発見

さて、理想的な展開を遂げてきたように思われるイギリスの公文書公開であるが、一方で、二〇一一年には驚くべき事実も明らかになったことに触れておこう。この年、外務・コモンウェルス省（Foreign and Commonwealth Office）は、旧植民地が独立する直前にイギリスに移管され、それまで公開されていなかった大量の文書があることを公式に認めた。そしてこの独立直前の移管の時期には、大量の文書が破棄されていたという事実も明らかになってきた。すなわち、植民地の文書は元来イギリス本国の管理下にはなかったのだが、独立後の新政権にそのまま残すことが躊躇される文書はイギリス本国に送られたり、破棄されたりしたというのである［Hampshire 2013; Sato 2014］。

このような事態は、グリッグ委員会の勧告、一九五八年の公文書法制定とも重なる時期、あるいはそれ以降にも起こっていた。イギリスに関しても、帝国支配の過去と完全には向き合うことができない状況が存在したといわざるをえないであろう。多くの文書が意図的に消され、歴史のある部分は闇に葬られてしまった。

ただし、イギリスに保管されていた文書に関しては、現在公文書館への移管、公開が進められている。

今後の展開が非常に注目される。

3　イギリス公文書館を使う

図1　The National Archives（筆者撮影）

キューのナショナル・アーカイヴズ

先にも触れたように、ＰＲＯはチャンスリー・レインという都心にあったのであるが、一九七七年にロンドン郊外のキュー（Kew）に二番目の施設がつくられた。正確にはサリー（Surrey）州に位置する。鉄道の駅はキュー・ガーデンズで、地下鉄（といっても郊外では地上を走る）ディストリクト線と地上鉄道（Overground）が乗り入れている。

キューの建物は一九九〇年代に拡張され、一九九七年にはＰＲＯはチャンスリー・レインから全面的に移転した。二〇〇三年から二〇〇六年にかけては、英国政府出版局（Her Majesty's Stationary Office）などと合併して、名称も国立公文書館（The National Archives）となった。この名称はイギリスの書物ではＴＮＡと省略されるが、諸外国の公文書館と区別しにくい名称

図２　冊子 FO371/13198

にイギリス中心的な定冠詞（the）をつけており、ＰＲＯという名称を懐かしむ声も時に聞かれる。

一九九〇年代後半からは、カタログ、文書のオーダーも電子化が進み、非常に便利になっている。なかには、日本に居ながらにしてコンピュータの画面で見られる文書もある。この数は今後ますます増えていくであろう。

しかし、まだまだ現地に赴かなければ見られない文書がほとんどである。夏休みや春休みにＴＮＡを訪れれば、デジカメなどで資料を撮影する日本人研究者も驚くほど多く見受けられる。また、我々にはなかなか見分けはつかないが、ドイツ人研究者なども多いと聞く。イギリス人が長年にわたって収集した世界各地の情報を求めて世界各地から研究者が訪れているのである。そして、イギリス人だけでなく、誰でも、パスポートと住所証明の書類さえあれば、公開された資料を自由に閲覧することができるのである。

外交文書の例

一例として、両大戦間期の主要かつ基本的外交文書であり、最もよく使われるＦＯ３７１が整理される方法について説明しよう。このＦＯはイギリス外務省（Foreign Office）の略語で、３７１は外務省文書シリーズの番号である。

戦間期のＦＯ３７１は、数十のファイルが綴じられた分厚い冊子群である。個別のファイルには、部局の略号に続き、「Ａ／Ｂ／Ｃ」という番号が振られている。Ｃは国番号で、たとえば中国なら一〇、日本なら二三と決まっている。Ａはその国に関する文書が、入ってきた順番にふられる番号である。では、Ｂはというと、個別案件に関し、その年に最初に入ってきた文書の番号である。

図３　ファイル F65/65/10

したがって、たとえば F65/65/10は、ある年中国に関し、ある案件に関して最初に入ってきた文書が六五番ということを示す。同一の冊子（たとえば FO371/13198）には、65/10のファイルが続けて綴じられている。F65/65/10の次には、F66/65/10が綴じられている場合もあるが、この年には F590/65/10まで番号が飛んでいる。同じ案件の文書が続いて入ってくれば前者のようになるのだが、この年には、五九〇番目まで同じ条件の文書は入ってこなかったのである。保存のための文書を選別する段階で途中のファイルが選ばれず破棄されてしまった場合には、冊子に綴じられたファイルの番号はさらに飛ぶこととなる。

なお、この場合のFは極東部（Far Eastern Department）が担当する案件の文書であることを示す略号である。FO371の冊子番号自体は連続しており、FO371/13198の次はFO371/13199である。

個別のファイルには表紙がつけられ、直前の文書、直後の文書の番号などが示される。興味深いのは、それぞれのファイルを読んだ外務省書記官たちの意見がミニッツ（minutes, 覚え書き）として記されていることである。ファイルは下位の書記官から必要な場合には上司に回されていく。最重要の文書は外務大臣にまで到達する。文書を見た者は意見までは書き込まずとも必ずサインを残している。ほとんどの場合には日付も記している。

両大戦間期のFO371は読んでいて非常におもしろい。第2節で触れたように、文書が五〇年経てば必ず公開されると決められたのは一九五八年である。両大戦間期の外交担当者たちは文書がいつかは公開されると思っていたとしても、それを自明のこととはしていなかった。したがって、個人の日記や手紙ほどではないとしても、かなり自由な意見がはっきりと述べられているのである。

また、イギリスの場合、外交電報やミニッツで意見を交換して到達した結論が尊重されるということも外交文書のおもしろさの原因であろう。意見交換をした揚げ句出た結論が曖昧であったり、意見交換に参加した者が結論と異なる行動をとったりということはほぼないのである。

したがって、前記のように絶妙に整理されたFO371を読んでいると、種々の事態がどのような理由で起こったのかが非常によくわかる。ただし、イギリスの外交担当者が考えたように話が組み立てられていることには注意が必要であろう。他の考え方はなかったのかということに関しては、他の資料も組み合わせて慎重に検討する必要があろう。

情報と知の力

文書を保存、公開していくうえでは、アーキビスト（archivist）という公文書管理の専門家の力が欠かせない。イギリスではこのような専門家を養成する課程がロンドン大学ユニヴァーシティ・コレッジ（伊藤博文や夏目漱石も学んだ）、リバプール大学などの大学院に設けられている。アーキビストはTNAのような大規模なところばかりでなく、大学の史料館などでも活躍している。彼らの役割、すべき業務は明瞭に規定されており、生き生きと研究活動の補助に邁進しているように見受けられる。イギリスでアーキビストに質問をし、その豊富な知識と優れた補助ぶりに感銘を受ける研究者は多い。

一九世紀には「七つの海」「日の沈むことのない帝国」を支配したイギリスだが、領域支配は完全に過去のものとなった。この領域支配を可能にした要因は何であったのか、そしてそのなかから今日残るものは何であるか、と考えるとき、情報の力に思いをいたさざるをえない。一七～一八世紀、コーヒーハウスに集った人々のなかには、遠い海外の地の物産についての情報を得、自分もその物産の取引から利益を得ることを望んだ者がいた。船舶についての情報、航海地図、経度の測定、海上保険。人々は利益を得るためには、正確な情報が必要であることを知っていた。情報がなければ船は沈没し、自らには破産、零落の運命が待っているだけであった。

そして今日、多くのものを失ってなおイギリスが存在感を維持する理由の一端はその情報力にあるといえるであろう。情報公開にあたる者も、公開された情報を利用しようとする者も、情報の重要性を知悉していることにイギリスの現状はよって立っているのである。この良き伝統が今後も引き継がれ、後退することのないように期待したい。

〔注〕

（1）第2節の記述は、イギリス公文書館のウェブサイトによる。

〔文献一覧〕

近藤和彦『イギリス史一〇講』岩波書店、二〇一三年

坂下史「長い一八世紀」近藤和彦編『イギリス史研究入門』山川出版社、二〇一〇年

佐藤尚平（Sato, Shohei）, "Exploring Revisionist Histories of Decolonization: Operation Legacy, the Migrated Archives and the FCO Special Collections"（Paper presented at the Japan Association of International Relations Annual Convention 2014）.

松本佐保「『上品な』公共圏——ロンドン、ナショナル・ギャラリーにおけるイタリア・ルネサンス絵画コレクションを中心に」大野誠編『近代イギリスと公共圏』昭和堂、二〇〇九年

Hampshire, Edward, "'Apply the Flame More Searingly': The Destruction and Migration of the Archives of British Colonial Administration: A Southeast Asia Case Study," *The Journal of Imperial and Commonwealth History*, 2013, Vol. 41, No. 2, pp. 334-352.

"History of the Public Records Acts" http://www.nationalarchives.gov.uk/information-management/legislation/public-records-act/history-of-pra/（二〇一四年一〇月三日アクセス）

第9章　台湾の公文書管理と政治

――制度的先進性と現実

川島　真

はじめに

歴史研究者として公文書を利用する場合、台湾での文書公開とその利用の簡便さについては、目を見張るものがある。また、その制度を見ても、日本国内で問題になっている、保存期限を決める権限を、文書を作成した官庁ではなく、公文書館側に与えるなど、制度的な意味での台湾の先進性も指摘される。そして、文書のデジタル化も進展しており、国外からでもアクセス可能な文書も少なくない。これらも、利用者からの評価が高い一因である。

そして、歴史学者との関係性でいえば、国家檔案《とうあん》法の作成過程などにおいて、歴史学者が制度設計に参画し、世論も歴史を物語る証拠としての「文書（檔案）」に注目してきたことも、台湾の特徴だといえるだろう。

しかし他方で、問題点も少なからず指摘されている。とりわけ、国家檔案法の位置づけと解釈、さらに国家檔案管理局の権能や役割、その業務について、さらには国史館など既存の史料保存機関との関係性についても、制度として判然としなかったことがあった。結局、さまざまな政治的、行政的な経緯や、世論との関係性のなかで暫定的に「制度」が機能しているにすぎないとの批判もある。そのため、檔案をめぐる状況が常に政治化する契機がある、ということになろう。そして、歴史学との関係でいえば、制度の策定過程では一定の役割を果たした「歴史学者」が、こうした流動化した制度の政治的な局面に関わる機会は、次第に減少してきているという声もある。

こうした台湾の公文書管理に対しては、拙稿も含め、日本語でも少なからぬ論考が公刊されている［川島 二〇〇三a、二〇〇三b、二〇〇九］。だが、それらは必ずしも最新の状況までカバーしているわけではない。そこで本章では、これまでの経緯も踏まえつつ、台湾における公文書管理をめぐる情勢について、現状も含めて紹介することにしたい。

1　台湾の歴史文書群と国家檔案法の制定

台湾の歴史文書群

台湾の公文書について考察する場合、まずはその歴史過程に基づいた歴史文書の系統について触れておかねばならない。台湾の歴史文書には、三つの群、文書群がある。第一に、一八九五年から一九四五年まで台湾を統治した日本の残した文書である。一九四五年一〇月二五日、日本は台湾に対する植民地支配を終了し、その施政権などを連合国に返還した。それを、中華民国政府が連合国を代表して、返還するとした文書を「受領」したのであった。その際、日本は台湾統治の行政文書を、比較的完全なかたちで放棄し、中華民国により接収された。これが現在の台湾できわめて重要な文書群とされる、台湾総督府および地方の諸官署の文書である。(1) 台湾総督府文書は現在、南投県中興新村にある国史館台湾分館にて保存、公開されている。

第二の文書群は、一九一二年に成立した中華民国政府が一九四九年一二月に台湾に遷る際に（あるいはそれ以前に）、台湾に運び込んだ清代以前の文書も含む中国の文書群である。広く知られているように、中華民国は故宮博物院の文物を台湾に運び込んだが、同様に歴史文書も台湾に持ち込んだのである。これは、中国の中央政府としての正統性を表現するためでもあり、また将来大陸に反攻して中国を統治するときのために行われたことであった。

第三の文書群は、一九四五年一〇月二五日に中華民国が台湾を接収して以来の台湾統治に関わる文書である。ただ、一九四五年一〇月二五日から一九四九年一一月三〇日までの時期には中央政府は台湾にあったわけではないので、中央政府のこの時期の文書は当初第二の文書群に含めることもできるだろう。だが、四九年以降との連続性を考えて、第三の文書群に含めるべきだということもあろう。

これら三種の歴史文書群のうち、台湾総督府の文書は当初台湾省政府に属する台湾文献館所管となり、清代以前の中国の檔案は故宮博物院所管となった。だが、中華民国の檔案は台湾に遷ってきた各部局において保存管理された。だが、その後、現用文書でないと見なされたもののうち、大半が国史館に、また経済部檔案と外交部檔案の一部が中央研究院近代史研究所檔案館に移管された。ただ、蔣介石総統関連の檔案は中央政府文書から抜き取られ、大渓などに集められた（大渓檔案）。これらは後に総統機要檔案として国史館に移管されて、現在にいたっている。

民主化以後の檔案の保存・管理・公開

台湾の檔案法は一九九九年一二月一五日に公布され、二〇〇二年一月一日に施行されたが、それ以前の台湾の檔案行政の状況は必ずしも統一的とはいいがたかった。最も大きな問題は、文書館（アーカイブズ）に相当する行政機関が存在しなかったことであり、清代以来の伝統をもつ国史編纂機関である国史館や、文物を保存する故宮博物院、あるいは台湾のアカデミーに相当する中央研究院の近代史研究所が檔案館（文書館）を併設したりし、それぞれが行政文書を行政機関から受領し、保存、管理、公開していた。また、党と国家が未分離であった面もあり、たとえば蔣介石や蔣経国らの執務記録などの一部が国民党の（中央）党史委員会により管理されていたこともあった。そして、地方政府の檔案行政もまちまちであり、県史館などの独自の機関を有するところもあれば、国史館などに檔案を移管してしまうところもあった。

行政制度的に見れば、台湾は総統府、行政院、司法院、監察院、考試院という五院制をとっている。このうち、立法院などには独自に記録を見せる制度があったが、前述のとおり、基本的に歴史文書の多くはそれぞれ国史館に移管されていた。この国史館は国史編纂機関であり、中華民国史を編纂することがその存在理由である。それだけに、檔案を受け入れ、整理、公開するに際し、それらを歴史資料として位置づけていた。

これらの歴史文書群は、一九八〇年代後半から次第に利用され始め、一九九〇年代に対外公開が進み、注目を集めることになった。この現象は、台湾の民主化とともに進行した台湾化と深く関わっていた。まず、民主化により、政府の「機密」が公開されていくという面があった。また、従来「歴史」についてさまざまなタブーがあり、国民党の「正史」が重視され、歴史資料の公開が制約されていたが、歴史を解明し、「真実」を究明しようとする機運が高まり、檔案公開に拍車をかけたのである。国民党や中華民国政府がどの程度歴史的な檔案を公開するかが民主化の指標とされるところもあった。また、台湾の民主化は、少数の外省人（一九四五年以後に台湾にやってきた中国人）による支配を終焉させ、人口の八割前後を占める本省人（台湾人）が政治や社会の主人公となる、台湾化が進むことをも意味した。このような、民主化、台湾化により、かつて機密文書であったはずの蔣介石関連の歴史記録や中華民国政府の機密檔案が一気に公開されていったのである。

台湾では、民主化と檔案の保存、公開が密接な関わりをもったが、それは単に納税者の権利ということだけではなくて、「史料」をいかに公開させ、新たな「歴史」を発見していくのかという観点を濃厚に備えていた。また、台湾では、檔案行政にまつわる制度が整備される前に文書の移管や公開が進んだということも重要であった。そうした意味では、一九九〇年代は、研究者にとって最も自由に多くの文書を利用できた時期であったということもできるだろう。

国家檔案法の公布

こうした状況のなかで、李登輝政権は国家檔案法の策定を進めていた。ここでは情報公開という民主化の論理とともに、「歴史」を重視する目線も色濃く存在していた。そのため、この法律策定段階の諮問委員会にも、中央研究院近代史研究所の張力などの歴史研究者が参画していたのであった。

そして、一九九九年一二月一五日、立法院での審議を経て、国家檔案法五章三十条が公布された[2]。それによれば、檔案には、国家檔案と機関檔案があり、永久保存とされる国家檔案を檔案管理局が、またそれ以外の機関檔案をそれぞれの機関（官庁）が管理することとされた（第一章第二条）。どの国でも問題になるのが、この弁別を各官庁が行うのか、第三者が行うのかということである。この国家檔案法では、日本同様、この区別をするのは官庁側であり、檔案管理局や第三者が歴史檔案か機関檔案かの弁別は行わない。だが、永久保存ではない機関檔案の保存年限については、各機関ではなく檔案管理局が原案を作成し、行政院の許可を経て実施されることになっている（第二章第十二条）。檔案管理局は、行政院の下にある国家発展委員会に属する機関であり、英語ではNational Archives Administrationと翻訳されている[3]。

また、各官庁は檔案管理のための部局、あるいは人員を指定し、事業計画を策定し予算を計上する（第一章第四条）。そして、各官庁は国家檔案、機関檔案の分類について国家一律のフォーマットで目録を作成し、檔案管理局に提出する。その目録に基づいて、檔案管理局が保存年限についての原案を作成し、前述のように年限は行政院が最終決定する。また廃棄については日本と異なる。つまり、各官庁で自由に廃棄を決定できないのである。各官庁は、檔案の廃棄計画と廃棄する檔案の目録を作成して檔案管理局に提出し、その審査・許可を得てはじめて廃棄できる。歴史檔案は永久保存であるが、廃棄もありえる機関檔案については、その廃棄方法の原案を檔案管理局側が作成し、行政院が決定する（第二章第十二条）。

このように一九九九年の国家檔案法は、各行政部局に廃棄権を与えず、かつ檔案行政に関わる部門や人員の配置を義務づけた点で、注目に値する檔案行政のあり方であった。その後、二〇〇〇年三月に国家檔案管理局籌備処（準備組織）が設けられ、二〇〇二年にこの法律が施行された。台湾では二〇〇〇年三月の総統選挙で国民党勢力が分裂したこともあり、民進党の陳水扁が総統となった。台湾独立を志向するとされる民進党政権下で台湾の「台湾化」はいっそう進行することになり、また国民党に対する圧力はいっそう強まることになった。そうした状況下で国家檔案法が施行されたのだが、そうした政治状況の変容により、ある意味で画期的であったはずのこの法律は、政治と絡みながら、台湾の檔案の管理や保存、公開のあり方を大きく揺さぶることになったのである。

2　国家檔案法の施行とその課題

国家檔案法施行に伴う諸問題

台湾の国家檔案法は、行政諸部局に文書の廃棄権を与えないなど、ある意味で画期的な内容を含むものであったし、日本としても学ぶべきところもあるものであった。しかし、この国家檔案法の施行に伴ってさまざまな課題が生じるようになった。このような課題もまた注目に値するところである。このような課題については、台湾の文書管理学の第一人者として知られる政治大学の薛理桂による行政院国家科学委員会専題研究計画（日本の科学研究費に相当）「我国檔案管理体制の研究」（二〇〇二年〜〇三年）などでも検討されているし［行政院国家科学委員会専題研究計画成果報告書　二〇〇二〜〇三］、筆者も上述の檔案管理局長へのインタビューなどをもとに議論してきた[4]。これらを参考にしつつ、以下に、檔案法施行後に課題とされた主な論点を整理してみたい。

第一に檔案とは何かということがあった。すでに故宮博物院や国史館、中央研究院近代史研究所などで管理されていた戦前の文書をはじめとする「歴史檔案」もまた、この国家檔案法の対象となるのかという問題があった。檔案管理局自身は、歴史文書など国家檔案のすべてを自らの管理下におくこととした。これはすなわち、永久保存となっている檔案のすべて、つまり戦前の檔案もすべて国家檔案管理局自身の管理下におく、ということであった。そして、国史館、故宮博物院、中央研究院近代史研究所檔案館など既存の檔案館を「檔案管理局の管理下にある檔案の利用者」と位置づけた。これは当然のことながら、大きな動揺を既存の檔案保存、管理機関に与えたのだった。

また、この「檔案」の範囲はより大きな問題をはらんでいた。つまり、「歴史檔案」かどうかということだけでなく、この「檔案法」における「檔案」は行政院およびその下にある諸機関の公文書だけを指すのか、それとも五府院のほかの四府院、つまり総統府、立法院、監察院、考試院の公文書を含むのかということ、あるいは地方政府の公文書を含むのか、ということであった。

第二に国家檔案局が歴史檔案を保存、管理するにしても、檔案管理局のスペースがきわめて小さく、檔案を整理・保存・公開するに堪えられるような場ではないということである。日本も同様だが、十分なスペースなくして文書の管理はできない。最終的な行き場所が十分に確保されず、また中間管理場所もない状態で、文書の管理や廃棄を厳格にする法ができあがれば、当然ながら各部局の文書庫は文書であふれかえるし、かといって各部局に檔案の廃棄を勧めることもできない[5]。その結果として、部局のなかには独自に檔案公開のためのスペースを確保し、そこに檔案を「移管」して公開するところも現れた（教育部）。また、スペースが確保できず、別の学術機関などに檔案を仮移管するところも現れた（外交部）。結局のところ、檔案管理局に一元化されるべき機能が、檔案の保存場所が確保されていなかったために、結果的に分散し、利用者から見れば、檔案の閲覧場所がいっそう複雑になったのである。

第三に、歴史檔案と機関檔案の分類を各部局がどのような基準で行うのか、ということである。日本では、次官以上の決済文書など、ある意味で明確な規定があるが、台湾ではそれほど細かい規定はない。そのため、各部局ではその判断ができずに結局各方面に意見を聞きながら実施することになり、きわめて煩雑な状況になっている。部局のなかには、研究機関などにその分類の基準に関する意見を諮問するためと称して、実質的に檔案を仮移管することが見られている。

第四に、日本における「特定の国政上の重要事項等」に相当する重要案件を国家檔案管理局自身が決定し（たとえば二二八事件など）、それに関連する檔案を各部局から、もともとの簿冊から切り離して提出させたことである。これらの事件の選定そのものについて大きな疑義が提出されたわけではないが、それらの関連檔案のすべてを簿冊ごと集めたわけではなく、簿冊から抜くかたちで一部の檔案を収集したのである。そのために、もともとの各部局の檔案群が破壊されることになり、批判がなされた。

第五に、機関の「等級」問題がある。国家檔案局は行政院研究発展考核委員会に属している。行政院が一等機関、研究発展考核委員会が二等機関であるから、国家檔案局はいわゆる「三等機関」ということになる。しかし、外交部など行政院に属する各部は二等機関、総統府直属の国史館や中央研究院は一等機関である。三等機関が二等機関である官庁に檔案管理のあり方を命じ、国史館などの一等機関と檔案所蔵について調整をしていくことは容易ではなかった。

第六に、アーキビストの養成問題があった。日本でもアーキビストの養成が急務とされ、そのための大学院も生まれている。台湾でも、国家公務員試験（高等公務員考試）において「檔案管理科別」が設けられている。だが、毎年募集があるわけではなく、数年に一名程度である。[6] そのため、この檔案法に対応した人材づくりが急務となった。だが、従来は歴史学的な素養が檔案に関わる人には求められていたものの、国家檔案局のスタッフには理系や情報管理学系の人材も少なくなく、あるべきアーキビスト像についても議論されることとなった。

このほかにも少なからず問題が指摘されてきた。この国家檔案法にしても国家檔案管理局にしても、二〇〇〇年の民進党政権の成立とともに動き出した面があった。[7] それだけに、局長人事をはじめ、何事につけ政権交代の影響を受けやすい傾向もある。だが、国史館館長もこれと同様であり、国家檔案管理局の職員が事業の継続性をいかに担保していくのかということが課題になるであろう。

課題を踏まえた諸調整

こうした課題は当然のことながら、この十数年間放置されていたわけではないし、必ずしも法律に基づいて厳格に解決されたというわけではない。また、白色テロに関わった人から、公開されている檔案についてプライバシー保護の問題が提起されるなど、新たな動きも起きている。また、国家檔案局はあっても、国家檔案館がないということが課題とされるようになったり、地方政府が檔案について意識するようにもなってきている。また、何よりも政府の諸部局が檔案行政を行うに際して、専門的な職員の不在が大きな課題となっている。国立政治大学の図書資訊與檔案学研究所だけでは人材の養成に限界があるというのが実情である。文書学、文書館学の重要性は指摘されて久しいが、その学科などが大幅に拡充されるというところまではいたっていない。そして、この十数年の一般的な傾向として、歴史学からの檔案行政への関与が次第に抑制され、行政学的な視点や情報管理の観点が強まりつつある。これは一面で台湾の民主化の成熟を意味するが、歴史学者からすれば日本同様に「(アカデミズム的な)利用」の観点が檔案行政において見落とされがちになるという課題を新たに生み出すことになる。

また、上にあげた諸課題に関する状況について紹介しておきたい。最も大きな変化は檔案保存庫であろう。国家檔案管理局は二〇〇六年に士林、二〇一〇年に台北の光復南路に空間を確保したが、これではとうてい足りず、新荘の辦公大楼に空間を確保して二〇一〇年にはすでに活用を始め、檔案庫自体は二〇一四年一二月までに整備を終え、二〇一五年二月から利用することになっている。これによって、檔案管理局の所在地と檔案庫が同一の場所にあるべきだとする課題が基本的に解決された。目下のところ、利用者は自ら事前にウェブ上の目録を確認して申請し、許可を得てから新荘に出向いて閲覧するということになっている。公開されている檔案は大量かつ多様である。とりわけ、国防部の檔案の公開は利用者にとって朗報であった。

しかし、檔案法が適用される「檔案」をめぐる定義は依然として判然としない。少なくとも、一九四九年以前の歴史檔案は国家檔案局所管となったが、実態としては故宮博物院にあった清代までの檔案、国史館台湾分館所蔵の日本統治時代の台湾総督府檔案、中央研究院近代史研究所檔案館の外交部檔案、国史館の蔣総統檔案などはそのまま従来の機関で保存、公開されている状態にある。他方、国史館が歴代総統の檔案の保存、公開を重視し、「総統府」直属機関であることを強調した動きをするなど、国家檔案管理局の管轄する「檔案」を行政院の下にある諸機関の「檔案」だと見なす動きもある。

そして、国家檔案管理局デジタルデータで公開されているものでも、中央研究院近代史研究所檔案館でも同じくデジタルデータとして公開されているものもあり、同一の檔案が複数箇所で公開されるという事態もある。台湾の檔案をめぐる状況は、国家檔案管理局が主導しつつあるものの、全体としては依然模索期にある、ということであろう。

おわりに

台湾の文書公開状況は日本よりも格段に進んだ面があるような印象を利用者としては受けることが多い。

また、法令、制度の面でも、日本よりも整備された面があるという印象も受ける。実際、その条文を見れば、日本で課題とされていることが解決されている面もあるし、檔案を利用した研究も幅広く展開されている。

しかし、新たな法令、制度と、既存の「制度」との間の接続、調整については十分に進んでおらず、また人材の養成も十分とはいえない。だが、台湾の文書行政が直面している課題やそれをめぐる議論、取り組みなどは、日本から見ても十分に参考に値する。欧米の状況を「視察」し「参考」とすることも十分にありえるが、それと同時に、台湾や韓国などの隣国にも多々参考とすべき事例があることに留意すべきだ。そして、台湾がICAに加盟できないことも考慮し、加盟国である日本が台湾と文書行政や文書館学にまつわる関係を維持し、さまざまなインフラや価値を共有していくことによって、台湾とICAの間接的関係をつくる、ということも課題になろう。

〔注〕

（1）台湾総督府文書については、中京大学社会科学研究所台湾史研究部会の活動が顕著である。台湾総督府の文書群こそが、戦前の日本の政府機関の文書の残され方として、比較的完全であるので、参考価値が高いということである［台湾史研究部会編　二〇〇六］。

（2）国家檔案法の内容は以下を参照（http://law.moj.gov.tw/LawClass/LawAllIf.aspx?PCode=A0030134　二〇一五年二月二〇日アクセス）。

（3）国家檔案管理局のウェブサイトを参照（http://www.archives.gov.tw　二〇一五年二月二〇日アクセス）。

（4）筆者は二〇〇二年一二月、二〇〇五年一一月に、檔案管理局の陳士伯局長らにインタビューを行った。本章はその際のやりとりを一つの材料としている。

（5）檔案管理局は当初、林口への移転を計画していた。

（6）なお、教育面では、国立政治大学図書資訊與檔案学研究所にて、アーキビストの養成や研修が実施されている。国家檔案法の施行によって、部局が独自に檔案を処分できなくなったため、檔案管理の人材を各部局が必要とするようになったということも、研修が求められる背景にある。また、台湾は中国の影響もあってInternational Council on Archives（ICA）に加盟するのが難しく、人材の養成や文書学、文書館学の進展にとってこのましいこととはいえない、という指摘もある［薛理桂 二〇〇六］。

（7）このほか、民進党政権のもとでは、「數位典藏國家型科技計畫（National Digital Archives Program）」が進行した（http://www.ndap.org.tw/ 二〇一五年二月二〇日アクセス）。これは、事実上、歴史資料として位置づけられた檔案を中心として、博物館などに保存される文化財もともにデジタル化し、可能な範囲でネット上でそれを公開しようという試みである。この事業には国家檔案管理局は関与していない。なお、重要なのは、博物館などにおける文化財がデジタル化の対象に含まれていることである。この点に、「歴史」をめぐる台湾の特殊事情が表れている。台湾では、長年にわたり、外来政権が統治を行ったため、台湾人社会にとって「公文書」なるものは外来政権、統治者の記録にすぎない。だからこそ、「公開させる」ことにも意味があるのだが、同時にまたそうした公文書は台湾人社会そのものの歴史を示すものとはならない。そのために、公文書でない、生活の証拠としてのモノ、文物が台湾社会にとっての重要な保存対象となるのである。こうしたことは植民地からの独立国などに共通して見られる現象である。

〔文献一覧〕

川島真「東アジア最先端の台湾の檔案（文書）行政」『アジア遊学』第四八号、二〇〇三年二月（二〇〇三a）

川島真「加速する台湾における文書公開——中国外交檔案の保存公開に関する現況とともに」『Intelligence』第三号、

二〇〇三年一〇月（二〇〇三b）
川島真「『歴史』をめぐるガバナンスと文書管理――東アジア歴史認識問題をめぐる」『年報行政研究』第四四号〈変貌する行政――公共サービス・公務員・行政文書〉、二〇〇九年
台湾史研究部会編『現代の公文書史料学への視座』中京大学社会科学研究所、二〇〇六年
行政院国家科学委員会専題研究計画成果報告書「我国檔案管理体制之研究」課題番号 NSC91-2413-H-004-018、研究代表者：薛理桂、研究機関：国立政治大学図書資訊学研究所、二〇〇二〜〇三年
薛理桂「台湾地区檔案事業與檔案教育発展現況與前瞻」『図書與資訊学刊』第五九号、二〇〇六年

あとがき

さまざまな人々の協力によって、本書はできあがった。執筆者のなかには大学の史学科に籍をおく研究者もいれば、文書館に勤めた経験をもつ研究者もいる。日本史の研究者もいれば、外国史の研究者もいる。公文書の管理と情報公開に関する考え方は必ずしも一様ではないし、政治に対する距離のとり方にも異なるところがある。しかし、ただ一点、多くの問題を抱える特定秘密保護法は撤廃されるべきであり、情報公開法と公文書管理法に基づき、抜本的に制度と施設を整えていくべきである、という基本的な立場では一致し、原稿を寄せていただくことができた。

本書の企画が持ちあがったのは、歴史学研究会の委員会の場での討議である。特定秘密保護法への反対運動が広がり、本文中でも何度か引用されている久保・瀬畑の共著『国家と秘密』（集英社新書、二〇一四年一〇月刊）の刊行準備が進むなかで、歴史学の立場から、特定秘密保護法に対する本格的な批判を深め、公文書の管理と情報公開に関する展望を指し示す必要があるとの方向性が確認された。そこで種々の調整を経た末、二〇一四年三月二〇日、学習院大学の安藤研究室で編者三名による最初の打ち合わせが行われ、本書の出版企画の素案ができあがった。その後、素案を大月書店編集部の角田三佳さんとともに練り直し、執筆候補者としてお名前があがった方々と相談を重ね、六月初めまでには最終的な企画案と執筆要項を確定することができた。歴史学の本としては比較的短期間に準備が進んだのは、やはり本書が扱う問題の重要性と緊迫性に対する認識が、多くの研究者の間で共有されていたからであろう。

とはいえ、本書の刊行準備は順風満帆で進んだわけではない。校正作業が始まり、最後の編集会議を開こうとしたとき、角田さんが突然体調を崩されたのは、おそらく本書の刊行にとって最大の危機であった。幸い作業を引き継いだ編集部の岩下結さんのご努力により、本書は順調に刊行の日を迎えようとしており、角田さんが職場へ復帰される日も近いと聞く。何よりであった。

本書の出版を引き受け、有能な編集者を配してくださった大月書店に、あらためてお礼申しあげる。

二〇一五年四月二二日

安藤正人・久保亨・吉田裕

瀬畑　源（せばた　はじめ）　1976年生まれ
長野県短期大学 助教。主な著作：『公文書をつかう――公文書管理制度と歴史研究』（青弓社，2011年），『国家と秘密――隠される公文書』（共著，集英社，2014年），「象徴天皇制における行幸――昭和天皇『戦後巡幸』論」（河西秀哉編『戦後史のなかの象徴天皇制』吉田書店，2013年）。

千葉　功（ちば　いさお）　1969年生まれ
学習院大学文学部 教授。主な著書：『旧外交の形成――日本外交一九〇〇～一九一九』（勁草書房，2008年），『桂太郎――外に帝国主義，内に立憲主義』（中央公論新社，2012年），『桂太郎関係文書』（東京大学出版会，2010年）。

林　博史（はやし　ひろふみ）　1955年生まれ
関東学院大学経済学部 教授。主な著書：『暴力と差別としての米軍基地――沖縄と植民地―基地形成史の共通性』（かもがわ出版，2014年），『BC 級戦犯裁判』（岩波書店，2005年），『沖縄戦と民衆』（大月書店，2001年）。

吉澤文寿（よしざわ ふみとし）　1969年生まれ
新潟国際情報大学国際学部 教授。主な著作：『戦後日韓関係――国交正常化交渉をめぐって（新装新版）』（クレイン，2015年），「日韓国交正常化交渉における基本関係交渉」（浅野豊美ほか編著『歴史としての日韓国交正常化Ⅱ　脱植民地編』法政大学出版局，2011年），「日韓会談における請求権交渉の再検討――日本政府における議論を中心として」（『歴史学研究』第920号，2014年）。

渡邉佳子（わたなべ　よしこ）　1949年生まれ
日本アーカイブズ学会登録アーキビスト。学習院大学 非常勤講師。主な著作：「明治期中央行政機関における文書管理制度の成立」（安藤正人・青山英幸編著『記録史料の管理と文書館』北海道大学図書刊行会，1996年），「個人情報保護制度と公文書館制度」（東アジア近代史学会編『東アジア近代史』第10号，2007年），「内閣制創設期における記録局設置についての一考察」（『GCAS Report〔学習院大学大学院人文科学研究科アーカイブズ学専攻研究年報〕』第 2 号，2013年）。

執筆者一覧（50音順）

青木祐一（あおき　ゆういち）　1972年生まれ
株式会社ワンビシアーカイブズ アーキビスト。主な著作：「近世都市における文書管理について――『駿府町会所文書』を中心に」（『千葉史学』39号，2001年），「近世後期有力町人の動向と都市運営――駿府を事例に」（地方史研究協議会編『東西交流の地域史：列島の境目・静岡』雄山閣，2007年），「静岡県立葵文庫とその事業――アーカイブズの観点から」（『学習院大学文学部研究年報』第59輯，2013年）。

加藤聖文（かとう　きよふみ）　1966年生まれ
人間文化研究機構 国文学研究資料館 准教授。主な著書：『「大日本帝国」崩壊――東アジアの1945年』（中央公論新社，2009年），『満鉄全史――「国策会社」の全貌』（講談社，2006年），『大日本帝国の崩壊と引揚・復員』（共著，慶應義塾大学出版会，2012年）。

我部政明（がべ　まさあき）　1955年生まれ
琉球大学法文学部 教授。主な著書：『戦後日米関係と安全保障』（吉川弘文館，2007年），『沖縄・基地問題を知る事典』（共編，吉川弘文館，2013年），『沖縄「自立」への道を求めて』（共編著，高文研，2009年）。

川島　真（かわしま　しん）　1968年生まれ
東京大学大学院総合文化研究科 教授。主な著作：「台湾史をめぐる檔案史料論――檔案の『視線』」（台湾史研究部会編『台湾の近代と日本』中京大学社会科学研究所，2003年），「台湾の文書館の状況――文書行政を中心に」（『京都大学 大学文書館だより』11号，2006年），「『歴史』をめぐるガバナンスと文書管理――東アジア歴史認識問題をめぐる」（『年報行政研究』44号，2009年）。

後藤春美（ごとう　はるみ）　1960年生まれ
東京大学大学院総合文化研究科 教授。主な著書：『アヘンとイギリス帝国――国際規制の高まり　1906～43年』（山川出版社，2005年），『上海をめぐる日英関係 1925～1932年――日英同盟後の協調と対抗』（東京大学出版会，2006年），『破断の時代――20世紀の文化と社会』（共訳，エリック・ホブズボーム著，慶應義塾大学出版会，2015年）。

編者

安藤正人（あんどう　まさと）1951年生まれ

学習院大学大学院人文科学研究科 教授。アーカイブズ学理論，アーカイブズ史，日本近世・近現代記録史料論。主な著書：『記録史料学と現代——アーカイブズの科学をめざして』（吉川弘文館，1998年）ほか。

久保　亨（くぼ　とおる）1953年生まれ

信州大学人文学部 教授。中国近現代史。主な著書：『シリーズ中国近現代史 4　社会主義への挑戦　1945－1971』（岩波書店，2011年），『国家と秘密——隠される公文書』（共著，集英社，2014年）ほか。

吉田　裕（よしだ　ゆたか）1954年生まれ

一橋大学大学院社会学研究科 教授。日本近現代史。主な著書：『日本人の戦争観——戦後史のなかの変容』（岩波書店，2005年），『シリーズ日本近現代史 6　アジア・太平洋戦争』（岩波書店，2007年）ほか。

装幀　鈴木 衛（東京図鑑）

歴史学が問う 公文書の管理と情報公開
——特定秘密保護法下の課題

2015年５月20日　第１刷発行

定価はカバーに
表示してあります

編　者　安藤正人
　　　　久保　亨
　　　　吉田　裕
発行者　中川　進

〒113-0033 東京都文京区本郷2-11-9

発行所　株式会社　大　月　書　店

印刷　太平印刷社
製本　ブロケード

電話（代表）03-3813-4651　FAX 03-3813-4656　振替 00130-7-16387
http://www.otsukishoten.co.jp/

ISBN978-4-272-51010-8　C0020　Printed in Japan

向かいあう日本と韓国・朝鮮の歴史
近現代編
歴史教育者協議会
全国歴史教師の会　編
A5判三二〇頁
本体二八〇〇円

日韓基本条約が置き去りにしたもの
植民地責任と真の友好
吉岡吉典 著
吉澤文寿 解説
四六判三五二頁
本体三二〇〇円

従軍慰安婦資料集
吉見義明 編集・解説
四六判六〇八頁
本体六五〇〇円

重重
中国に残された朝鮮人日本軍「慰安婦」の物語
安世鴻 写真・文
A5判一七六頁
本体二五〇〇円

大月書店刊
価格税別